中华经典藏书

孙通海 译注

中华书局

# 庄子

图书在版编目（CIP）数据

庄子/孙通海译注. —北京:中华书局,2016.1(2025.3 重印)
(中华经典藏书)
ISBN 978-7-101-11351-8

Ⅰ.庄… Ⅱ.孙… Ⅲ.①道家②《庄子》-译文③《庄子》-注释 Ⅳ.B223.5

中国版本图书馆 CIP 数据核字(2015)第 264478 号

| | | |
|---|---|---|
| 书　名 | 庄　子 | |
| 译 注 者 | 孙通海 | |
| 丛 书 名 | 中华经典藏书 | |
| 责任编辑 | 舒　琴 | |
| 装帧设计 | 毛　淳 | |
| 责任印制 | 管　斌 | |
| 出版发行 | 中华书局 | |
| | (北京市丰台区太平桥西里 38 号　100073) | |
| | http://www.zhbc.com.cn | |
| | E-mail:zhbc@zhbc.com.cn | |
| 印　　刷 | 北京中科印刷有限公司 | |
| 版　　次 | 2016 年 1 月第 1 版 | |
| | 2025 年 3 月第 12 次印刷 | |
| 规　　格 | 开本/880×1230 毫米　1/32 | |
| | 印张 12¾　插页 2　字数 180 千字 | |
| 印　　数 | 250001-260000 册 | |
| 国际书号 | ISBN 978-7-101-11351-8 | |
| 定　　价 | 26.00 元 | |

# 前　言

## 庄子其人

　　庄子名周，生卒年不详，宋国蒙人，曾为蒙地漆园吏。庄子生活在战国前期，与魏惠王、齐宣王同时。当时周朝名存实亡，诸侯纷争，战事频仍，社会动荡，人民处于水深火热之中。身处政治黑暗、尔虞我诈、民不聊生的环境中，庄子深有所感，对昏君乱相及趋炎附势之徒感到无比的憎恶，而对苦难中的平民弱士寄予了无限的同情。司马迁在《史记·老子韩非列传》中，曾对庄子的人格作过这样的描述："楚威王闻庄周贤，使使厚币迎之，许以为相。庄周笑谓楚使者曰：'千金，重利；卿相，尊位也。子独不见郊祭之牺牛乎？养食之数岁，衣以文绣，以入大庙。当是之时，虽欲为孤豚，岂可得乎？子亟去，无污我。我宁游戏污渎之中自快，无为有国者所羁，终身不仕，以快吾志焉。'"

## 庄子其书

　　我们现在看到的《庄子》，都源于晋代郭象注本《庄子》，此本分内篇七、外篇十五、杂篇十一，共三十三篇。最早的著录见于《汉书·艺文志》，著录为"《庄子》五十二篇"，可见庄子的著作未能完整地流传下来。关于《庄子》三十三篇真伪问题的提出，始于宋代的苏轼，他认为杂篇中的《让王》《说剑》"浅陋不入于道"，而《渔父》《盗跖》诋毁孔子，均属伪作。后来亦有不少学者或从学术思想、或从文笔风格、或从历史事件出发，研究各篇的归属问题。虽有人立论过于武断，也大都有一定的道理。一般说来，内篇为庄子自著，外篇则除庄子自著外，也有部分为庄子后学所作，杂篇要复杂一些，如《说剑》一篇，显为纵横家言，与庄学无关。

## 庄子的哲学观点

庄子思想秉承老子而有所发展、变异，但在核心学说"道"的认识上完全是一脉相承的。老庄所谓的"道"，简单说可以归纳为两点，一是指宇宙的本原，即宇宙最根本的存在，宇宙万物产生于"道"；二是指自然客观规律。关于"道"的"无为而无不为"的特性，由于庄子在阐述中，从自然层面扩大到社会生活层面，致使这一思想出现了片面化和消极的倾向。我们常说的"老庄哲学"这一概念，无形之中就打上了这一烙印，往往忽略了"老庄哲学"最本质的内核，对宇宙与自然的唯物认识。庄子把"道"的自然观推及社会生活及人性人格上，突出之处有以下几点：

其一，庄子从"万物一府，死生同状"（《天地》）、"道通为一"（《齐物论》）的认识出发，主张万物平等、物论平等，因而否定人类的自我中心与个人的自我中心，提倡摒除成见，扬弃我执，顺应自然。

其二，庄子在老子有关无与有、小与大、短与长、柔与刚、弱与强等等事物相互依存、相互对应与相互转化关系的认识基础上，突出了事物之间的共同性以及相异性的彼此转化，创建了"相对论"的认识论。他认为除了产生万事万物的"道"是绝对不变的存在外，宇宙间的一切事物都是相对存在的，"物无非彼，物无非是"，"彼出于是，是亦因彼"，也包括人的思想观念，"彼亦一是非，此亦一是非"（《齐物论》）。这种相对性的认识论，推动了人类认识世界的深入发展，并对后世产生了不可估量的影响。

其三，表达了庄子对无限精神自由的向往与追求。这一精神是庄子思想的核心，体现了人类最崇高的理想。对于如何跨入这一精神自由之路，《庄子》全书都在诠释，而在《逍遥游》篇有集中而形象的描述。庄子认为，一个人只有破除功、名、利、禄、权、势、尊、位的束缚，在利益面前"无己"，在事业面前"无功"，在荣誉面前"无名"，才可能"乘天地之正"（掌握自然规律），而"御六气之辩"（驾驭天气变化），走上自由之路。

其四，书中也反映了一些生活中的辩证认识，其中描述最多、表现最为充分的，是关于"无用之用"的命题。这一命题的论述，例证视角广泛，内涵丰富，既包含"善于大用"、"物尽其用"的思想，又含有"有失必有得"和"塞翁失马，安知非福"的理念。有的学者把庄子的这类认识称之为"庄子处世哲学"，并冠以"滑头"二字。其实，这种看法既忽视了社会生活本身具有的客观规律和人们对这一规律性认识的必要性，也忽略了庄子所处的生活环境。当时庄子正处于昏君乱臣当道的战乱时期，"方今之时，仅免刑焉"，在重税与苦役双重压榨下的百姓，能够避免尸横草野已是万幸了。对此，庄子不仅寄予无限的同情，还能从认识论的高度，提供"处浊世避患害之术"（王先谦《庄子集解》），何"滑头"之有？这反倒正是庄子的伟大之处。

## 庄子的美学观点

庄子的美学观点与儒家的美学观点恰成鲜明的对照。庄子认为，世代的衰微与性情的丧失，就在于物欲的膨胀和艺术、智巧等的出现与发展，他指出："文灭质，博溺心。"认为只有抛弃了音乐，毁掉了文绘，才会使耳目恢复聪明；只有破坏了机械，才能获得真正的技巧；只有把流行的种种人为的装饰统统抛掉，人类才会返朴归真。这种观点从根本上否认了人文艺术。然而庄子在生活实践和艺术实践（文章写作）中，却无法摆脱潜在的固有的审美意识，特别是他杰出的艺术气质，使得《庄子》一书在否定艺术审美的同时，也体现了他特有的美学思想。主要有以下几点：

其一，对待美与丑的关系，如同对待有与无、是与非、大与小等等关系一样，庄子认为它们彼此是不确定的、没有区别的，一切在于主观的感受，美的可以说是丑的，反之丑的也可以看成是美的。《山木》中所载逆旅小子的话，"其美者自美，吾不知其美；其恶者自恶，吾不知其恶"，就反映了这一观点。这种认识，实际上取消了美的质的规定性和美的客观性。

其二，对自然之美的特殊认识与追求。庄子虽然从理论上反对艺术，反对雕琢情性，要求无知无欲无为，但由于他具有丰富的情感，对艺术有着精湛的见解，并且对大自然有着极深厚的亲和力，特别是他不仅摆脱了繁重劳动与自然审美的对立，而且超越了儒家从功利和伦理出发的以道德比附自然的局限，使得他能够达到一种不以物累形的超出实践功利目的的悠然潇洒的身心状态，来观察自然，并融入到自然中去，逍遥于广阔的时空，达到以天合天的物我和情景天然凑泊的境界。这样，庄子在否定艺术美的同时，也发现和肯定了自然之美；在否定雕琢之美的同时，也发现和肯定了素朴之美；在否定五声五色的声色之美的同时，也发现和肯定了无声无色之美。

其三，庄子虽然斥责文害情性，但他在创作上却竭力运用各种艺术手段抒发愤懑之情，因而开创了超常之法和风格上的瑰奇之态。这在《庄子》书中，有充分的表现。在创作手法上如此，对无声之乐、至乐、天籁的描写与赞美也是如此。例如《天运》中论《咸池》之乐，所描写的"卒无尾，始无首"，听之"始于惧，次之怠，卒之与惑"的音乐审美心理变化过程，就鲜明地反映了庄子以超常的心态、超常的感受，对超常修道活动的一种怪奇浪漫的艺术再现。在庄子的文章创作中，他既是怪奇创作思想手法的开创者，也是非中和审美观念的开山祖。

# 庄子散文的艺术成就及其特色

《庄子》一书，可以说是一部杰出、深刻、优美、生动、充满怪奇创作手法、洋溢着浪漫主义精神的散文集，它在先秦诸子散文中独树一帜、无与伦比，是值得我们永久开发的艺术宝藏。现仅就较为突出的几点略加介绍。

其一，开创了"寓言""重言""卮言"三言并用的创作方法和艺术表现手法。庄子不仅提出了三言之名目，还对三言在行文中的作用、自身的艺术风格特色，以及运用它的背景原因等，作了明确的说明（请参阅《寓言》首段及《天下》论庄子学派一段，这里不再详述），实际上已经形成了"三言创作论"的理论建构。不仅如此，这一理论在书中得到了充分的体现和完美的实践，《庄子》一书所取得的举世称誉的成就，其重要原因就在于它对"三言创作论"的完美实施。

其二，善于创造宏伟、雄奇、怪诞的艺术意境。由于庄子自身对自然之道的深邃认识、在养生体悟上所达到的很高境界，加以丰富的想象力，所以一旦天机触发，笔椽大开，手下绝非等闲之人、等闲之物、等闲之景。如《逍遥游》写鲲鹏的气魄，"鹏之背，不知其几千里也；怒而飞，其翼若垂天之云"，"鹏之徙于南冥也，水击三千里，抟扶摇而上者九万里"；《人间世》写栎社树之雄奇，"其大蔽数千牛，絜之百围，其高临山，十仞而后有枝"；《人间世》《德充符》等篇塑造了一系列形体残缺、奇丑无比的人物，他们往往都是"颐隐于脐，肩高于顶"、令人匪夷所思的怪诞人物，而正是在这样丑陋的形体上，寄托了庄子最美好的理想。

其三，善于用讽刺的手段、幽默的笔触去揭露黑暗、抨击邪恶，尤其是针对当权者的虚伪与趋炎附势之人的卑下，尤为入木三分。如《外物》写庄周家贫，向监河侯借粮，而监河侯却回答说："诺。我将得邑金，将贷子三百金。"虚伪奸诈的面孔暴露无遗。又如《列御寇》写得志小人曹商，因替宋王办事受赏，竟在庄子面前炫耀说："处穷闾厄巷，困窘织屦，槁项黄馘者，商之所短也；一悟万乘之主而从车百乘者，商之所长也。"漫画化的曹商，其卑下可怜之相跃然纸上。此外，对于世上的龌龊现象，庄子时而又用轻松幽默的笔触、白描式的小说笔法，不留一点褒贬痕迹，介绍给读者。例如《外物》中所写"儒以《诗》《礼》发冢"一段则是，确实是"奇事奇文，读之令人失笑"。

其四，《庄子》一书，其笔法之多端、变化之繁复，非常突出。除总体大局上有"三言"的布置安排外，在具体情节的进展和人物形象的刻画上，往往穿插使用诸如叙事、议论、引证、比喻、描绘等手法，使文章鲜明生动、曲折含蓄、富于变化，意味无穷。正如清代学者林云铭评价《逍遥游》所说的，"忽而叙事，忽而引证，忽而譬喻，忽而议论。以为断而非断，以为续而非续，以为复而非复。只见云雾空濛，往反纸上，顷刻之间，顿成异观"（《庄子因》）。

## 庄子对后世的影响

庄子对后世影响很大，主要反映在庄子思想和庄子文学成就两大方面。从思想方面看，由于庄子继承和发展了老子"道"的学说，在当时，形成了与儒、墨鼎立的形势，而后作为儒、道、释三大家之一的思想文化影响着中国近两千年的社会思想文化的发展。作为老庄哲学思想，他们提倡的淡泊名利、清心寡欲、旷达超脱，以及崇尚人与自然的和谐，追求为人处世上的清廉正直和真实无虚的理想人格的塑造，都是有益于人的道德思想境界的提高的，对儒学提倡的敬业献身精神是一种有益的补充。当然，老庄思想也存在消极的一面，因为事物总是一分为二、相反相成的，倘若一味地追求"无为"的境界，脱离作为社会人应该尽到的社会责任，也将走向反面。

如果说庄子的哲学思想尚须有积极与消极的鉴别，而庄子在文学艺术领域所开创的浪漫主义的创作精神及创作手法，则纯是积极进步的，为后世文学艺术的发展，诸如风格的多样化、创作手法的丰富性，特别是针对社会的现实主义的批判精神，与艺术表现上的浪漫主义手法，都有直接或间接的重大影响。庄子思想对历代的学者、作家都有很深的影响。诸如屈原、司马迁、陶渊明、李白、苏轼、曹雪芹、鲁迅等人，他们从不同层面汲取有益的成分，成就了自己在文学史上的卓著地位。我们相信，现在和未来的人们，将继续源源不断地从《庄子》书中获得更多的教益。

## 本书编写情况

本书以中华书局版清代郭庆藩《庄子集释》为底本，个别文字于义不通，据先贤考订及古本改正。本书之题解、注释及译文参考和借鉴了先贤的诸多研究成果，恕不一一说明。今人著作中，主要参考和借鉴了陈鼓应先生《庄子今注今译》、陆永品先生《庄子通释》，受益良多，谨致谢意。

本书为系列丛书之一种，鉴于篇幅的限制，采取了如下办法，即内篇全文录用，外篇与杂篇大多为选录，根据段落的思想价值和艺术价值及其影响的大小择善选用。所选段落均在题解中说明。

孙通海
2015 年 10 月

# 目　录

## 杂 篇

# 内 篇

## 逍遥游

本篇是《庄子》的首篇，以"逍遥游"命题，恰好道出了庄子人生哲学的最高要求和最高境界，也是庄子哲学思想的出发点和归宿。

何谓逍遥游？用原话说就是能够"乘天地之正，而御六气之辩"，"无所待，以游无穷"的生活；用今天的话说，就是完全掌握宇宙的自然规律，获得精神上与物质上的绝对自由。显然，这种超越时空、超越物我的"无所待"的绝对自由的生活，千百年来只能存在于人们的梦境中。而《庄子》一书，让人久读不厌、顿开茅塞、获益匪浅的，不是绝对自由的提出，而是论述的过程。这个过程犹如一出多幕多场景的大戏，展示了庄子对大自然的独到领悟，对世俗万态的深刻洞察，对万事万物认识的卓越才智。

本篇可分三大段。

第一段起笔写鲲鹏腾飞九万里的大美。相比之下，次写小虫小鸟的浅薄无知，点出小大之辨。接下来，从虫鸟到人，也分为几等。与鲲鹏照应，人中有仙杰，有能够"御风而行"的列子。一高一低，一扬一抑，最后逐一被"有所待"所否定，最终点明只有"无己""无功""无名"的无所依赖的生活才是逍遥自在的真正含义。

第二段主要写了两组对话。一借尧让天下给许由，许由婉言谢绝，点明"无所用"。一借肩吾向连叔转述接舆的"神人狂言"，而连叔道出神人的超越自然力、超越世俗功名的品质，从另一角度点明了世俗的功名事业不值一提。最后用两句话来画龙点睛，一说越人光头，帽子纯是无用之物；一说尧见了神人，把天下都遗忘在脑后了。

第三段，惠子向庄子请教，庄子便讲了两个故事。一个故事讲要善于用大，故事内容虽是讲药方和葫芦的用途问题，言外之意却在人心上，在逍遥游境界的追求上。另一个故事从相反相成的角度讲善于用大的问题，落脚到"无所可用"才能成就立身上的"无所困苦"的大用。

文章的构思新颖奇特，行文汪洋恣肆，波澜起伏，仪态万千。读者如入茂林，如入海滩，如入无际的星河，时有令人惊喜的发现。

# 一

北冥有鱼①，其名为鲲②。鲲之大，不知其几千里也。化而为鸟，其名为鹏。鹏之背，不知其几千里也。怒而飞，其翼若垂天之云③。是鸟也，海运则将徙于南冥④。南冥者，天池也。

【注释】

①北冥（míng）：北海。冥，通"溟"，浩瀚无边。

②鲲（kūn）：大鱼名。

③垂：通"陲"，边陲，边际。

④海运：海动，海风刮起。

【译文】

北海有一条鱼，它的名字叫做鲲。鲲的体形巨大，不知道有几千里长。变化成为鸟，它的名字叫做鹏。鹏的背部广阔，不知道有几千里宽。奋起而飞，它的翅膀就像天边的云。这只鸟啊，当海水激荡、飓风刮起的时候，就要迁往南海。那南海，就是一个天然的大池。

《齐谐》者①，志怪者也。《谐》之言曰："鹏之徙于南冥也，水击三千里，抟扶摇而上者九万里②，去以六月息者也③。"野马也，尘埃也，生物之以息相吹也④。天之苍苍⑤，其正色邪？其远而无所至极邪⑥？其视下也，亦若是则已矣。

**【注释】**

①齐谐：书名。出于齐国，记载诙谐怪异之事，故名《齐谐》。

②抟（tuán）：环绕。一作"搏"，拍打。扶摇：旋风，海中飓风。

③去以六月息：乘着六月之风而去。此"息"作"风"解。一说，一去半年才歇息。此"息"作"休息"解。二者均通。

④息：气息，风。

⑤苍苍：深蓝色。

⑥其：抑或，还是。

**【译文】**

《齐谐》这本书，是记载怪异之事的。书里有这样的话："当鹏往南海迁徙时，一击水就飞行三千里，环绕旋风升腾九万里，它是乘着六月的大风飞去的。"野马般的气雾，飞扬的浮尘，这都是生物的气息相互吹拂的结果。看那天空湛蓝湛蓝的，那是它的本色吗？还是由于它无限高远的缘故呢？倘若从上往下看，大概也是这种光景吧。

且夫水之积也不厚①，则其负大舟也无力。覆杯水于坳堂之上②，则芥为之舟，置杯焉则胶③，水浅而舟大也。风之积也不厚，则其负大翼也无力。故九万里则风斯在下矣，而后乃今培风④；背负青天而莫之夭阏者⑤，而后乃今将图南。

**【注释】**

①且夫：发语辞，提起将要议论的下文。厚：深。

②坳（ào）堂：即"堂坳"，屋中的低洼处。

③胶：粘连。

④培风：凭风，乘风。

⑤夭阏（è）：阻碍。夭，折。阏，遏，止。

**【译文】**

水的蓄积不够深厚，那就没有能力负载大船。在堂前的洼地上倒上一杯水，那么放入小草还可以当船，放上杯子就胶着不动了，这是水浅而船大的缘故。风的势头不够强劲，那就没有能力负载巨大的翅膀。所以鹏飞九万里，由于风就在它的下面，然后才凭借着大风飞行；由于背靠青天而没有阻碍它的东西，然后才能图谋飞往南海。

蜩与学鸠笑之曰①："我决起而飞②，抢榆枋③，时则不至而控于地而已矣，奚以之九万里而南为④？"适莽苍者⑤，三餐而反，腹犹果然⑥；适百里者，宿春粮⑦；适千里者，三月聚粮。之二虫又何知！

**【注释】**

①蜩（tiáo）：蝉。学鸠：小斑鸠。

②决起：疾速而起，奋起。

③抢：冲，撞。枋：檀树。

④奚以：何以。之：往。为：句末语气词。

⑤适：往，到。莽苍：郊野的苍茫景色，代指郊外。

⑥果然：吃饱的样子。

⑦宿舂粮：即"舂宿粮"，舂捣一宿之粮，准备过夜的吃食。

【译文】

蜩和学鸠讥笑大鹏说："我们从地面疾速飞起，碰上榆树、檀树的枝条就停下来，有时飞不上去，就落到地面罢了，何必要飞上九万里高空前往南海呢？"到郊野去，只需携带三顿饭食，回来后还是饱饱的；去百里以外的地方，就要准备过夜的粮食；去千里以外的地方，那就要预备三个月的口粮。这两只小虫小鸟又怎么会知道！

小知不及大知①，小年不及大年②。奚以知其然也？朝菌不知晦朔③，蟪蛄不知春秋④，此小年也。楚之南有冥灵者⑤，以五百岁为春，五百岁为秋；上古有大椿者⑥，以八千岁为春，八千岁为秋，此大年也。而彭祖乃今以久特闻⑦，众人匹之⑧，不亦悲乎？

【注释】

①知：同"智"。

②年：年寿，寿命。

③朝菌：朝生暮死的菌类生物。晦朔：旧历每月的最后一天为晦，每月的第一天为朔。这里指一天的晨与夕。

④蟪蛄：寒蝉。因为春生夏死或夏生秋死，无法了解

一年春夏秋冬四季的变化。

⑤冥灵：大海灵龟。一说树木名。

⑥大椿：大椿树，传说中的神树。

⑦彭祖：传说中的长寿人物，一说活了七百岁，一说活了八百岁。

⑧匹之：与他相比。匹，比。

**【译文】**

　　智慧小的不如智慧大的，寿命短的不如寿命长的。怎么知道是这样呢？朝菌不知道昼夜的交替，蟪蛄不知道春夏秋冬四季的变化，这都是由于寿命短促的缘故。楚国的南边有一只灵龟，以五百年的光阴当作一个春季，又以五百年的光阴当作一个秋季；远古时期有一棵大椿树，更以八千年的光阴当作一个春季，再以八千年的光阴当作一个秋季，这是因为它们的寿命太长了。然而彭祖至今还以长寿闻名于世，众人都希望和他相比，岂不是很可悲吗？

　　汤之问棘也是已①："穷发之北②，有冥海者，天池也。有鱼焉，其广数千里，未有知其修者③，其名为鲲。有鸟焉，其名为鹏，背若太山④，翼若垂天之云，抟扶摇羊角而上者九万里⑤，绝云气⑥，负青天，然后图南，且适南冥也。斥鴳笑之曰⑦：'彼且奚适也？我腾跃而上，不过数仞而下⑧，翱翔蓬蒿之间，此亦飞之至也⑨！而彼且奚适也？'"此小大之辩也⑩。

**【注释】**

①汤：商汤，商朝第一代国君。棘：夏革，商朝大夫，
　为商汤之师。

②穷发：寸草不生的地方。

③修：长。

④太山：即泰山，在今山东省境内。

⑤羊角：形似羊角的旋风。

⑥绝：超越，穿过。

⑦斥鹦（yàn）：池泽中的小雀。斥，池塘，小泽。

⑧仞：古代长度单位，八尺为一仞。

⑨至：极致，指最高的境界。

⑩辩：通"辨"，分别。

**【译文】**

　　商汤问棘也有这样的话："在寸草不生的北方，有一片
广漠无涯的大海，那是天然形成的大池。池里有一条鱼，
它的身子宽几千里，没有人知道它的身长，它的名字叫做
鲲。有一只鸟，它的名字叫做鹏。鹏的脊背像泰山，翅膀
像天边的云，它乘着羊角般的旋风，直升到九万里的高空，
穿越云雾，背负青天，然后一心往南飞去，将要到达南海。
池泽中的小雀讥笑大鹏说：'它将要往哪儿飞呢？我腾跃而
起，飞不过几丈高就落下来，在蓬蒿丛中飞来飞去，这也
是飞翔中很极致的境界了！而它还想飞到哪里去呢？'"这
就是小和大的区别。

　　故夫知效一官，行比一乡，德合一君而征一国

者①，其自视也，亦若此矣②。而宋荣子犹然笑之③。且举世而誉之而不加劝，举世而非之而不加沮，定乎内外之分，辩乎荣辱之境，斯已矣。彼其于世，未数数然也④。虽然，犹有未树也⑤。

**【注释】**

①"故夫"三句：知，同"智"。效，胜任。比、合，适合，符合。征，信。

②"其自视"二句：其，指上述三类人。此，指斥鷃、蜩、学鸠。

③宋荣子：宋钘，战国时期宋人。犹然：嗤笑的样子。

④数数然：汲汲追求名利的样子。

⑤未树：不曾树立的，指超越自我的境界。

**【译文】**

所以说，那些才智可以当个一官半职的，品行可以亲合一乡人心意的，德性合乎国君要求而又能取信于百姓的，他们的自我感觉，也与这些小雀们并无区别。宋荣子禁不住嗤笑他们。像宋荣子这样的人，全世界都赞扬他，他也不为此受到激励；全世界都非议他，他也不为此感到沮丧。他能确定自我与外物的区别，分辨荣誉与耻辱的界限，不过如此而已。他对于世俗的功名，不曾去汲汲追求，尽管如此，仍有更高的境界没有树立。

夫列子御风而行①，泠然善也②，旬有五日而后反。彼于致福者③，未数数然也。此虽免乎行，犹有所待者也。

　　若夫乘天地之正④，而御六气之辩⑤，以游无穷者⑥，彼且恶乎待哉！故曰：至人无己，神人无功，圣人无名。

**【注释】**

①列子：列御寇，战国时期郑人。御风：乘风。

②泠（líng）然：轻妙的样子。

③彼：指列子。致：求，得。福：福报。

④乘：因循，随顺。正：规律，本性。

⑤御：与"乘"同义，顺从。六气：指阴、阳、风、雨、晦、明。辩：通"变"，变化。

⑥无穷者：虚指无限的境界，实指无限的自然界。对主体个人而言，是指达到绝对自由自在的境界。

**【译文】**

　　列子乘风漫游，轻松美妙极了，过了十天半个月才回来。他对于福报的事，并没有去汲汲追求。列子虽然可以免于步行，还是要依靠风力才行。

　　如果能够把握天地的本性，顺从六气的变化，畅游于无穷的世界，他还有什么必须依赖的东西呢！所以说：至人无一己的私念，神人无功业的束缚，圣人无名声的牵挂。

## 二

　　尧让天下于许由①，曰："日月出矣，而爝火不息②，其于光也，不亦难乎！时雨降矣，而犹浸灌，其于泽也③，不亦劳乎！夫子立而天下治④，而我犹尸之⑤，吾自视缺然⑥。请致天下。"

许由曰："子治天下，天下既已治也，而我犹代子，吾将为名乎？名者，实之宾也⑦，吾将为宾乎？鹪鹩巢于深林⑧，不过一枝；偃鼠饮河⑨，不过满腹。归休乎君！予无所用天下为。庖人虽不治庖⑩，尸祝不越樽俎而代之矣⑪。"

**【注释】**

①尧：名放勋，号陶唐氏，儒家视为上古时代理想中的圣明君王。许由：字武仲，传说中的高洁隐士。

②爝（jué）火：火炬。息：同"熄"，灭。

③泽：润泽。

④夫子：指许由。立：立位，登位。

⑤尸：主，主持。

⑥缺然：欠缺的样子。

⑦宾：宾从，附庸。

⑧鹪鹩（jiāoliáo）：小鸟名。

⑨偃鼠：即鼹鼠，白天隐于土穴中，晚上出来觅食。

⑩庖（páo）人：厨师。

⑪尸祝：祭祀时，主祭人执祭版对神主（尸）祷祝，所以称主祭人为尸祝。樽俎（zǔ）：樽是盛酒的器具，俎是盛肉的器具，都是厨师必备的东西，所以用来借指厨师。

**【译文】**

尧想要把天下让给许由，对他说："日月都出来了，而火烛还不熄灭，它要和日月争辉，这不是很难吗？适时之雨已经普降，而人们还在汲水灌田，这对于禾苗的滋润，岂非多此一举吗？倘若您登上大位，天下就会安定，而我还在占着您的位子，自己感到太不够格了。请让我把天下交给您吧。"

许由说："您治理天下，天下已经得到了治理，这时还让我来代替您，我将要求名吗？名这东西，不过是实的附庸，难道我将要充当附庸吗？鹪鹩在茂林中筑巢，只需占用一根树枝就够了；偃鼠到河边饮水，只不过喝饱肚皮就够了。您请回吧！我要天下做什么呢？厨师即使不尽职守，主祭的人也不会替他去烹调。"

肩吾问于连叔曰<sup>①</sup>："吾闻言于接舆<sup>②</sup>，大而无当，往而不返。吾惊怖其言，犹河汉而无极也，大有径庭<sup>③</sup>，不近人情焉。"

连叔曰："其言谓何哉？"

"曰：'藐姑射之山<sup>④</sup>，有神人居焉。肌肤若冰雪，绰约若处子<sup>⑤</sup>；不食五谷，吸风饮露；乘云气，御飞龙，而游乎四海之外；其神凝<sup>⑥</sup>，使物不疵疠而年谷熟<sup>⑦</sup>。'吾以是狂而不信也<sup>⑧</sup>。"

连叔曰："然，瞽者无以与乎文章之观<sup>⑨</sup>，聋者无以与乎钟鼓之声。岂唯形骸有聋盲哉？夫知亦有之。是其言也<sup>⑩</sup>，犹时女也<sup>⑪</sup>。之人也<sup>⑫</sup>，之德也，将旁礴万物以为一⑬，世蕲乎乱⑭，孰弊弊焉以天下为事⑮！之人也，物莫之伤，大浸稽天而不溺⑯，大旱金石流、土山焦而不热。是其尘垢秕糠⑰，将犹陶铸尧、舜者也，孰肯以物为事！"

**【注释】**

①肩吾、连叔：皆为虚构人物。

②接舆：陆通，字接舆，楚国狂士，隐居不仕。

③径庭：指差别很大，相距甚远。径，门外路。庭，堂前地。

④藐姑射（yè）：传说中的神山。

⑤绰（chuò）约：轻柔安逸的样子。处子：处女。

⑥神凝：精神内守，凝聚专一。

⑦疵疠（cīlì）：恶病，指灾害。

⑧狂：通"诳"，谎言。

⑨瞽（gǔ）者：失明的人。与乎：与之，参与其中。此指观赏活动。文章：色彩纹路。

⑩是其言：指上面所说"岂唯形骸有聋盲哉？夫知亦有之"的话。是，此。

⑪时：通"是"。女：同"汝"，指肩吾。

⑫之人：指神人。

⑬旁礴：混同。

⑭蕲（qí）：期，求。乱：治。作"动乱"解也通。

⑮弊弊：操劳的样子。

⑯大浸：大水。稽：至。

⑰尘垢秕糠：庄子认为道在万事万物之中，此指道之粗者。

【译文】

肩吾向连叔问道："我从接舆那里听到的，尽是不切实际的大话，说出口收不回来的话。我惊骇于他的言论，犹如天上的银河那样漫无边际，与常人的认识相差悬殊，不合世情。"

连叔说："他说了什么话呢？"

肩吾说："他说：'藐姑射山上，住着一位神人，肌肤像冰雪一样洁白清透，容态轻柔婉约如同处女；不吃五谷杂粮，只是吸风饮露；乘着云气，驾着飞龙，遨游于四海之外；他的精神凝聚专一，能够使万物不受灾害，五谷丰登。'我听了这些话，所以认为纯属诳言而根本不信。"

连叔说："当然啦，对于失明的人无法让他和别人一样观赏花纹的美丽，对于失聪的人无法让他和别人一样聆听钟鼓的乐音。岂止形体上有失明失聪呢？人的心智也有啊。上述的话，也是针对你而言的啊。那个神人啊，他的德性，将要混同万物，浑如一体，世人期望世间得到治理，但是有谁愿意劳劳碌碌去管世间的俗事呢！这样的人，万物不能伤害他，洪水滔天也不能淹没他，酷暑大旱使金石熔化、土山枯焦，也不能让他感到炽热。他扬弃的尘垢糟糠，都能造就像尧、舜那样的伟人，他怎么肯把俗间杂物当回事呢！"

宋人资章甫而适诸越①，越人断发文身，无所用之。

尧治天下之民，平海内之政，往见四子藐姑射之山②，汾水之阳③，窅然丧其天下焉④。

【注释】

①资：货，贩卖。章甫：殷代时的一种礼帽。因宋人是殷人的后代，所以保存了殷人的旧俗。诸越：也作"於越"，越人的自称。

②四子：指王倪、啮缺、被衣、许由，为作者虚拟的神人。

③汾水：今汾水在山西省境内，为黄河的支流。阳：山南水北为阳。

④窅（yǎo）然：怅然若失的样子。

【译文】

宋国人到越国去贩卖礼帽，越国人习惯剪掉头发，身刺花纹，根本就用不上它。

尧一心治理天下的百姓，安定海内的政事，前往藐姑射山上，汾水的北面，拜见四位得道之人，不禁怅然若失，忘掉了自己的天子之位。

## 三

惠子谓庄子曰①："魏王贻我大瓠之种②，我树之成而实五石。以盛水浆，其坚不能自举也；剖之以为瓢，则瓠落无所容③。非不呺然大也④，吾为其无用而掊之⑤。"

庄子曰："夫子固拙于用大矣。宋人有善为不龟手之药者⑥，世世以洴澼絖为事⑦。客闻之，请买其方百金。聚族而谋曰：'我世世为洴澼絖，不过数金。今一朝而鬻技百金⑧，请与之。'客得之，以说吴王⑨。越有难⑩，吴王使之将。冬，与越人水战，大败越人，裂地而封之⑪。能不龟手一也，或以封，或不免于洴澼絖，则所用之异也。今子有五石之瓠，何不虑以为大樽而浮乎江湖⑫，而忧其瓠落无所容？则夫子犹有蓬之心也夫⑬！"

【注释】

①惠子：惠施，宋人，曾为梁惠王的相，是先秦名家的重要人物。本书中多次记述他与庄子的交谊与辩论。

②魏王：魏惠王，因迁都大梁，又称梁惠王。战国时期魏国的国君。大瓠（hù）：大葫芦。

③瓠落：犹"廓落"，形容极大。

④呺（xiāo）然：虚大的样子。

⑤掊（pǒu）：打碎。

⑥龟（jūn）：通"皲"，皮肤因寒冻或干燥而破裂。

⑦洴澼（píngpì）：漂洗。絖（kuàng）：通"纩"，绵絮。

⑧鬻（yù）技：出卖制药的方子。

⑨说（shuì）：游说。吴王：周代诸侯国吴国的国王。

⑩越有难（nàn）：越国发难，攻打吴国。难，难事，此指军事行动。

⑪裂地：割地，划地。

⑫樽：一种形如酒器，可以缚在腰上、浮水渡河的东西。

⑬蓬之心：喻心如茅草那样堵塞不通。

**【译文】**

惠子对庄子说："魏王送给我一颗大葫芦种子，我把它种植养大，果实足有五石吧。用它盛水吧，它的坚固程度承受不了自己的容量；把它破开做成瓢吧，那么阔大的瓢无处可容。这葫芦并非不够空不够大，只是大得无法派上用场，所以就把它打碎了。"

庄子说："你真是不善于利用大的东西。宋国有个人，擅长制造让手不皲裂的药，于是利用它，世世代代从事漂洗丝絮的工作。有个客人听说后，要拿出百金买下这个药方。宋人便聚集起全家族的人商量说：'我家世世代代以漂洗丝絮为业，所得也不过几金。如今一旦把药方卖出就可以获得百金，就卖了吧。'客人得到药方后，便去游说吴王。这时越国发兵攻打吴国，吴王就派他领兵打仗。冬天，吴军与越军水战，大败越军，吴王划出一块土地封赏他。同样一个让人手不皲裂的药方，有人用它得到了封赏，有人用它只能从事漂洗丝絮的工作，这是因为用途不同。现在你有五石那么大的葫芦，为什么不考虑把它当作腰舟系在身上，去浮游于江湖之上，反而担忧它太大无处可容呢？可见你的心如同蓬草一样堵塞不通啊！"

惠子谓庄子曰："吾有大树，人谓之樗①。其大本拥肿而不中绳墨②，其小枝卷曲而不中规矩。立之涂，匠者不顾。今子之言，大而无用，众所同去也。"

庄子曰："子独不见狸狌乎③？卑身而伏，以候敖者④；东西跳梁⑤，不辟高下⑥；中于机辟⑦，死于罔罟⑧。今夫斄牛⑨，其大若垂天之云，此能为大矣，而不能执鼠。今子有大树，患其无用，何不树之于无何有之乡、广莫之野，彷徨乎无为其侧⑩，逍遥乎寝卧其下？不夭斤斧，物无害者，无所可用，安所困苦哉！"

【注释】

①樗（chū）：落叶乔木，有臭味，木质粗劣。

②拥肿：指木瘤集结。拥，同"痈"，肿。绳墨：木匠用来取直的墨线。

③狸：野猫。狌（shēng）：黄鼠狼。

④敖者：指遨游的小动物。敖，游玩，出游。

⑤跳梁：又写作"跳踉""跳浪"，跳跃，腾跳。

⑥辟：同"避"，躲避，避开。

⑦机辟：泛指捕兽的工具。

⑧罔：同"网"。罟（gǔ）：网。

⑨斄（lí）牛：牦牛。

⑩彷徨：徘徊，悠游自适。

【译文】

惠子对庄子说："我有一棵大树，人们称它为樗树。它的树干长满木瘤而不符合绳墨的要求，它的小枝弯弯曲曲也不合规矩的要求。它长在路边，匠人们不屑一顾。而今你的言论，大而无用，众人都远离而去了。"

庄子说："你难道就没见过野猫和黄鼠狼吗？它们趴伏着身子，等候出游的小动物；它们东蹿西跳，不避高低；往往陷入机关，死于罗网之中。再看那牦牛，庞大的身躯就像天边的云，它的能力大极了，却不会捕捉老鼠。现在你有这么一棵大树，却愁它无用，为什么不把它种植在虚无的乡土、广漠的旷野，悠闲自在地徘徊在大树的旁边，怡然自得地睡卧在大树的下面呢？它不会遭到斧头的砍伐而夭折，没有什么东西去伤害它，它的无所可用，哪里还会招来困苦呢！"

# 齐物论

本篇以"齐物论"命题，包括了齐物之论和齐同物论两个层面的内容，论述了"齐物"和"齐言"的理念。庄子认为，世上的万事万物，包括人在内，都是齐一的。而人类社会一切矛盾的对立面，诸如生与死、寿与夭、贵与贱、荣与辱、成与毁等等都是无差别的一回事。万事万物的绝对齐同，必然导致关于万事万物言论上的绝对齐同的认识，所以庄子否定了诸子百家的论争，也否定了一切是非、对错、好坏的客观存在。

本篇大致可分六段。第一段描写悟道者南郭子綦"吾丧我"的入道境界，引出了人籁、地籁和天籁的三籁之说。以人籁的箫管声和地籁的洞穴声反衬出只有入道的至人才能感受到的自然的无声之声，即天籁。

第二段铺开描写众人之纷争、百家争鸣的世俗百态，并指出一切纷争的产生出于人们的"成心"。所谓成心，庄子认为人之初都有本真之心，但由于外物的（即社会生活）的影响及耳目等五官的后天局限，逐渐有了一己之情、一己之私、一己之成见。私心成见在胸，牢不可破，于是引发了万劫不复的固执、偏见与纷争。

第三段分别从是与非、彼与此、可与不可、然与不然、分与成、成与毁、指与非指等方面，不厌其烦地论述万事万物没有本质上的差别，它们不仅相互依存，也可以相互转换，从道的层面看，它们完全是浑然一体的，也就是"道通为一"。在此观念上，庄子提出了"莫若以明"的认识论，即与其纠缠于是是非非的偏见之中，不如用虚静之心去观照万事万物，排除自我中心的障蔽，呈现大道的光明。

第四段可分两小节，前一节以相对论的观点去看待大小、寿夭，"天下莫大于秋毫之末，而大山为小；莫寿于殇子，而彭祖为夭"，其目的还是借此推出"天地与我并生，而万物与我为一"的齐物论命题。后一节以辩证论的观点阐明悟道者的品质，其目的再次说明泯灭辩争、混同齐一的合理性。

关于齐物论的宗旨观点，前面已经尽说无遗，这第五段便列举了三个寓言故事，分别从形象意境上加深读者对齐物论的体悟。"尧问舜"，意在从狭小的自我中走出，开阔心胸。"啮缺问乎王倪"，通过人、泥鳅、猿猴、麋鹿、蜈蚣、猫头鹰等等的生活习惯的比较，说明万物没有一个共同的标准，更没有一个是非利害的标准，申明偏于一私的争辩是多么的愚蠢。"瞿鹊子问乎长梧子"，描述了悟道者的"游乎尘垢之外"的精神境界。

第六段写了两个寓言故事，近于纯情景式的描述，没有多余的话，因此更富独立的内涵。"罔两问景"写影子随形而动，随形而止，反衬"无待"之旨。"庄周梦为胡蝶"写庄周与胡蝶的梦中转化，阐述"物化"之旨。庄周化为胡蝶，胡蝶化为庄周，万物化而为一，哪里还有彼是此非、此是彼非之辨呢？

# 一

南郭子綦隐机而坐①，仰天而嘘②，荅焉似丧其耦③。颜成子游立侍乎前④，曰："何居乎⑤？形固可使如槁木，而心固可使如死灰乎？今之隐机者，非昔之隐机者也。"

子綦曰："偃，不亦善乎，而问之也⑥！今者吾丧我⑦，汝知之乎？女闻人籁而未闻地籁⑧，女闻地籁而未闻天籁夫！"

子游曰："敢问其方⑨。"

子綦曰："夫大块噫气⑩，其名为风。是唯无作，作则万窍怒呺⑪。而独不闻之翏翏乎⑫？山林之畏佳⑬，大木百围之窍穴⑭，似鼻，似口，似耳，似枅，似圈，似臼，似洼者，似污者⑮。激者、謞者、叱者、吸者、叫者、譹者、宎者、咬者⑯。前者唱于而随者唱喁⑰，泠风则小和⑱，飘风则大和，厉风济则众窍为虚⑲。而独不见之调调之刁刁乎⑳？"

子游曰："地籁则众窍是已，人籁则比竹是已㉑，敢问天籁？"

子綦曰："夫吹万不同，而使其自己也㉒。咸其自取，怒者其谁邪㉓？"

---

**【注释】**

①南郭子綦（qí）：虚拟人物。旧注认为是楚昭王的庶弟，字子綦，住在南郭，因以为号。隐机：凭靠几案。

②嘘：缓缓吐气。

③苔（tà）焉：形体不存在的样子。丧其耦：即忘其
　　形。耦，匹对，精神与肉体为匹对，外物与内我为
　　匹对。

④颜成子游：南郭子綦的弟子，复姓颜成，名偃，字
　　子游。

⑤何居：何故。居，犹"故"。

⑥而：犹"汝"，你。"而问之也"是"不亦善乎"的
　　倒装句。

⑦吾丧我：本然之真我忘掉了社会关系中的俗我。

⑧女：同"汝"，你。籁：箫。这里指由空虚之地发出
　　的声响。

⑨方：术，道术。

⑩大块：大地。噫气：吐气，气息声。

⑪吷（háo）：同"号"，多本并作"号"，吼叫。

⑫翏翏（liáo）：大风声。又写作"飂飂"。

⑬畏佳：即"崔嵬"，形容山势险峻盘回。

⑭窍穴：指树洞。小洞如窍，大洞如穴。

⑮"似鼻"八句：形容各种窍穴的形状。枅（jī），柱
　　上的方木。圈，牲畜栏圈；一说杯口。臼，舂粮的
　　器具。洼，池沼。污，泥塘。

⑯激者：如水激之声。謞（xiào）者：如飞箭之声。
　　叱者：如叱咤之声。譹者：如嚎哭之声。譹，同
　　"嚎"。宎（yǎo）者：如风入空谷声。咬者：如哀之
　　声。以上形容窍穴发出的各种不同的声音。

⑰于、喁（yú）：均指应和之声。

⑱泠（líng）风：小风。

⑲济：止。虚：寂静。

⑳调调、刁刁：均指树木摇动的声音。调调，指树枝大动。刁刁，指树叶微动。

㉑比竹：并列组合在一起的竹管，指箫、笙一类的乐器。

㉒"夫吹万"二句：谓万窍所发出的万种不同的声音，这声音是本窍穴的自然状态造成的。

㉓怒者：发动者，产生者。

【译文】

南郭子綦靠着几案静坐，仰着头缓缓地呼吸，好像遗忘了自己的形体一样。颜成子游站在他的面前侍奉着，问道："这是什么缘故呢？难道人的形体本来可以使它如同枯木，而心灵本来可以使它寂静得如同死灰吗？今天您的静坐，和往日的静坐大不相同啊。"

子綦说："偃，你的提问，不是很好嘛！今天我把我丢掉了，你知道这一点吗？你或许听说过人籁，但不一定听说过地籁，你或许听说过地籁，肯定没有听说过天籁吧。"

子游说："请问其中的道理。"

子綦说："大地呼出的气，人们称作风。这风不发作就罢了，一旦发作就会万窍怒吼。你就没有听过长风呼呼的声音吗？那山林中险峻盘旋的地方，还有百围大树的洞穴，形状有似鼻子的，有似嘴巴的，有似耳朵的，有似梁上方孔的，有似牛栏猪圈的，有似舂臼的，有似池沼的，有似泥坑的。那发出的声音，有的像水流声，有的像射箭声，有的像斥骂声，有的像吸气声，有的像喊叫声，有的像嚎哭声，有的像幽怨声，有的像哀叹声。前面的风呜呜地唱着，后面的风就呼呼地和着，微风就小声地应和着，大风就大声地应和着，当暴风过后，所有的窍穴就虚寂无声了。你就没有见过风吹树林时，那摇曳摆动的枝条吗？"

子游说："地籁是各种孔洞发出的声音，人籁则是竹箫之类发出的声音，请问天籁是什么发出的呢？"

子綦说："所谓天籁，也就是风吹万种孔洞发出各种不同的声音，这些千差万别的声音是由于自己自然的形态体质所造成的。既然各种不同的声音都是自身决定的，那么鼓动它们发声的还有谁呢？"

## 二

大知闲闲，小知间间①；大言炎炎，小言詹詹②。其寐也魂交③，其觉也形开④。与接为构⑤，日以心斗。缦者，窖者，密者⑥。小恐惴惴，大恐缦缦⑦。其发若机栝⑧，其司是非之谓也⑨；其留如诅盟⑩，其守胜之谓也；其杀若秋冬⑪，以言其日消也；其溺之所为之⑫，不可使复之也；其厌也如缄⑬，以言其老洫也⑭；近死之心，莫使复阳也。喜怒哀乐，虑叹变慹⑮，姚佚启态⑯，乐出虚，蒸成菌。日夜相代乎前，而莫知其所萌。已乎，已乎！旦暮得此⑰，其所由以生乎！

【注释】

①知：同"智"。闲闲：广博雅致的样子。间间：固

执偏狭的样子。

②言：言论，议论。炎炎：气盛词烈的样子。詹詹：言多啰嗦的样子。

③魂交：精神交错，指睡中多梦不宁。

④形开：体乏不支，犹如说累得身体散了架子。

⑤接：交接，指心与外界交接，产生种种爱恨好恶之情。构：通"构"，交结，交接。

⑥"缦者"三句：缦，通"慢"，懈怠，散漫。窖，深藏不露，深沉。密，细密，慎重。

⑦缦缦：惊魂失魄的样子。

⑧机：弩上用来发射的部位。栝（kuò）：箭末扣弦的部位。

⑨司：通"伺"，伺机。

⑩留：指持言不发，不肯吐露。诅盟：誓约。

⑪杀：衰，衰败。

⑫所为之：指为辩论所付出的精力。

⑬厌：闭塞。缄：束箧的绳索。

⑭老洫（xù）：旧沟，因日久坍塌，沟内虽有水而被封闭。

⑮虑：忧虑。叹：感叹。变：后悔。慹（zhé）：恐惧。

⑯姚：轻浮，浮躁。佚：放纵。启：狂放，张狂。态：作态，装模作样。

⑰此：指上述各种情态。

【译文】

大智的人广博雅致，小智的人固执偏狭；高谈阔论的人盛气凌人，具体而论的人争辩不休。他们睡觉时魂魄也不安宁，等睡醒后身疲气散。他们整天与外界交涉纠缠，日复一日钩心斗角。有的散漫不经，有的藏奸不露，有的谨慎精细。小惧怕时惴惴不安，大恐惧时惊魂失魄。他们有时发言就像放出的利箭，窥伺到别人的是非来进行攻击；他们有时片语不吐就像发过誓约一样，不过是等待致胜的机会；他们正在衰竭着，犹如秋冬的萧条，这是说他们一天天地走向消亡；他们沉溺于辩论的作为中，不可能使他们再恢复本然之性；他们心灵闭塞，如同被绳索束缚，这说明他们已如废旧的沟洫，源头之水已经枯竭了；走向死亡的心灵，再也没有办法使他们恢复生机了。他们时而欣喜，时而愤怒，时而悲哀，时而快乐；有时多虑，有时感叹，有时后悔，有时恐惧；有的轻浮，有的放纵，有的张狂，有的作态；就像音乐从虚空的东西里发出来的一样，又像菌类被地气蒸发出来的一样。这种种情绪和心态日夜变化着，时不时更替出现，但却不知是从哪里萌生的。算了吧，算了吧！一旦得知这些情态从哪里产生，也就明白这些情态之所以产生的根由了！

非彼无我<sup>①</sup>，非我无所取。是亦近矣，而不知其所为使。若有真宰<sup>②</sup>，而特不得其朕<sup>③</sup>。可行已信，而不见其形，有情而无形<sup>④</sup>。

百骸、九窍、六藏<sup>⑤</sup>，赅而存焉，吾谁与为亲？汝皆说之乎<sup>⑥</sup>？其有私焉<sup>⑦</sup>？如是皆有为臣妾乎？其臣妾不足以相治乎？其递相为君臣乎？其有真君存焉⑧！如求得其情与不得，无益损乎其真。

一受其成形，不亡以待尽。与物相刃相靡，其行尽如驰而莫之能止⑨，不亦悲乎？终身役役而不见其成功⑩，苶然疲役而不知其所归⑪，可不哀邪！人谓之不死，奚益！其形化，其心与之然，可不谓大哀乎？人之生也，固若是芒乎⑫？其我独芒，而人亦有不芒者乎？

夫随其成心而师之⑬，谁独且无师乎？奚必知代而心自取者有之⑭？愚者与有焉！未成乎心而有是非，是今日适越而昔至也⑮。是以无有为有。无有为有，虽有神禹且不能知，吾独且奈何哉！

【注释】

①彼：指以上种种情态。

②真宰：身心的主宰。

③特：独。眹（zhèn）：通"朕"，征兆。

④情：实。

⑤百骸：众多骨节。九窍：指双目、双耳、双鼻孔、口、尿道和肛门。六藏（zàng）：心、肝、脾、肺、肾称为五脏。肾有二，故又称六脏。藏，今写作"脏"。

⑥说：同"悦"。

⑦其：抑或，还是。私：偏爱。

⑧真君：与"真宰"同义，真心，真我。

⑨行尽：走向死亡。一说"尽"通"进"，亦通。

⑩役役：奔忙劳碌的样子。

⑪苶（nié）然：疲倦的样子。

⑫芒：芒昧，昏庸，糊涂。

⑬成心：成见，偏见。师：取法。

⑭知代：谓了解事物发展的更替变化。心自取者：指心有见识的人。

⑮今日适越而昔至：这话原是惠子的论说，意在泯灭今昔之分（详见《天下篇》"惠施多方"一节），而这里则是借此话说明，如果成心在昔日已经形成，那么今日的是非不过是昔日是非的表现而已。

**【译文】**

没有那些情态就没有我自己，没有我自己，那些情态也就无从显现。这样的认识也算接近于道了，但不知是谁主使的。好像有个真宰主使这种关系，然而却看不到它的端倪。我们可以从它的行为结果上得到验证，虽然看不见它的形体，但它是真实存在而本无形迹的。

百骸、九窍和六脏，都完备地存在于我的身上，我究竟和哪一部分最亲近呢？你都喜欢它们吗？还是有所偏爱呢？如果是同样喜欢它们，都把它们视为臣妾吗？把它们都当做臣妾，它们之间就不能由哪一个来统治吗？还是轮换着做君臣呢？或许有"真君"来主宰呢？无论能否获得"真君"的真实情况，都不可能减损或增益它的本然真性。

世人一旦禀受成为人体，虽然不至于马上死亡，却也在衰耗中坐等死神的光临。人们与外物相互伤害，相互摩擦，在死亡的道路上奔驰着而无法止步，这不是很可悲吗？终生奔忙劳碌却不见成功，疲惫困顿却不知前途，这不是很可哀嘛！这样的人就算不死，又有什么益处！人的形骸不断地衰竭老化，人的精神也随着消亡，这难道不是最大的悲哀吗？人的一生，本来就如此昏昧吗？还是只有我一个人昏昧，而别人也有不昏昧的呢？

如果依据个人的成见作为判断事物的标准，那么有谁没有这个标准呢？又何必一定要懂得事物发展变化之理的智人才有呢？愚人也同样会有的！如果说心中尚无成见时就已经先有了是非，那就好像今天去越国而昨天就到了一样可笑。这种说法是把没有当作有。如果把没有的当作有的，就是神明的大禹尚且搞不清，我又有什么办法呢！

## 三

夫言非吹也①。言者有言，其所言者特未定也②。果有言邪？其未尝有言邪？其以为异于鷇音③，亦有辩乎④？其无辩乎？

道恶乎隐而有真伪？言恶乎隐而有是非？道恶乎往而不存？言恶乎存而不可？道隐于小成⑤，言隐于荣华⑥，故有儒墨之是非，以是其所非而非其所是。欲是其所非而非其所是，则莫若以明⑦。

**【注释】**

①言非吹：言论和风吹窍穴不同，言论出于成见，风吹窍穴纯属自然。

②特未定：指不能作为是非的标准。

③毂（kòu）音：幼鸟将破壳而出时发出的叫声，此声无成见辨别。

④辩：通"辨"，区别。

⑤小成：局部的片面的成就或认识。

⑥荣华：浮夸粉饰之辞。

⑦明：指用洞彻之心去观照事物，以明于大道。

**【译文】**

言论并不像风吹洞穴而发声那样出于自然。说话的人各持一家的言辞，他们所说的话并不能确定为是非的依据。他们果真有自己的言论吗？还是不曾有过自己的言论呢？他们都认为自己的言论有异于刚破壳而出的小鸟的鸣声，这其中有区别吗？还是根本没有区别呢？

大道为什么隐晦不明而有真伪呢？至言为什么隐晦不明而有是非呢？大道本是无处不在的，为什么往而不存呢？至言本是无处不可的，为什么存而不可呢？大道被一孔之见隐蔽了，至言被浮华之词隐蔽了，所以产生了像儒家墨家之类的是非争辩，他们各以对方所否定的为是，各以对方所肯定的为非。如果肯定对方所否定的而否定对方所肯定的，则不如以空明的心境去观照事物的本原。

物无非彼，物无非是①。自彼则不见，自是则知之②。故曰：彼出于是，是亦因彼，彼是方生之说也③。虽然，方生方死，方死方生④；方可方不可⑤，方不可方可；因是因非，因非因是⑥。是以圣人不由而照之于天⑦，亦因是也。是亦彼也，彼亦是也。彼亦一是非，此亦一是非。果且有彼是乎哉？果且无彼是乎哉？彼是莫得其偶⑧，谓之道枢⑨。枢始得其环中⑩，以应无穷。是亦一无穷，非亦一无穷也。故曰：莫若以明。

【注释】

①是：此。下同。

②自是：原作"自知"，依严灵峰说改。

③方生：并生，指彼与此的概念相依相对一起产生。

④方生方死，方死方生：这是惠施的命题，揭示了生与死的对立统一关系，认为事物是可以互相转化的。但在论述中忽略了事物发展过程中的相对稳定性和转化的必要条件，因而带有较大的局限性。

⑤可：即"是"。不可：即"非"。

⑥因是因非，因非因是：谓是非相因果而生，有因为而是的，就有因为而非的，反过来也是一样。

⑦不由：指不取彼此是非之途。天：自然。

⑧偶：匹偶，指对立关系。

⑨道枢：道的枢纽，道的关键。

⑩环中：指环圈。

【译文】

万事万物没有不是彼方的，万事万物也没有不是此方的。从彼方来观察此方就看不见此方的实际，从此方来了解自己就知道了。所以说，事物的彼方是由对立的此方而产生的，事物的此方也因对立的彼方而存在，彼与此的概念是一并产生一并存在的。虽然如此，万事万物都是随着生就随着灭，随着灭就随着生；刚认为可以时而不可以的念头已经萌生，刚认为不可以时而可以的念头已经萌生；有因而认为是的就有因而认为非，有因而认为非的就有因而认为是，是与非皆因对方的相互依存关系而产生。所以圣人不走这条是非分辨的路子，而是用天道去观照事物的本然，也就是顺应事物的自然发展。此也就是彼，彼也就是此。彼有彼的是非，此有此的是非，果真有彼与此的分别吗？果真没有彼与此的分别吗？如果超脱了彼与此、是与非的对立关系，就叫掌握了大道的枢要。掌握了大道的枢要，就好比开始进入圆环之上，可以应对无穷的变化。用是非的观点分别事物，是的变化无穷尽，非的变化也是无穷尽的。所以说，不如以空明的心境去观照事物的本原。

以指喻指之非指，不若以非指喻指之非指也；以马喻马之非马，不若以非马喻马之非马也①。天地一指也，万物一马也。

可乎可，不可乎不可。道行之而成，物谓之而然。恶乎然？然于然。恶乎不然？不然于不然。物固有所然，物固有所可。无物不然，无物不可。故为是举莛与楹②，厉与西施③，恢恑憰怪④，道通为一。

【注释】

①"以指喻指"四句：陈鼓应《庄子今注今译》："'指''马'是当时辩者辩论的一个重要主题，尤以公

孙龙的指物论和白马论最著名。庄子只不过用‘指’‘马’的概念作喻说，原义乃在于提醒大家不必斤斤计较于彼此、人我的是非争论，更不必执着于一己的观点去判断他人。”

②莛（tíng）：草茎。楹（yíng）：房柱。

③厉：癞病。这里指丑女。

④恢：同“诙”，诙谐。恑（guǐ）：变诈，诡变。憰（jué）：谲诈。怪：怪异。以上四字均指形形色色的社会现象。

## 【译文】

用手指来说明手指不是手指，不如用非手指来说明手指不是手指；用白马来说明白马不是马，不如用非白马来说明白马不是马。从道通为一、万物浑然一体的观点来看，天地无非一指，万物无非一马，没有什么区别。

人家认可的我也跟着认可，人家不认可的我也跟着不认可。道路是人们走出来的，事物的称谓是人们叫出来的。为什么说是这样的？它原本是这样的，所以人们就认为是这样的。为什么说不是这样的？它原本不是这样的，所以人们就认为不是这样的。事物原本就有这样的道理，事物原本就有可以的原因。没有什么事物不是，也没有什么事物不可。所以就像草茎与房柱、丑女与西施，以及世上诸如诙诡谲怪的种种奇异现象，从大道的观点来看，都是浑然一体的。

其分也，成也；其成也，毁也。凡物无成与

毁，复通为一。唯达者知通为一，为是不用而寓诸庸<sup>①</sup>。庸也者，用也；用也者，通也；通也者，得也。适得而几矣<sup>②</sup>。因是已<sup>③</sup>。已而不知其然，谓之道。劳神明为一，而不知其同也，谓之"朝三"。何谓"朝三"？狙公赋芧<sup>④</sup>，曰："朝三而暮四。"众狙皆怒。曰："然则朝四而暮三。"众狙皆悦。名实未亏，而喜怒为用，亦因是也。是以圣人和之以是非，而休乎天钧<sup>⑤</sup>，是之谓两行<sup>⑥</sup>。

**【注释】**

①为是：为此。不用：指不用固执常人的成见。寓诸庸：寄于事物的功用上。

②"庸也者"七句：这七句二十字疑为注文掺入，依严灵峰说当删去，现保留，不作译注。

③因：任由，随顺。

④狙（jū）公：养猴的老人。赋芧（xù）：分发橡子。

⑤休：止。天钧：即天均，自然的均衡。

⑥两行：指对立之双方，如物我、内外等各得其所。

**【译文】**

万物有分必有成，有成必有毁。所以从总体上说，万物根本就不存在所谓的完成和毁灭，始终是浑然一体的。只有通达之人才可能懂得万物浑然相通的道理，为此他们不用固执常人的成见，而寄托在万物各自的功用上。这就是随顺事物的自然罢了。随顺自然而不知所以然，这就叫做"道"。辩者们竭尽心力去追求一致，却不知道万物本来就是混同的，这就是所谓的"朝三"。什么叫做"朝三"呢？有一个养猴的老人，他给猴子们分橡子，说："早晨三升，晚上四升。"众猴听了很生气。老人改口说："那么就早晨四升而晚上三升吧。"众猴听了都高兴起来。橡子的名称和实际数量都不曾增损，而猴子们的喜怒却因而不同，这里养猴老人不过是顺从猴子们的主观感受罢了。所以圣人混同于是是非非，而任凭自然均衡，这就是物我并行，各得其所。

古之人，其知有所至矣①。恶乎至？有以为未始有物者，至矣，尽矣，不可以加矣！其次以为有物矣，而未始有封也②。其次以为有封焉，而未始有是非也。是非之彰也，道之所以亏也。道之所以亏，爱之所以成③。果且有成与亏乎哉？果且无成与亏乎哉？有成与亏，故昭氏之鼓琴也④；无成与亏，故昭氏之不鼓琴也。昭文之鼓琴也，师旷之枝策也⑤，惠子之据梧也⑥，三子之知几乎皆其盛者也，故载之末年⑦。唯其好之也以异于彼，其好之也欲以明之。彼非所明而明之，故以坚白之昧终⑧。而其子又以文之纶终⑨，终身无成。若是而可谓成乎，虽我亦成也；若是而不可谓成乎，物与我无成也。是故滑疑之耀⑩，圣人之所图也⑪。为是不用而寓诸庸，此之谓"以明"。

**【注释】**

①古之人：指古时的得道者。知：同"智"。至：至极，极高境界。

②封：疆域，界限。

③爱：指偏爱，偏好。

④故：则。昭氏：姓昭，名文，善弹琴。

⑤师旷：春秋时晋平公的乐师，精于音律。枝策：举杖，指举杖敲击乐器。

⑥惠子：惠施。据梧：依靠着梧树，指惠施坐在树边参加辩论。

⑦载：事，从事。末年：晚年。

⑧坚白：战国时期有"坚白同异"之争，公孙龙主张"离坚白"，即认为石头的坚硬和白色只能分别由触觉和视觉才感受到，所以是分离的；以墨子为首的一派则主张"盈坚白"，认为坚硬与白色同为石头属性，所以是不可分离的。

⑨纶：琴瑟的弦，代指弹琴。

⑩滑疑之耀：迷惑人心的炫耀。滑，乱。

⑪图：除，摒弃。

**【译文】**

古时候那些得道的人，他们的智慧达到了极高的境界。是怎样的极高境界呢？他们的视野追究到了宇宙的本初，认识到原始本无万物的存在，这种认识可谓深刻透彻极了，达到最高境界，无以复加了！在认识上稍差一等的人，他们认为万物是现实存在的，探究它却并不严加区别界定。

再次一等的人，认为事物有了分别界限，但并不计较是非。是非观念的显现，大道也就有了亏损。大道的亏损，这是由于个人的偏好所造成的。天下的万事万物，果真有所谓的成就和亏损吗？还是果真没有所谓的成就和亏损呢？有成就和亏损，好比昭文的弹琴；没有成就和亏损，好比昭文的不弹琴。昭文的弹琴，师旷的击乐，惠子的倚树争辩，他们三个人的技艺智慧，都称得上最高超的了，所以他们一直从业到晚年。这三个人自以为自己的所好不同于别人，便想用自己的所好去教诲明示他人。惠子并非真正明道，而却用自以为的明理去明示他人，所以陷于"坚白同异"的偏蔽昏昧中，终身不拔。而昭文之子又终身从事昭文弹琴的事业，以致终生没有什么成就。如果像这个情况可以算作成就的话，那么像我这样的人也应算作有成就的。如果这样子不能算有成就的话，那么外物与我都无所成就。所以对于迷乱世人的炫耀，圣人总是要摒弃的。所以圣人不用个人的一孔之见、一技之长夸示于人，而寄托在事物自身的功用上，这就叫做以空明的心境去观照事物的本原。

## 四

今且有言于此，不知其与是类乎？其与是不类乎？类与不类，相与为类，则与彼无以异矣。虽然，请尝言之。有始也者①，有未始有始也者，有未始有夫未始有始也者。有有也者，有无也者②，有未始有无也者，有未始有夫未始有无也者。俄而有无矣，而未知有无之果孰有孰无也。今我则已有谓矣，而未知吾所谓之其果有谓乎？其果无谓乎？

天下莫大于秋豪之末，而大山为小③；莫寿于殇子④，而彭祖为夭。天地与我并生，而万物与我为一。既已为一矣，且得有言乎？既已谓之一矣，且得无言乎？一与言为二，二与一为三。自此以往，巧历不能得⑤，而况其凡乎！故自无适有⑥，以至于三，而况自有适有乎！无适焉，因是已！

**【注释】**

①有始也者：宇宙有个开始。

②"有有也者"二句：宇宙万物之初，有"有"的东西，也有"无"的东西。"有""无"的辩证观念始于《老子》。

③"天下"二句：豪，同"毫"。大山，即泰山。

④殇（shāng）子：夭折的未成年人。

⑤巧历：善于计算的人。

⑥适：至，推算。

**【译文】**

现在在这里说的话，不知道与其他论者属于同一类呢？还是属于不同的一类？无论是同类还是不同类，既然彼此都是说话，那就与其他的论者没有什么不同了。虽然如此，还是让我试着说一说。宇宙万物有个"始"，也有个未曾开始的"始"，更还有个未曾开始的未曾开始的"始"。宇宙万物的始初，有自己的"有"，也有自己的"无"，还有未曾有"无"的"无"，更有未曾有那未曾有的"无"。

突然间产生了"有"和"无",然而不知这个"有"和
"无",果真是不是"有"和"无"。现在我已经有了说法,
但不知我的说法果真有说法呢?还是果真没有说法?

天下没有比秋毫的末端更大的东西,而泰山却是小
的;没有比夭折的孩子更长寿的人,而彭祖却是短寿的。
天地与我共同生存,而万物与我浑然一体。既然已经浑然
一体了,还要有我的言论吗?既然已经说了"浑然一体"
了,还能说我没有言论吗?万物一体加上我的言论就成了
"二","二"再加上"一"就成了"三"。如此反复计算下去,
就是精于计数的专家也不能得出最终的数目,更何况凡人
呢!从"无"到"有"已经推到三,更何况从"有"到"有"
呢!不必再推算下去了,还是顺应自然吧!


夫道未始有封,言未始有常,为是而有畛也①。
请言其畛。有左有右,有伦有义②,有分有辩,有
竞有争,此之谓八德。六合之外③,圣人存而不论;
六合之内,圣人论而不议;春秋经世先王之志④,
圣人议而不辩。故分也者,有不分也;辩也者,有
不辩也。曰:何也?圣人怀之⑤,众人辩之以相示
也。故曰:辩也者,有不见也。

夫大道不称,大辩不言,大仁不仁,大廉不嗛⑥,
大勇不忮⑦。道昭而不道,言辩而不及,仁常而不
成,廉清而不信,勇忮而不成。五者无弃而几向方
矣⑧!故知止其所不知,至矣。孰知不言之辩,不
道之道?若有能知,此之谓天府⑨。注焉而不满,

酌焉而不竭，而不知其所由来，此之谓葆光<sup>⑩</sup>。

**【注释】**

①为是而有畛（zhěn）：为了一个"是"字而有了界限。畛，界限。

②伦：次序。义：通"仪"，仪则。

③六合：指天地和东西南北四方。

④春秋经世先王之志：即"春秋先王经世之志"。春秋，泛指史书。志，记载。

⑤怀之：不分不辩，涵容于心。

⑥嗛（qiān）：按李勉说，原字当为"廉"字，后人误改。一说嗛，与"陳"同，谓崖岸，亦通。

⑦忮（zhì）：害，伤害。

⑧无弃：二字原作"园"，据奚侗之说，依《淮南子·诠言训》引文改。方：道。

⑨天府：自然的城府，指心胸广阔，包容一切。

⑩葆光：包藏光明而不外露。

**【译文】**

大道原本没有人为的界限，至言原本没有固定的框框，只是为了争得一个"是"字而妄加了许多界限。请让我说说这界限吧。如划分了左与右，次序与等级，分别与辩论，竞言与争锋，这就是世俗所谓的八种才能。其实，天地四方之外的事，圣人是随它存在而不加谈论的；天地四方之内的事，圣人只是谈论它而不加评论的；对于古史中先王治理世事的记载，圣人只是评论它而不去辩解的。所以天下的事理，有去分别的，就有不去分别的；有去辩论的，就有不去辩论的。这是为什么呢？圣人不争不辩，虚怀若谷，而众人却热衷于争辩，以此夸耀于世间。所以说：辩论的存在，必有眼界看不到的地方。

大道是不可称谓的，大辩是不用语言的，大仁者是不自称仁慈的，大廉者是不自称廉洁的，大勇者是从不伤害人的。道一旦说得明明白白也就不是大道了，言语再辨析周详也有所不及，仁爱经常普及也就不能保全了，廉洁过于清纯人家也就不信了，勇敢达到伤人的地步也就不是真正的勇敢了。这五个方面遵行不弃那就差不多接近于大道了！所以说，一个人的智能能够止于所不知的境地，这就是极点了。谁知道不用言辞的辩论、不用称说的大道呢？如果有人能够知道，他就可以称为天然的府库了。在这里无论注入多少也不会满溢，无论索取多少也不会枯竭，人们不知道它的源头在哪里，这就叫做潜藏不露的光明。

## 五

故昔者尧问于舜曰："我欲伐宗、脍、胥敖①，南面而不释然②。其故何也？"

舜曰："夫三子者，犹存乎蓬艾之间。若不释然③，何哉？昔者十日并出，万物皆照，而况德之进乎日者乎④！"

【注释】

①宗、脍、胥敖：三个小国名，虚拟之名。

②南面：君位，指临朝听政。释：放。

③若：汝，您，指尧。

④进乎：胜于。

【译文】

从前尧问舜说："我打算讨伐宗、脍、胥敖这三个小国，每当临朝，心里总是放不下。这是什么原因呢？"

舜说："这三个小国的国君，犹如生存在蓬蒿艾草中一样，您还不放心，问题在哪里呢？过去听说有十个太阳同时出现，普照万物，何况人的道德应当超过太阳的光辉呢！"


啮缺问乎王倪曰①："子知物之所同是乎②？"

曰："吾恶乎知之！"

"子知子之所不知邪？"

曰："吾恶乎知之！"

"然则物无知邪？"

曰："吾恶乎知之！虽然，尝试言之：庸讵知吾所谓知之非不知邪③？庸讵知吾所谓不知之非知邪？且吾尝试问乎女：民湿寝则腰疾偏死④，鳅然乎哉？木处则惴栗恂惧⑤，猿猴然乎哉？三者孰知正处？民食刍豢⑥，麋鹿食荐⑦，蝍蛆甘带⑧，鸱鸦耆鼠⑨，四者孰知正味？猿猵狙以为雌⑩，麋与鹿交，鳅与鱼游。毛嫱丽姬⑪，人之所美也；鱼见之深入，鸟见之高飞，麋鹿见之决骤⑫，四者孰知天下之正色哉？自我观之，仁义之端，是非之涂，樊然淆乱⑬，吾恶能知其辩！"

嚙缺曰："子不知利害，则至人固不知利害乎？"

王倪曰："至人神矣！大泽焚而不能热，河汉沍而不能寒⑭，疾雷破山、飘风振海而不能惊。若然者，乘云气，骑日月，而游乎四海之外，死生无变于己，而况利害之端乎！"

【注释】

①嚙（niè）缺、王倪：皆为虚拟人物。

②同是：共同标准，共同认可。

③庸讵（jù）：怎么，哪里。庸，安，何。讵，何。

④偏死：半身瘫痪。

⑤惴栗：惊恐得发抖。恂（xún）惧：恐惧，害怕。

⑥刍豢（chúhuàn）：指家畜。食草者谓刍，食谷者谓豢。

⑦荐：美草。

⑧蝍蛆（jíjū）：蜈蚣。甘：甘美，可口。带：蛇。

⑨鸱（chī）：猫头鹰。者：通"嗜"，爱好。

⑩猵（biān）狙：猿猴的一种。

⑪毛嫱（qiáng）、丽姬：皆为古代美女。一说"丽姬"当为"西施"，因涉下"丽之姬，艾封人之子"而误改。

⑫决骤：疾奔。决，疾走不顾。

⑬樊然淆（xiáo）乱：纷然错乱。淆，错杂。

⑭河汉：泛指江河。河，黄河。汉，汉水。沍（hù）：冻结。

**【译文】**

啮缺问王倪："你知道万物都有共同之处吗？"

王倪说："我怎么会知道呢！"

"你知道你所不知道的原因吗？"

"我怎么会知道呢！"

"那么天下万物就无法知道了吗？"

"我怎么会知道呢！虽然如此，姑且让我说说看：何以知道我所说的'知道'不是'不知道'呢？何以知道我所说的'不知道'不是'知道'呢？我且问问你：人们睡在潮湿的地方，腰部就要患病，并致半身不遂，莫非泥鳅也会这样吗？人们呆在树枝上就会惊恐不安，莫非猿猴也会这样吗？人、泥鳅和猿猴，这三种动物究竟谁知道居住在什么地方才是最合适的呢？人们吃家畜的肉，麋鹿吃美草，蜈蚣爱吃小蛇，猫头鹰和乌鸦喜欢吃老鼠，这四类动物究竟谁知道吃什么样的食物才算是真正的美味佳肴呢！雌猿与猵狙成为配偶，麋与鹿交合，泥鳅与鱼配对。毛嫱和丽姬，这是世人所羡慕以为美的；但是鱼儿见了就会深入水里，鸟儿见了就会高飞天空，麋鹿见了就会急速逃走，这四种动物到底有谁知道天下什么样的美色才是真正的美色呢？依我看来，那些仁义的头绪，是非的途径，错综杂乱，我怎么会知道它们之间的分别呢？"

啮缺说："你不管世间的利害，难道至人原本也不顾世间的利害吗？"

王倪说："至人太神妙了！林薮焚烧不能让他感到炎热，江河冻结不能让他感到寒冷，就是雷电劈山、狂风掀海也不能让他感到惊恐。像这样的至人，乘着云气，骑着日月，遨游于四海之外，生死的变化都影响不到他，更何况世间的利害小事呢！"

瞿鹊子问乎长梧子曰①："吾闻诸夫子②，圣人不从事于务，不就利，不违害，不喜求，不缘道③，无谓有谓④，有谓无谓，而游乎尘垢之外。夫子以为孟浪之言⑤，而我以为妙道之行也。吾子以为奚若⑥？"

长梧子曰："是黄帝之所听荧也⑦，而丘也何足以知之！且女亦大早计，见卵而求时夜⑧，见弹而求鸮炙⑨。予尝为女妄言之，女以妄听之。奚旁日月⑩，挟宇宙，为其吻合⑪，置其滑涽⑫，以隶相尊？众人役役⑬，圣人愚芚⑭，参万岁而一成纯⑮。万物尽然，而以是相蕴。予恶乎知说生之非惑邪⑯！予恶乎知恶死之非弱丧而不知归者邪⑰！

"丽之姬⑱，艾封人之子也。晋国之始得之也，涕泣沾襟。及其至于王所，与王同筐床⑲，食刍豢，而后悔其泣也。予恶乎知夫死者不悔其始之蕲生乎？梦饮酒者，旦而哭泣；梦哭泣者，旦而田猎。方其梦也，不知其梦也。梦之中又占其梦焉，觉而后知其梦也。且有大觉而后知此其大梦也⑳。而愚者自以为觉，窃窃然知之㉑。君乎！牧乎㉒！固哉丘也！与女皆梦也！予谓女梦，亦梦也。是其言也，其名为吊诡㉓。万世之后，而一遇大圣，知其解者，是旦暮遇之也。

**【注释】**

①瞿鹊子、长梧子：皆为虚拟人物。

②夫子：指孔子。

③不缘道：无行道之迹（林希逸说）。不践迹而行道（释德清说）。

④谓：言，言语。

⑤孟浪：不着边际，不切实际。

⑥奚若：何如。

⑦听荧：听了疑惑。

⑧卵：指鸡蛋。时夜：司夜，指鸡鸣报晓。时，通"司"。

⑨鸮（xiāo）炙：烤鸮鸟肉。鸮，形似斑鸠，略大。

⑩奚：何不。旁：依傍。

⑪为：与。其：指宇宙万物。

⑫置：任。滑涽（hūn）：滑乱昏暗。

⑬役役：操劳不息的样子。

⑭愚芚（chūn）：浑然无知的样子。

⑮参：糅合，调和。万岁：指古今事物。

⑯说：同"悦"。

⑰弱丧：自幼流浪他乡。

⑱丽之姬：即骊姬，晋献公的夫人。

⑲筐床：安适之床，为君主所用。

⑳大觉：彻底觉醒，指圣人。

㉑窃窃然：明察的样子。

㉒牧：牧夫，养马的人。这里指卑贱之人。

㉓吊诡：极其怪异之谈。吊，至。

**【译文】**

瞿鹊子问于长梧子，说道："我从孔夫子那里听说过，有人说圣人不去从事世俗的工作，不贪图利益，不去躲避灾害，不喜欢妄求，不经意去符合大道，无言如同有言，有言如同无言，而心神遨游于尘世之外。孔夫子认为这些话都是不着边际的无稽之谈，而我却认为这正是大道的体现。先生您是怎么看的？"

长梧子说："这些话连黄帝听了都要疑惑，何况孔丘呢？他怎么能够理解呢！而且你也操之过早过急，就像刚见到鸡蛋就去追求司晨的公鸡，刚见到弹丸就想吃到烤熟的鹗鸟。现在我姑且试着说说，你也姑且听听。为什么不依傍着日月，怀抱着宇宙，与万物混合为一体，任其是非殽乱不闻不问，而把世俗上的尊卑贵贱一律等同看待呢？众人忙忙碌碌，圣人浑浑沌沌，他调和古今万事万物而成为一团纯朴。万物都是如此，互相蕴含着归于浑朴之中。我怎么知道喜欢生就不是一种迷惑呢！我怎么知道讨厌死亡就不是像自幼流落他乡而不知回家那样呢！

"丽姬是艾地守封疆人的女儿。当晋国刚得到她的时候，她哭得衣服都湿了。等她到了晋献公的王宫里，与君王睡在安适的床上，吃着美味的肉食，这才后悔当初的哭泣。我怎么知道死去的人不会后悔当初的求生呢？梦中饮酒作乐的人，早晨醒后或许遇到祸事而哭泣；梦中伤心哭泣的人，早晨醒后或许高兴地去打猎。当人在梦中，并不知道自己在做梦。有时候在梦中还在做着另一个梦，等觉醒后才知一切都是梦。只有彻底觉醒了的圣人，而后才会知道人生犹如一场大梦。而愚昧的人自以为清醒，一副明察秋毫的样子，似乎什么都知道，动不动就'君呀''臣呀'的呼叫。孔丘真是固执浅陋极了！他与你都在梦中啊！我说你在做梦，其实我也在梦中了。我说的这番话，可以称之为奇谈怪论。也许万世之后，有幸遇到一位大圣人，他能了悟这个道理，也如同在旦暮之间相遇了。

"既使我与若辩矣①，若胜我，我不若胜，若果是也，我果非也邪？我胜若，若不吾胜，我果是也，而果非也邪？其或是也，其或非也邪？其俱是也，其俱非也邪？我与若不能相知也，则人固受其黮暗②，吾谁使正之？使同乎若者正之，既与若同矣，恶能正之？使同乎我者正之，既同乎我矣，恶能正之？使异乎我与若者正之，既异乎我与若矣，恶能正之？使同乎我与若者正之，既同乎我与若矣，恶能正之？然则我与若与人俱不能相知也，而待彼也邪？"

【注释】

①我：指长梧子。若：汝，你。下同。
②黮（dǎn）暗：暗昧不明。

**【译文】**

"假如我和你辩论，你胜了我，我没有胜你，你果然就对吗？我果然就错了吗？假如我胜了你，你没有胜我，我果然就对吗？你果然就错了吗？这其中是有一个人对，有一个人错呢？还是我们两个人都对，或者都错了呢？我和你都无法知道，而别人原本就暗昧不明，我们找谁来判定是非呢？如果让观点与你相同的人来评定，既然他已经与你相同了，怎么能来评定呢？假使请观点与我相同的人来评定，既然他已经与我相同了，怎么能来评定呢？如果让观点与你我都不相同的人来评定，既然他已经与你我都不相同了，怎么能来评定呢？假使请观点与你我都相同的人来评定，既然他已经与你我都相同了，怎么能来评定呢？那么你我和他人都无从知道谁是谁非了，恐怕只有等待造化了吧。"

"何谓和之以天倪①？"

曰："是不是，然不然。是若果是也，则是之异乎不是也亦无辩；然若果然也，则然之异乎不然也亦无辩。化声之相待②，若其不相待，和之以天倪，因之以曼衍③，所以穷年也。忘年忘义，振于无竟④，故寓诸无竟。"

**【注释】**

①天倪：自然的均平。

②化声：是非之辩。

③因：因循，顺应。曼衍：自在的发展变化。

④振于无竟：逍遥于无物之境。振，振动鼓舞，有遨
　游、逍遥之意。竟，同"境"，境界。

**【译文】**

"什么叫用自然的天平来调和万事万物呢？"

长梧子说："是便是不是，然便是不然，'是'假如真
的是'是'，那么就和'不是'有了区别，这样也就不用辩
论了。'然'假如真的是'然'，那么就和'不然'有了区别，
这样也就不用辩论了。是是非非变来变去的声音是相对立
而存在的，如果要使它们不相对立，就要用自然的天平去
调和，任其自在的发展变化，如此便可以享尽天年。忘掉
岁月与理义，遨游于无物的境界，这样也就能够托身于无
是无非、无穷无尽的天地了。"

## 六

罔两问景曰①："曩子行②，今子止；曩子坐，今
子起。何其无特操与③？"

景曰："吾有待而然者邪？吾所待又有待而然
者邪？吾待蛇蚹蜩翼邪④？恶识所以然？恶识所以
不然？"

**【注释】**

①罔两：影外之微阴。景：同"影"，影子。

②曩（nǎng）：从前。

③特：独立。

④蚹（fù）：鳞皮。

【译文】

罔两问影子说："刚才你还在行走，现在你又停止不动了；刚才你还坐着，现在又站了起来；你怎么这样没有独立的意志呢？"

影子回答说："我因为有所依赖才这样的吧？我所依赖的东西又有所依赖才这样的吧？我所依赖的东西就像蛇依赖腹下的鳞皮、蝉依赖于翅膀一样吧？我怎么知道会这样？怎么知道为什么不会这样呢？"

昔者庄周梦为胡蝶，栩栩然胡蝶也①。自喻适志与②，不知周也。俄然觉，则蘧蘧然周也③。不知周之梦为胡蝶与？胡蝶之梦为周与？周与胡蝶则必有分矣。此之谓物化④。

【注释】

①栩栩：形容轻盈畅快的样子。一本作"翩翩"。

②喻：晓，觉得。适志：快意。与：同"欤"。

③蘧蘧（qú）然：僵直的样子。一说悠然自得的样子。

④物化：万物浑然同化，物我及人我达到无差别境界。

【译文】

从前庄周梦见自己变成了蝴蝶，一只轻快飞舞的蝴蝶。他自我感觉非常快意，竟然忘记了庄周是谁。突然醒来，自己分明就是僵卧在床上的庄周。不知道是庄周做梦化为了蝴蝶，还是蝴蝶做梦化为了庄周？庄周与蝴蝶必定是有所分别的。这种现象就叫做物化。

# 养生主

　　所谓"养生主"即为"养生的宗旨"，是讲养生之道的。庄子所讲的养生不是养形（生理）而是养神（精神），把保养精神看作入道的一种体现。庄子认为，只有因其自然，循乎天理，行于中虚，才能使精神不被外物所伤害，从而达到尽享天年的目的。

　　全篇可分四段来赏析。首段开门见山，以寥寥数语揭示养生的宗旨，并形象而凝练地总结出"缘督以为经"这一养生法则，并通过以下三个寓言故事，从不同的层面和角度阐明这一理念。每则寓言故事可以视为一个段落。

　　第二段即叙述"庖丁为文惠君解牛"这一故事。作者以出神入化的笔触描绘出庖丁出神入化的解牛技艺，并巧妙地强调了超越技艺水平的心得体会，从而落脚到养生上。从解牛技艺中悟出的，诸如"依乎天理"、"因其固然"、"以无厚入有间"、"以神遇而不以目视"等等认识，不正是养生之奥义吗？"庖丁解牛"的寓言故事，因其形象化的艺术手法、带有普遍性的思想提炼和抽象化的语言运用、丰富的多层次的内涵，早已突破了原创者所赋予的内容和旨意。

　　第三段写"公文轩见右师"的自问自答，探讨右师招祸断足的根本原因，强调世间的善恶、福祸、寿夭、健残皆根于天然。如果依乎天理，葆养天真就能得到福寿健，反之就要招灾惹祸，表面出于人事，实质还是违背自然法则。这则寓言之后，还有一个譬喻性的小结，假借饮食短缺的野鸡宁肯在泽地里觅食糊口，也不愿进笼中享受口福，阐明养生的根本在于葆养源于自然本真的自由自在的精神。此段小结也可以看作独立的一则寓言。

　　第四段写"秦失吊老聃"，意在说明人生在世应当"安时处顺"，把生死当做来去一样的平淡自然，这样才能达到"哀乐不入"的境界。最后写道："指穷于为薪，火传也，不知其尽也。"这一警言性的结语，既照应了第四段所表达的生死观，也用"薪尽火传"之喻照应了全文的深刻旨意。

## 一

吾生也有涯①，而知也无涯，以有涯随无涯，殆已②！已而为知者③，殆而已矣！为善无近名，为恶无近刑，缘督以为经④，可以保身，可以全生，可以养亲⑤，可以尽年。

**【注释】**

①涯：涯际，界限。

②殆：危险。已：通"矣"。

③已：既，如此。

④缘：循，顺应。督：督脉。人身前的中脉为任脉，人身后的中脉为督脉，任、督二脉为人体奇经八脉的主脉，主呼吸之息。

⑤亲：指真君，即精神。

**【译文】**

我们的生命是有限的，而知识是无穷的，以有限的生命去追求无穷的知识，就会陷入困顿之中！既然已经困顿不堪，还要从事求知的活动，那就更加危险了！做了善事不图名声，做了坏事不遭刑害，像气循任、督二脉周流不息一样，遵循中正自然之路，就可以保护身体，可以保全生命，可以养护精神，可以享尽天年。

## 二

庖丁为文惠君解牛①，手之所触，肩之所倚，足之所履，膝之所踦②，砉然响然③，奏刀騞然④，莫不中音，合于《桑林》之舞⑤，乃中《经首》之会⑥。

文惠君曰："嘻，善哉！技盖至此乎⑦？"

庖丁释刀对曰⑧："臣之所好者道也，进乎技矣。始臣之解牛之时，所见无非全牛者；三年之后，未尝见全牛也；方今之时，臣以神遇而不以目视⑨，官知止而神欲行⑩。依乎天理⑪，批大郤⑫，导大窾⑬，因其固然。枝经肯綮之未尝⑭，而况大軱乎⑮！良庖岁更刀，割也；族庖月更刀⑯，折也。今臣之刀十九年矣，所解数千牛矣，而刀刃若新发于硎⑰。彼节者有间而刀刃者无厚，以无厚入有间，恢恢乎其于游刃必有余地矣⑱。是以十九年而刀刃若新发于硎。虽然，每至于族⑲，吾见其难为，怵然为戒⑳，视为止，行为迟，动刀甚微，謋然已解㉑，如土委地。提刀而立，为之四顾，为之踌躇满志㉒，善刀而藏之㉓。"

文惠君曰："善哉！吾闻庖丁之言，得养生焉。"

**【注释】**

①庖丁：名叫丁的厨师。一说掌厨的丁役。文惠君：旧注说是梁惠王，疑为附会，可视为虚拟人物。

②踦（yǐ）：屈跪一膝，顶住牛体。

③砉（huā）然响然：皆为形容解牛时发出的声音。一说砉然为骨肉分离之声，响然为刀砍骨肉之声。

④騞（huō）然：进刀之声。

⑤《桑林》之舞：传说殷商时代的乐舞曲。

⑥《经首》：传说殷商时代的乐曲。会：节奏，旋律。

⑦盖：通"盍"，何。

⑧释：放。

⑨神遇：心神感触。

⑩官知止：感官的认知作用停止了。

⑪天理：自然的纹理结构。

⑫批：击，劈。郤：通"隙"，指筋骨间的缝隙。

⑬导：引刀而入。大窾（kuǎn）：指骨节间的较大空隙。

⑭枝：枝脉。经：经脉。肯：带骨肉。綮（qìng）：筋肉盘结处。

⑮軱（gū）：大骨。

⑯族：众。这里指一般人。

⑰硎（xíng）：磨刀石。

⑱恢恢乎：宽绰的样子。

⑲族：盘结交错处。

⑳怵（chù）然：警惕的样子。

㉑謋（huò）然：散开的样子。

㉒踌躇满志：愉悦安适，从容自得的样子。

㉓善刀：拭刀。

**【译文】**

　　庖丁为文惠君宰牛，手抓肩顶，脚踩膝抵，各种动作无不精确利索。此时牛体被肢解发出哗啦哗啦的或重或轻的响声，庖丁进刀发出的阵阵唰唰声，都无不符合音乐的节奏，合乎《桑林》舞曲的节拍，同于《经首》乐章的韵律。

文惠君说："啊，太好了！你的技术怎么会达到这般地步？"

庖丁放下刀，回答说："我所爱好的是道，已经超过技术了。我刚开始从事宰牛时，眼前所见无非是一个完整的牛；三年之后，就不再看得到整牛了。到了现在，我再宰牛时，全凭心神去运作，而不需用眼睛来观察，感官的认知作用早已停止了，而只是心神的活动罢了。依据牛体的天然纹理劈开筋骨间的空隙，把刀引入骨节之间的空隙，完全是顺着牛体的自然结构来操作。像那些经络交错、筋骨盘结的地方都不曾有什么妨碍，何况对付大骨头呢！好的厨师一年换一把刀，他们是用刀割肉；普通的厨师一个月换一把刀，他们是用刀砍骨头。如今我的这把刀已经用了十九年了，宰牛的数量也有几千头了，而刀口还像是刚从磨刀石磨过的一样锋利。因为那牛骨节是有间隙的，而这刀刃却薄得犹如没有厚度，用没有厚度的刀刃切入有间隙的骨节，这其中宽宽绰绰的，当然会游刃有余了。所以这把刀用了十九年还是像新磨的一样。尽管这样，每次碰到筋骨聚集的地方，我知道其中的难度，便小心警惕，眼神专注，动作缓慢，操刀轻微，'哗啦'一声，牛体已解，如同泥土散落一地。此时我提刀站立，环顾四周，悠然自得，心满意足，把刀子揩净收好。"

文惠君说："好啊！我听了庖丁的这番话，懂得养生的道理了。"

# 三

公文轩见右师而惊曰①："是何人也？恶乎介也②？天与？其人与③？"曰："天也，非人也。天之生是使独也，人之貌有与也④，以是知其天也，非人也。"

泽雉十步一啄，百步一饮，不蕲畜乎樊中⑤。神虽王⑥，不善也。

【注释】

①公文轩：姓公文，名轩，宋国人。右师：官名。此以官职称人。

②介：独脚。

③其：抑或。

④与：赋予。

⑤蕲（qí）：求。樊：笼。

⑥王：通"旺"，旺盛。

【译文】

公文轩看到右师不禁惊奇地说："这是什么人呢？为什么只有一只脚呢？是天生就该如此呢？还是由于人祸而造成的呢？"想了想自语道："看来这是天意，并非人为。天生此人使他因祸而断足，因为人的形貌是上天赋予的，所以知道他的断足之祸来自上天的处罚，而不是人为的结果。"

沼泽中的野鸡走出十步才啄到一口食，走出百步才饮到一口水，但它并不祈求被养在笼子里。在笼中精神虽然旺盛，但并不自由。

## 四

老聃死<sup>①</sup>，秦失吊之<sup>②</sup>，三号而出。

弟子曰："非夫子之友邪？"

曰："然。"

"然则吊焉若此可乎？"

曰："然。始也吾以为其人也，而今非也。向吾入而吊焉<sup>③</sup>，有老者哭之，如哭其子；少者哭之，如哭其母。彼其所以会之，必有不蕲言而言，不蕲哭而哭者。是遁天倍情<sup>④</sup>，忘其所受，古者谓之遁天之刑<sup>⑤</sup>。适来，夫子时也<sup>⑥</sup>；适去，夫子顺也。安时而处顺，哀乐不能入也，古者谓是帝之县解<sup>⑦</sup>。"

指穷于为薪<sup>⑧</sup>，火传也，不知其尽也。

【注释】

①老聃：即老子，姓李，名耳，字聃，春秋时楚国苦县人，曾任周守藏室的史官。

②秦失：又作"秦佚"，虚拟人物。

③向：刚才。

④遁：失，逃避。倍：通"背"，违背。

⑤刑：规范，道理。

⑥适来：正当来世。夫子：指老聃。时：时运。

⑦帝：天帝。县（xuán）：倒悬。

⑧指：此处通"脂"，指烛薪上的油脂。穷：指燃尽。

## 【译文】

老聃死了，秦失前往吊唁，仅仅哭了三声就出来了。

弟子问秦失说："他不是您的朋友吗？"

秦失答道："是的。"

弟子问道："那么这样的吊唁是待朋友之礼吗？"

秦失答道："是的。开始我以为他是个俗人，而现在不这样认为了。刚才我进去吊唁，看见有老年人哭他，如同哭自己的孩子；有少年人哭他，如同哭自己的父母。众人来此一起吊唁老聃，必定有老聃不期望他们称赞而称赞的话，必定有老聃不期望他们哭泣而哭泣的人。这是逃避天意，违背实情，忘记了人之生死寿夭皆禀受于自然，古时候称之为逃避自然的规范。正当该他来时，老聃应运而生；正当该他去时，老聃顺势而死。安心时运，顺变不惊，哀乐的情绪就不会侵入胸中，古时候把这种解脱称为天帝解人于倒悬。"

脂膏作为烛薪有燃尽的时候，火种却流传下去，没有穷尽。

# 人间世

人间世，即人世间，人在世间的生活。当时的社会正处于转型期，中央政权已衰微，各诸侯国相继崛起争霸，弱小的诸侯国不甘被吞并，于是强权、扩张、暴力与战争、掠夺、争斗成为时代的主题，而野心、残忍、暴虐、阴险、狡诈、欺骗等违反人性的现象和事件比比皆是，人们如同生活在一个血淋淋的角斗场上，难以聊生。对此，儒家期待用仁爱、礼仪挽救道德的衰败，墨家主张兼爱、非攻，企图平息战乱。显然，一个是远水救不了近火，一个是良好的愿望而已。于是庄子从入世转到了出世，从社会中寻找出路转为从个人的精神世界中寻找前途。于是庄子发挥了老子有关"有""无"的诸多思想，创建了自己的养生论。如果说《养生主》主要是从人体生理的角度，总结出因循中虚，即因循自然的养生之道，那么《人间世》则主要是面对险恶的社会现实，解决"涉乱世以自全"（王夫之语）的养生方法和养生宗旨。

那么，庄子是如何阐述这一宗旨的呢？本篇相继虚构出"颜回见仲尼"等七则寓言故事，从不同的角度，具体而生动地阐明了要想避害全身就必须弃除名利之心，使心境达到空明的境地，从而达到以不材为大材，以无用为大用的客观目的，把这种思维称之为庄子的处世哲学也未尝不可。

七则寓言故事可作为七段内容来阅读。

第一段假借颜回与孔子的对话，讲人际关系特别是与统治者相处的艰难。第二段，假借孔子回答叶公子高将要出使齐国所遇到的祸患问题，进一步描述君臣相处的艰难和危险，对此，作者申明了要在主观上采取"知其不可奈何而安之若命"的态度，一切顺从自然，生死置之度外，也就不存在贪生怕死的问题。第三段，假借颜阖问于蘧伯玉，请教如何做卫灵公太子老师的问题，再次申明顺物无己的思想。第四段以下，以不材之木、身患残疾的支离疏形象等为喻，阐明无用之用之旨。第七段可看作全篇的总结点题段。

全篇突出着眼点有二：

一是在每则寓言故事中无不揭露社会之黑暗、统治者之残酷，通过楚狂接舆唱给孔子的歌，更集中、更强力地反映了这一心声，道出了"方今之时，仅免刑焉"这一悲愤的呐喊。

二是多次申明的避害全身的无用之用、无用之大用的主旨，而在段末不厌其重复，转用简约的格言式的语言，鲜明确切地再现全篇主旨，指出"山木自寇也，膏火自煎也。桂可食，故伐之；漆可用，故割之。人皆知有用之用，而莫知无用之用"这一主题。

## 一

颜回见仲尼①，请行。

曰："奚之？"

曰："将之卫②。"

曰："奚为焉？"

曰："回闻卫君③，其年壮，其行独。轻用其国，而不见其过。轻用民死，死者以国量乎泽若蕉④，民其无如矣⑤！回尝闻之夫子曰：'治国去之，乱国就之，医门多疾。'愿以所闻思其则⑥，庶几其国有瘳乎⑦！"

仲尼曰："嘻，若殆往而刑耳⑧！夫道不欲杂，杂则多，多则扰，扰则忧，忧而不救。古之至人，先存诸己，而后存诸人。所存于己者未定，何暇至于暴人之所行⑨？且若亦知夫德之所荡⑩，而知之所为出乎哉⑪？德荡乎名，知出乎争。名也者，相轧也；知也者，争之器也。二者凶器，非所以尽行也。

"且德厚信矼⑫，未达人气⑬；名闻不争，未达人心。而强以仁义绳墨之言，术暴人之前者⑭，是以人恶有其美也⑮，命之曰菑人⑯。菑人者，人必反菑之，若殆为人菑夫！

"且苟为悦贤而恶不肖，恶用而求有以异⑰？若唯无诏⑱，王公必将乘人而斗其捷⑲。而目将荧之⑳，而色将平之，口将营之㉑，容将形之，心且成之。是以火救火，以水救水，名之曰益多。顺始无穷。若殆以不信厚言㉒，必死于暴人之前矣！"

"且昔者桀杀关龙逢㉓，纣杀王子比干㉔，是皆修其身以下伛拊人之民㉕，以下拂其上者也，故其君因其修以挤之。是好名者也。

"昔者尧攻丛、枝、胥敖㉖，禹攻有扈㉗。国为虚厉㉘，身为刑戮。其用兵不止，其求实无已㉙，是皆求名实者也，而独不闻之乎？名实者，圣人之所不能胜也，而况若乎！虽然，若必有以也㉚，尝以语我来。"

**【注释】**

①颜回：字子渊，鲁国人，孔子最为得意的学生。仲尼：即孔子，名丘，字仲尼，鲁国陬邑（今山东曲阜）人。按《庄子》书中出现的孔子、颜回等历史人物，其言行大多为虚构，不能视为史实。

②卫：卫国，春秋时期的诸侯国，在今河南境内。

③卫君：一说指卫庄公，当视为虚拟人物。

④死者以国量乎泽若蕉：即"死者以国，若蕉量乎泽"，谓几乎一国的人都死光了，就像草芥一样填满了大泽。量，填满。蕉，草芥。

⑤无如：无往，无处可去。

⑥则：法则，指治理卫国的法则。

⑦庶几：差不多。瘳（chōu）：病愈。

⑧若：你。殆：恐怕。

⑨暴人：暴君。这里指卫君。

⑩荡：丧失。

⑪出：显露。

⑫德厚：道德纯厚。信矼（kòng）：信誉确实。

⑬未达：不了解。人气：人的口味。

⑭术：借为"述"，陈述。

⑮有：一说当为"育"字之误。育，卖弄。

⑯菑：同"灾"，害。

⑰而：你。

⑱若：你。诏：进谏。

⑲王公：指卫君。斗其捷：施展他的巧辩。捷，迅捷，利口。

⑳荧：眩，眩惑。

㉑营：营救。

㉒若：你。殆：恐怕。厚言：忠诚之言。

㉓桀：夏桀，夏朝的暴君。关龙逢：夏桀的贤臣，因忠谏被斩首。

㉔纣：商纣，商朝的暴君。比干：商纣的叔父，因忠谏而被剖心。

㉕伛（yǔ）拊：曲身抚爱。此指怜爱、爱养。

㉖丛、枝、胥敖：皆为虚拟的小国名。

㉗有扈：小国名，在今陕西西安鄠邑区。

㉘虚：同"墟"，废墟。厉：厉鬼，古时称死而无后为厉。

㉙实：实利。此指国土、人口和财物。

㉚以：原因，办法。

【译文】

颜回拜见孔子，向他辞行。

孔子问："到哪里去呢？"

颜回说："准备到卫国去。"

孔子问："去做什么？"

颜回说："我听说卫国的国君，年壮气盛，行为专断独裁。他轻率地处理国事，却看不见自己的过失。他轻率地役使百姓而不顾惜百姓的生命，国中的人几乎死光，就像草芥填满大泽，百姓真是无处可去了！我曾经听先生说过：'安定的国家可以离开，动乱的国家就应前去救助，就像医生家的门前有很多的病人。'我想根据先生的教导去考虑帮助卫国的办法，也许这个国家还有救吧！"

孔子说："唉，你去了恐怕要遭刑戮啊！修道不宜心杂，心杂就会多事，多事就会自扰，自扰就会招致忧患，忧患降临再自救也来不及了。古时候的至人，先是充实自己，而后才去帮助别人。如果自己内在空虚，根基不稳，哪有闲工夫去纠正暴君的行为呢？况且你知道道德之所以丧失，智慧之所以外露的原因吗？道德的丧失是由于好名，智慧的外露是由于好争。名这东西，它是相互倾轧的祸根；智这东西，它是相互争斗的工具。这两者都是凶器，不可以尽行于社会。

"而且一个人虽然德性纯厚、品性诚实，但未必符合别人的口味；即使不与别人争夺名誉，但未必被他人理解。如果你勉强将仁义规范的言论，在暴君面前陈述，这样将被认为是利用别人的丑恶来显示自己的美德，而扣上'害人'的帽子。害别人的人，别人必定反过来害他，你恐怕要被人害了！

"如果说卫君真的喜欢贤人而讨厌不肖之徒，何必用你去显示有异于人呢？除非你不进谏，否则卫君必定钻你的空子而施展他的巧辩。到那时你会眼花目眩，面色将会和顺下来，嘴里只会说些自救的话，卑恭的容色将会显露出来，内心就会屈从于卫君的错误主张了。这就好比用火去救火，用水去救水，简直可以称之为添乱。以顺从开始，以后就会永远顺从下去了。你恐怕虽有忠诚之言也不会被信用，必将死于暴君之前了。

"从前夏桀杀害关龙逄，商纣杀害王子比干，这都是因为他们修身养德，以臣下的身份爱抚人君的民众，以在下的地位忤逆了在上的君主的心意，所以君主因为他们好修身养德而排挤他们。这就是好名的结果。

"从前尧攻打丛、枝和胥敖，禹攻打有扈，这些国家变成了废墟，百姓成为了厉鬼，国君们也被杀戮。这都是他们用兵不断、贪图实利不止所造成的，这都是求名求利的结果，你就没有听说过吗？对于名利的诱惑，有时连圣人都难以克制，何况你呢！虽然这样，你肯定有你的想法，不妨说给我听听。"

颜回曰："端而虚<sup>①</sup>，勉而一<sup>②</sup>，则可乎？"

曰："恶！恶可！夫以阳为充孔扬<sup>③</sup>，采色不定<sup>④</sup>，常人之所不违，因案人之所感<sup>⑤</sup>，以求容与其心<sup>⑥</sup>。名之曰日渐之德不成<sup>⑦</sup>，而况大德乎！将执而不化，外合而内不訾<sup>⑧</sup>，其庸讵可乎！"

"然则我内直而外曲，成而上比<sup>⑨</sup>。内直者，与天为徒。与天为徒者，知天子之与己，皆天之所子⑩，而独以己言蕲乎而人善之⑪，蕲乎而人不善之邪？若然者，人谓之童子，是之谓与天为徒。外曲者，与人之为徒也。擎跽曲拳⑫，人臣之礼也。人皆为之，吾敢不为邪？为人之所为者，人亦无疵焉，是之谓与人为徒。成而上比者，与古为徒。其言虽教，谪之实也⑬，古之有也，非吾有也。若然者，虽直而不病⑭，是之谓与古为徒。若是则可乎？"

仲尼曰："恶！恶可！大多政法而不谍⑮。虽固⑯，亦无罪。虽然，止是耳矣⑰，夫胡可以及化！犹师心者也⑱。"

【注释】

①端而虚：外表端正而内心谦虚。

②勉而一：勤勉努力而心志专一。

③阳：骄盛之气。充：满。孔：甚。

④采色：神采气色。这里指喜怒变化的表情。

⑤案：压抑。

⑥容与：自快。

⑦日渐之德：指小德。

⑧訾（zī）：资取，采纳。

⑨成而上比：谓引用成说而上比于古人。

⑩子：作动词用，生。

⑪前"而"字：岂。而人：别人。

⑫擎：执笏。跽（jì）：跪拜。曲拳：鞠躬。

⑬谪（zhé）：指责。

⑭病：指灾祸。

⑮大：同"太"。政法：正人之法。政，通"正"。谍：
妥当。

⑯固：固陋，不圆通。

⑰耳矣：即"而已"。

⑱师心：师法自己的成心。

**【译文】**

颜回说："我外表端正而内心谦虚，做事勤勉而心态专
一，这样可以吗？"

孔子说："唉！这怎么可以呢！卫君骄横之气充溢张
扬，喜怒之情变化无常，平常人都不敢违逆他，因而他压
抑世人对他的进谏，来求得自己心里的畅快。这种人每天
用小德渐渐感化他都不成，何况用大德来规劝呢！他必然
会固执不化，即使表面附合而内心也不会接纳，你的做法
怎么行得通呢！"

颜回说："那么我内心诚直而外表恭顺，援引成说而上
比于古人。所谓内心诚直，就是与自然同类。与自然同类，
便知道天子与我自己，都是天生的，这样，我哪里会期望
别人称赞自己所讲的话为善，又哪里会期望别人指责为不
善呢？像这样做法，世人就会称我是不失赤子之心的孩童，
这就叫做与自然同类。所谓外表恭顺，就是与一般人一样。
执笏跪拜，鞠躬行礼，这是做人臣的礼节。世人都这样做，
我敢不这样做吗？做大家都做的事，别人也不会指责我了，
这就叫做与世人同类。所谓援引成说而上比于古人，这是

与古人同类。所说的虽是古人的教诲，其实是指责人君的过失，这种做法自古就有，并非我的创造。像这样，虽然言语直率了一些，却也不会招来灾祸，这就叫做与古人同类。这样做可以吗？"

孔子说："唉！怎么可以呢！纠正人君的方法也太多了，又不太妥当。这些方法虽然浅陋，倒也不会获罪于卫君。然而，只不过如此而已，怎么能够感化他呢！这还是师法自己的成心啊。"

颜回曰："吾无以进矣，敢问其方。"

仲尼曰："斋，吾将语若①。有心而为之，其易邪？易之者，暤天不宜②。"

颜回曰："回之家贫，唯不饮酒不茹荤者数月矣。如此，则可以为斋乎？"

曰："是祭祀之斋，非心斋也。"

回曰："敢问心斋。"

仲尼曰："若一志③，无听之以耳，而听之以心；无听之以心，而听之以气。听止于耳④，心止于符⑤。气也者，虚而待物者也⑥。唯道集虚⑦。虚者，心斋也。"

颜回曰："回之未始得使⑧，实自回也；得使之也，未始有回也，可谓虚乎？"

夫子曰："尽矣！吾语若：若能入游其樊，而无感其名，入则鸣，不入则止。无门无毒⑨，一宅而寓于不得已⑩，则几矣。绝迹易，无行地难⑪。为人使易以伪，为天使难以伪。闻以有翼飞者矣，未闻以无翼飞者也；闻以有知知者矣，未闻以无知知者也。瞻彼阕者⑫，虚室生白⑬，吉祥止止⑭。夫且不止，是之谓坐驰⑮。夫徇耳目内通⑯，而外于心知⑰，鬼神将来舍⑱，而况人乎！是万物之化也，禹、舜之所纽也⑲，伏戏、几蘧之所行终⑳，而况散焉者乎㉑！"

**【注释】**

①语若：告诉你。若，你。

②鯈（hào）天：自然。不宜：不合。

③若一志：即"一若志"，专一你的心志。

④听止于耳：即"耳止于听"。

⑤符：合。

⑥气也者，虚而待物：能够容纳外物的气，显然不是指呼吸之气息，当指能够主宰万物和心志的道体的一种形式。

⑦虚：指空明的一尘不染的心境。

⑧得使：得到教诲。

⑨无门无毒：谓不走门路去营求。毒，通"窦"，与"门"同义。

⑩一宅：即"宅一"，安心于一。寓于不得已：即"不得已而为之"之意。释德清说："寓意于不得而应之，切不可有心强为。"

⑪绝迹易，无行地难：释德清说："逃人绝迹尚易，独有涉世无心，不着形迹为难。"

⑫瞻：看，观照。阕：空，指空明的境界。

⑬虚室：指空明无物的心境。白：纯白无染的光明。

⑭止止：即"止于止"。前"止"为"处""集"之意，后"止"指空明静止的心境。

⑮坐驰：形坐而心驰。

⑯徇：通"殉"，丧，弃。内通：返视返听，由心去视听。

⑰外于心知：排除心智心机。

⑱舍：居住，指依附。

⑲纽：枢纽，关键。

⑳伏戏：即伏羲。几蘧：传说中的古帝王。

㉑散焉者：疏散之人，指众人。

【译文】

颜回说："我没有别的办法了，请问先生的高见。"

孔子说："你先斋戒，我再告诉你。你有心感化卫君，岂是易事？如果认为这样做容易，便与自然之理不符合了。"

颜回说："我颜回家里贫穷，不饮酒、不吃肉食已经有好几个月了。这样做可以称为斋戒吗？"

孔子说："这是祭祀中要求的斋戒，并非是心斋。"

颜回说："请问什么是心斋？"

孔子说："专一你的心志，不要用耳去听，而要用心去听；进一步不要用心去听，而要用气去听。耳的作用只是听取外物，心的作用只是符合外物。'气'这个东西，才是能够以虚明无形之体来容纳万事万物的。只有达到空明的虚境才能容纳道的聚集。这空明的虚境就是心斋。"

颜回说:"在我不曾听到'心斋'教诲的时候,确确实实感到我的存在;在得到'心斋'教诲之后,不曾再有我的感觉,这样可以算是空明的虚境吗?"

孔子说:"心斋的道理已尽于此!我可以告诉你了:你进入卫国境内去游说,不要为虚名而动心,人家能听进去的话就说,人家听不进去的话就闭口。不寻找门路去营求,心灵专一,了无二念,待人处事一切都不得已而为之,这就差不多了。人不走路是很容易做到的,但是要走路而不留下痕迹就很难了。为人的欲望所驱使就容易作伪,顺任自然而行就难以作伪。只知道有了翅膀才能飞翔,却不知道有不用翅膀而飞翔的;只知道用心智去获取知识,却不知道还有不用心智而获取知识的。观照那个空虚的境界,静寂的心室就会发出纯白的亮光,吉祥之光只止于虚寂空明之心。如果心境不能虚寂空明,这就叫做形坐而心驰。抛弃耳目的视听,让虚寂空明之心返听内视,而排除动用一切外在的心机,这样连鬼神都要依附,何况是人呢!这样万物都可以感化,这正是禹、舜处世的关键,也是伏羲、几蘧始终不移的行为准则,何况平庸之辈呢!"

## 二

叶公子高将使于齐①,问于仲尼曰:"王使诸梁也甚重②,齐之待使者,盖将甚敬而不急。匹夫犹未可动③,而况诸侯乎!吾甚慄之。子常语诸梁也曰:'凡事若小若大,寡不道以欢成④。事若不成,则必有人道之患⑤；事若成，则必有阴阳之患⑥。若成若不成而后无患者，唯有德者能之。'吾食也执粗而不臧⑦，爨无欲清之人⑧。今吾朝受命而夕饮冰，我其内热与！吾未至乎事之情而既有阴阳之患矣⑨！事若不成，必有人道之患。是两也⑩，为人臣者不足以任之，子其有以语我来！"

【注释】

①叶公子高：楚庄王玄孙，名诸梁，字子高，封于叶，僭号称公。

②甚重：指极重要的使命。

③动：感化。

④寡：少。欢成：欢然成功。

⑤人道之患：指国君的惩处。

⑥阴阳之患：指阴阳失调而造成的疾病。

⑦臧：善。

⑧爨（cuàn）：烧火做饭。此指烧火之人。清：清凉。

⑨情：实，成。

⑩两：指内外两方面的祸端。

【译文】

叶公子高将要出使齐国，向孔子请教说："楚王交给我极为重大的使命，而齐国对待外国使者总是表面特别恭敬而实际上推托怠慢。一般人我都感化不了，何况对待诸侯呢？我很是害怕。您曾经对我说：'凡事不分大小，很少有不靠道术而能痛快成功的。事情如果办不成，那么就必定受到人君的惩罚；事情如果能够办成，那么就要在阴阳失调的状况下招来疾患。不论事情成功与否都不会遭到祸患的，只有大德之人才能做到。'我的饮食粗淡，不求精美，很少用火，所以家里烧火做饭的不会因热而思求清凉。如今我早晨接受使命而晚上就要喝冰水，我大概得了内热之病了吧！我还没有出使办事就因喜惧交加、阴阳失调而患病了！将来事情办不成，必遭人君的惩罚。这双重的灾患临头，做人臣的实在无法承受，先生有什么避灾之法可以教导我吗？"

仲尼曰："天下有大戒二①：其一命也②，其一义也③。子之爱亲，命也，不可解于心；臣之事君，义也，无适而非君也，无所逃于天地之间。是之谓大戒。是以夫事其亲者，不择地而安之，孝之至也；夫事其君者，不择事而安之，忠之盛也；自事其心者，哀乐不易施乎前④，知其不可奈何而安之若命，德之至也。为人臣子者，固有所不得已。行事之情而忘其身，何暇至于悦生而恶死！夫子其行可矣！

"丘请复以所闻：凡交，近则必相靡以信⑤，远则必忠之以言。言必或传之⑥。夫传两喜两怒之言，天下之难者也。夫两喜必多溢美之言，两怒必多溢恶之言。凡溢之类妄，妄则其信之也莫⑦，莫则传言者殃。故法言曰⑧：'传其常情，无传其溢言，则几乎全。'

"且以巧斗力者，始乎阳，常卒乎阴⑨，大至则多奇巧⑩；以礼饮酒者，始乎治，常卒乎乱，大至则多奇乐⑪。凡事亦然，始乎谅，常卒乎鄙⑫；其作始也简，其将毕也必巨。夫言者，风波也；行者，实丧也。风波易以动，实丧易以危。故忿设无由，巧言偏辞。兽死不择音，气息茀然⑬，于是并生心厉⑭。克核大至⑮，则必有不肖之心应之，而不知其然也。苟为不知其然也，孰知其所终！故法言曰：'无迁令，无劝成。过度，益也⑯。'迁令劝成殆事。美成在久，恶成不及改，可不慎与！且夫乘物以游心，托不得已以养中⑰，至矣。何作为报也？莫若为致命⑱，此其难者。"

【注释】

①大戒：指人生足以为戒的大法。戒，法。

②命：天性，指受之于自然的性分。

③义：道义，指人应尽的社会责任。

④易施：改变，转移。施，移动，改易。

⑤靡：顺。信：信用。

⑥或：有人。

⑦莫：不，无。一说疑惑的样子。

⑧法言：格言。一说古书名。

⑨"始乎阳"二句：阳，公开，外露。阴，隐藏，阴谋。一说"阳"指"喜"，"阴"指"怒"。

⑩大至：即"太至"，太过分。奇巧：诡计。

⑪奇乐：谓荒淫无度。

⑫"始乎谅"二句：谅，见谅，诚信。鄙，鄙恶，欺诈。

⑬苇（bó）然：勃然，指怒气勃然发作。

⑭心厉：即"厉心"，恶心，狠戾之心。

⑮克核：苛刻。

⑯益：同"溢"，越轨，超限。

⑰养中：即《养生主》"缘督以为经"的"缘督"，顺任中虚自然。

⑱致命：传达君命。

**【译文】**

孔子说："天下有两个足以为戒的大法：一个是禀受于自然的天性，一个是做人的道义。儿女敬爱父母，这就是自然的天性，永远不可能从心中解除；臣子侍奉国君，这就是臣子应尽的职责，无论哪里都不会没有君主，所以普天之下这是无法逃避的。这就是所谓的足以为戒的大法。所以儿女奉养双亲，无论生活在什么环境下，都要使他们安适，这就是最大的孝心了；臣子侍奉君主，无论做什么事情，都要顺从君主的旨意，这就是最大的忠心了；自己修养心性，无论是哀是乐都不会改变原来的心境，知道某些事情的发展无法预料而仍然安心去做，这就是道德修养的最高境界了。做一个臣子的，本来就有不得已而做的事情。只要按实情去办，置自身于不顾，哪里会产生贪生怕死的念头呢？你这样去做就可以了。

"我还要把我听到的告诉你：大凡国与国相交往，邻近的国家要以信用求得安顺，远方的国家要通过语言维系忠信。这语言必须有人来传达。而传达两国国君的喜怒之言，这是天下最难做好的事情。两国国君喜悦时的言辞必然多有溢美之词；两国国君愤怒时的言辞，必然多有溢恶之词。凡是过分的超出实际的言辞都是不真实的，不真实的东西就没有诚信可言，不诚信的传言就会让使者遭殃。所以格言说：'要传达真实不妄之言，不要传达过分不实之言，那么就差不多能够保全自己了。'

"比如那些用技巧来角力的人，开始是明来明去，到最后往往是搞些阴谋，太过分时就诡计多端了；那些讲究礼节饮酒的人，开始时还是规规矩矩的，往往到最后时就会迷乱，太过分时就会放荡不羁了。什么事情都是这样，开始时彼此互谅互让，到最后时就往往互相欺诈了；许多事情开始做时都比较单纯，等到将要完毕时就变得非常艰巨，难以收拾。言语这东西，就像捉摸不透的风波；而传达言语的人，自然会有失实的地方。风波很容易兴作，失实很容易陷入危境。所以愤怒的发作往往没有别的原因，只是由于花言巧语和片面言辞造成的。被逼入死地的野兽，它会发出特别的叫声，怒气勃然而发，于是便会产生伤人的恶念。做事太苛刻太过分，必然让人心生恶念来报复，而他自己还不知道其中的原因。假如自己做的事都不知道怎么回事，那谁会知道他终将遭到什么样的下场呢！所以格言说：'不要改变所要传达的指令，不要勉强把事情办成。超过正常的尺度，就是犯了夸大失实的错误。'改变指令，强求成功，都会把事情办坏。好事的成就需要很久的时间，而坏事一旦出现再改过也来不及了，这可以不慎重吗！顺应万物，悠游自适，托身于自然，不得已而应之，以此修养中虚之道，可说是最好的选择了。何必为了报答君命而有意去做呢？不如如实地传达君命罢了，这样做已经难为人了。"

### 三

颜阖将傅卫灵公太子①，而问于蘧伯玉曰②："有人于此，其德天杀③。与之为无方④，则危吾国；与之为有方，则危吾身。其知适足以知人之过，而不知其所以过。若然者，吾奈之何？"

蘧伯玉曰："善哉问乎！戒之，慎之，正女身也哉！形莫若就，心莫若和。虽然，之二者有患⑤。就不欲入⑥，和不欲出⑦。形就而入，且为颠为灭，为崩为蹶⑧；心和而出，且为声为名，为妖为孽⑨。彼且为婴儿，亦与之为婴儿；彼且为无町畦⑩，亦与之为无町畦；彼且为无崖⑪，亦与之为无崖；达之，入于无疵。

"汝不知夫螳螂乎？怒其臂以当车辙⑫，不知其不胜任也，是其才之美者也⑬。戒之，慎之，积伐而美者以犯之⑭，几矣⑮！

"汝不知夫养虎者乎？不敢以生物与之，为其杀之之怒也；不敢以全物与之，为其决之之怒也。时其饥饱⑯，达其怒心⑰。虎之与人异类，而媚养己者，顺也；故其杀者⑱，逆也。

"夫爱马者，以筐盛矢⑲，以蜄盛溺⑳。适有蚊虻仆缘㉑，而拊之不时㉒，则缺衔、毁首、碎胸㉓。意有所至，而爱有所亡，可不慎邪！"

## 【注释】

①颜阖：姓颜，名阖，鲁国的贤人。傅：师傅，老师。这里作动词用。太子：指蒯聩。

②蘧（qú）伯玉：姓蘧，名瑗，字伯玉，卫国的贤大夫。

③天杀：天性刻薄，天性凶残。

④方：方圆，规矩，法度。

⑤之：此，指形就、心和。

⑥入：陷入，苟同。

⑦出：显露，显示。

⑧崩：垮。蹶：跌倒，失败。

⑨为妖为孽：招致灾祸。孽，灾。

⑩町畦（tǐngqí）：田界。

⑪无崖：无边际，指放荡不拘。

⑫怒：奋起。当：阻挡。

⑬是：作动词，自恃的意思。

⑭积：屡，多次。伐：夸耀。

⑮几：危，危险。

⑯时：通"伺"，伺候。

⑰达：疏导，引导。

⑱杀：搏杀，指伤人。

⑲矢：通"屎"，马粪。

⑳蜄（shèn）：大蛤，此指蛤壳。溺：尿，指马尿。

㉑仆缘：附着。仆，附。

㉒拊：拍打。不时：不及时。

㉓缺衔：指咬断马勒口。首：辔头。胸：胸络。

**【译文】**

颜阖将要去做卫灵公太子的师傅，便去请教蘧伯玉说："现在有一个人，他的天性很凶残。如果不用法度去劝导他，势必要危害国家；如果用法度去规劝他，势必要危害到我自己。他的智力刚够得上知道别人的过错，却不知别人为什么犯这样的过错。像这种情况，我该怎么办呢？"

蘧伯玉说："你问得很好！要警惕啊，要谨慎啊，要端正你的行为！外表不如表现成将就顺从的样子，内心不如抱着调剂的态度。虽然如此，这两者仍免不了有灾患。外表将就随顺他而不能过分陷入，内心调剂诱导他而不能有所显露。外表过分将就顺从他，难免招来堕落、毁灭、垮台和失败；内心调剂诱导他太显露，就会招致声名之祸、妖孽之灾。他如果像婴儿那样天真无知，你也姑且和他一样像婴儿那样天真无知；他如果没有界限的约束，你姑且也像他一样没有界限的约束；他如果放荡不羁，你姑且也像他一样放荡不羁；这样委婉地引导他，使他渐渐地达到无过失的境地。

"你不知道那螳螂吗？奋力举起双臂去阻挡车轮，却不知道自己的力量根本就不胜任，这是因为它把自己的才能看得太了不起的缘故。要警戒啊，要谨慎啊，经常夸耀自己的才能去触犯他，这就危险了。

"你不知道那养虎的人吗？他不敢拿活的小动物去喂

养，因为怕它在搏杀活物时引发它凶残的天性；也不敢把整个小动物丢给它，因为怕它在撕裂的过程中激起残忍的天性。要伺候着它的饥饱来喂食，疏导它的喜怒之情。虎与人不同类别，而虎却喜欢喂养它的人，这是因为人们随顺了虎的性子；虎之所以伤害人，那都是人们违逆了虎的性情的缘故。

"有那爱马的人，用精美的竹筐盛马粪，用珍贵的大蛤壳接马尿。一旦有蚊虻叮咬在马身上，那爱马的人如若拍打不及时，马就会怒气冲天，咬断勒口，挣断辔头，损坏胸络。本意在于爱马而结果却适得其反，这可以不谨慎吗？"

## 四

匠石之齐①，至于曲辕②，见栎社树③。其大蔽数千牛，絜之百围④，其高临山十仞而后有枝⑤，其可以为舟者旁十数⑥。观者如市，匠伯不顾⑦，遂行不辍。

弟子厌观之⑧，走及匠石，曰："自吾执斧斤以随夫子，未尝见材如此其美也。先生不肯视，行不辍，何邪？"

曰："已矣，勿言之矣！散木也⑨。以为舟则沉，以为棺椁则速腐，以为器则速毁，以为门户则液㮤⑩，以为柱则蠹，是不材之木也。无所可用，故能若是之寿。"

匠石归，栎社见梦曰⑪："女将恶乎比予哉？若将比予于文木邪？夫柤梨橘柚果蓏之属⑫，实熟则剥，剥则辱。大枝折，小枝泄⑬。此以其能苦其生者也。故不终其天年而中道夭，自掊击于世俗者也。物莫不若是。且予求无所可用久矣！几死，乃今得之，为予大用。使予也而有用，且得有此大也邪？且也，若与予也皆物也，奈何哉其相物也⑭？而几死之散人，又恶知散木！"

匠石觉而诊其梦⑮。弟子曰："趣取无用⑯，则为社何邪？"

曰："密⑰！若无言！彼亦直寄焉！以为不知己者诟厉也⑱。不为社者，且几有翦乎！且也，彼其所保与众异，而以义喻之⑲，不亦远乎？"

**【注释】**

①匠石：一个名叫石的木匠。之：往。

②曲辕：虚拟的地名。

③栎（lì）社树：把栎树当做社神。

④絜（xié）：用绳子度量粗细。围：两手合抱。

⑤临山：高出山头。从上往下看称"临"。

⑥旁：旁枝。

⑦匠伯：工匠之长。这里指匠石。

⑧厌观：饱看，看个够。

⑨散木：无用之木。

⑩液横（mán）：脂液渗出。

⑪见梦：托梦。

⑫柤（zhā）：山楂。果蓏（luǒ）：树木所结的果实叫果，瓜类等地上蔓生植物的果实叫蓏。

⑬泄：通"抴"，牵扯。

⑭相：视。

⑮诊：通"畛"，告。

⑯趣：志趣，志向。

⑰密：闭，闭嘴。

⑱诟厉：辱骂。

⑲义喻：用常理来衡量。

【译文】

匠石前往齐国，到了曲辕，看见一棵为社神的栎树。这棵树大到可以给几千头牛来遮阴，用绳子一量足有一百多围，树身高出山头八丈以上才长出枝条，其中可以造船的旁枝就有十来枝。观看的人就像赶集一样众多，然而匠石不屑一顾，照样往前走个不停。

弟子们在树边饱看一番，这才赶上匠石，问道："自从我们拿起斧头跟随先生以来，还没有见过这么好的木材。先生不肯看一眼，而是走个不停，这是为什么呢？"

匠石说："够了，不要再说下去了！那是无用的散木。用它来造船，船就很快就会沉没；用它来做棺材，棺材很快就会腐烂；用它来做器具，器具很快就会毁坏；用它来做门户，门户就会渗出脂浆；用它来做柱子，柱子就会生出蛀虫，这是一棵没有任何材料价值的树木。正是它的没有任何作用，所以才能有这么长久的寿命。"

匠石回来后，社神栎树托梦说："你要用什么来和我相比呢？你要用质地细密的树和我相比吗？那山楂树、梨树、橘树、柚子树以及瓜果之类，果实熟了就要遭受击打，被击打就落个扭折。大枝被折断，小枝被扯下来。这都是由于它的才能害苦了自己的一生。所以不能享尽天年而中途夭折，这都是自己招来世俗人们的打击。万物无非是这个道理。况且我寻求无所可用的境地已经很久了！几乎遭到砍杀，到现在才幸而保全，这正是我的大用。假使我对人确实有用，我还能长得如此高大吗？况且，你与我都是天地间的物，为什么你把我视为散木这东西呢？你这将死的散人，又怎能了解这无用之用的散木呢！"

匠石醒后把梦告诉了弟子。弟子说："它的志趣既然是寻求无用，为什么还要充当社树呢？"

匠石说："闭嘴！你不要再说了。它只是特意借社神寄托形体罢了！这才致使那些不了解真相的人辱骂它。如果不充当社树的话，几乎早就遭到剪伐之害了。况且，它的自我保全的方法与众不同，你从常理上去评论它，不是相差太远了吗？"

## 五

南伯子綦游乎商之丘①，见大木焉，有异，结驷千乘，将隐芘其所藾②。子綦曰："此何木也哉！此必有异材夫！"仰而视其细枝，则拳曲而不可以为栋梁；俯而视其大根③，则轴解而不可以为棺椁④；咶其叶⑤，则口烂而为伤；嗅之，则使人狂酲三日而不已⑥。子綦曰："此果不材之木也，以至于此其大也。嗟乎，神人以此不材。"

宋有荆氏者⑦，宜楸柏桑⑧。其拱把而上者⑨，求狙猴之杙者斩之⑩；三围四围，求高名之丽者斩之⑪；七围八围，贵人富商之家求禅傍者斩之⑫。故未终其天年而中道之夭于斧斤，此材之患也。故解之以牛之白颡者⑬，与豚之亢鼻者，与人有痔病者，不可以适河⑭。此皆巫祝以知之矣，所以为不祥也。此乃神人之所以为大祥也。

【注释】

①南伯子綦：虚拟人物，《齐物论》作"南郭子綦"。商之丘：即商丘，宋国都城。

②将隐：通行本作"隐将"，误倒，陈碧虚《庄子阙误》引张君房本正作"将隐"，当据以乙正。芘：通"庇"，遮蔽。籁（lài）：荫。

③大根：树干的底部。

④轴解：树干中心出现裂纹。

⑤咶（shì）：舔。

⑥狂酲（chéng）：酒醉如狂人。

⑦荆氏：地名。

⑧楸（qiū）：落叶乔木，木质细密坚实。

⑨拱把：两手相握称拱，一手所握称把。

⑩狙猴：猕猴。杙（yì）：小木桩。

⑪高名之丽：荣显高大之屋。名，显。一说"大"。

丽，同"樆"，屋栋。

⑫椫（shàn）傍：由整块板做成的棺材。

⑬解：禳除，即通过向神祈祷、祭祀以解除灾祸。颡（sǎng）：额。

⑭适河：把人或牲畜投入河中祭神。

**【译文】**

南伯子綦在商丘游玩，看见一棵大树，它的茂盛异乎寻常，就是集结千辆车马停在树下，也能被枝叶所荫蔽。子綦自语说："这是什么树啊！它必定有异乎寻常的材质吧！"仰起头看了看它的细枝，却只见弯弯曲曲的，不可以做栋梁；低下头去看了看它的粗干，却见轴心出现裂纹而不能制作棺材；舔舔它的叶子，嘴就溃烂而受到伤害；闻闻它的气味，就使人烂醉如泥，三天都醒不过来。子綦又叹道："这果然是不成材的树木，所以才能长得如此高大茂盛。唉，神人也是用不材的面目来显示给世人的。"

宋国荆氏那个地方，适宜种植楸、柏之类质地细密的树木。当它长到一二把粗的时候，想用它来做拴猕猴的木桩的人便砍了去；当它长到三四围粗的时候，想用它来建华丽豪宅的人便砍了去；当它长到七八围粗的时候，高官富商之家想用它做独板棺材的人便砍了去。所以那些树木不能享尽自然赋予的寿命而中途夭折于斧头之下，这就是有用之材招来的祸患。古人在禳除祭祀的时候，凡是白额的牛和翘鼻子的猪，以及生了痔疮的人，都不可以用来祭祀河神。这些都是巫祝所知道的，他们认为那些情况都是不祥的。但这正是神人因它可保身而认为是最大的吉祥的原因。

# 六

支离疏者<sup>①</sup>，颐隐于脐，肩高于顶，会撮指天<sup>②</sup>，五管在上<sup>③</sup>，两髀为胁<sup>④</sup>。挫针治繲<sup>⑤</sup>，足以糊口；鼓筴播精<sup>⑥</sup>，足以食十人。上征武士，则支离攘臂而游于其间<sup>⑦</sup>；上有大役，则支离以有常疾不受功<sup>⑧</sup>；上与病者粟，则受三钟与十束薪<sup>⑨</sup>。夫支离其形者，犹足以养其身，终其天年，又况支离其德者乎！

【注释】

①支离疏：虚拟人物。释德清说："'支离'者，谓隳其形。'疏'者，谓泯其智也。乃忘形去智之喻。"

②会撮：发髻。指天：朝天。由于驼背低头，所以发髻朝天。

③五管：五脏的穴位。

④髀（bì）：大腿。胁：从腋下至肋骨下部。

⑤挫针治繲（jiè）：缝衣洗衣。繲，脏旧衣服。

⑥鼓：簸。筴（cè）：小箕。播精：用簸箕扬弃米糠而得精米。

⑦攘臂：捋起袖子，伸出胳膊。形容支离疏因残疾而不忧被征兵的神气。

⑧功：当差。

⑨钟：六斛四斗为一钟。束：捆。

【译文】

支离疏，他的面颊缩在肚脐下，肩膀高过头顶，脑后的发髻朝天，脊背间五脏的穴位向上，两条大腿和胸旁肋骨贴在一起。他给人家缝衣洗衣，足够养家糊口；他给人家簸糠筛米，足够养活十口人。国家征兵时，支离疏却敢拊袖挥臂游走于闹市；国家有徭役征夫时，他因为残疾而免除服役；国家救济贫病时，他可以领到三钟米和十捆柴。像支离疏这样形体残缺不全的人，尚且能够养活自身，享尽天年，更何况那忘掉世俗德行的人呢！

# 七

孔子适楚，楚狂接舆游其门曰①："凤兮凤兮②，何如德之衰也？来世不可待，往世不可追也。天下有道，圣人成焉；天下无道，圣人生焉③。方今之时，仅免刑焉！福轻乎羽，莫之知载；祸重乎地，莫之知避。已乎，已乎！临人以德。殆乎，殆乎！画地而趋。迷阳迷阳④，无伤吾行。郤曲郤曲⑤，无伤吾足。"

山木，自寇也；膏火，自煎也。桂可食⑥，故伐之；漆可用，故割之。人皆知有用之用，而莫知无用之用也。

【注释】

①楚狂接舆：楚国隐士，姓陆，名通，字接舆。

②凤兮凤兮：以凤鸟讽喻孔子。

③生：保全生命。

④迷阳：一种多刺的草，即荆棘。

⑤郤（xì）曲郤曲：通行本作"吾行郤曲"，传写者误重"吾行"而误，当据陈碧虚《庄子阙误》引张君房本改。郤曲，即刺榆，一种带刺的小树，散生于原野。（采高亨《诸子新笺》说）

⑥桂可食：桂树的皮与肉气味芳香，可供调味。

**【译文】**

孔子到楚国去，楚国狂人接舆走到孔子的住处门前，唱道："凤啊，凤啊，你的德行何以变得这样衰微了呢？来世不可期待，往世不可追回。天下有道，圣人可以成就大业；天下无道，圣人只能保全性命。当今这个时代，仅能免于刑戮！幸福比羽毛还要轻，却不知道珍惜；灾祸比大地还要重，却不知道躲避。罢了，罢了！别在人前炫耀自己。危险啊，危险啊！莫要画地为牢让人盲目钻进去。迷阳啊迷阳，不要伤害我的行路。郤曲啊郤曲，不要伤害我的双足。"

山上的良木是自己招来的砍伐，油脂可燃是自己招来的煎熬。桂树由于可以食用，所以遭人砍伐；漆树由于可以做涂料，所以遭人割取。世人都知道有用的用途，却不知道无用中的用途。

# 德充符

　　本篇以"德充符"命题，体现了作者对完美道德的无限推崇。所谓"德充符"，即道德充满于内，万物符验于外，象征着完美道德的确立。自古以来，道德就属于人类内在的思想品性上的东西，与形貌美丑无关，但庄子偏偏把道德纳入审美范畴去审视、去对比、去塑造这理性之美，在中国审美思想史上开辟了一个新天地。

　　庄子讲的道德，与儒家讲的礼义道德不同，与我们今天讲的道德品质也不同，甚至相抵触。例如本篇强调的遗形忘情、因循自然，否定后天的智能，否定社会的约束等等，都与儒家理想及现代社会的实用主义格格不入。其原因，正如先哲荀子批评庄子的"蔽于天而不知人"。在庄子心目中，"眇乎小哉，所以属于人也；謷乎大哉，独成其天"。庄子认识到自然（即天）是世界万物的源泉和创造者，但他忽略了作为自然产物的人类有着不同于其他自然物的特殊的社会属性，因此他的学说不可避免地带有片面性和局限性。

　　本篇可分六个段落，前五段分别塑造了六个特型人物，反复说明形残貌丑不足以影响道德纯美的价值。最后一段集中讨论人情问题，从养生的角度主张"无情"，指出"吾所谓无情者，无以好恶内伤其身"，实际上反对的是因情伤性，因情伤身。

　　第一段写兀者王骀虽然断了一只脚，但声望却超过了孔子。为什么呢？是由于他领悟了永恒不变的大道，能够把握事物的本质，用齐一的观点看待万事万物。

第二段写兀者申徒嘉与郑子产的对话。郑子产羞于与被处刑而断足的申徒嘉同行，而申徒嘉不以遭遇刑罚为耻辱，能以"知不可奈何而安之若命"泰然处之。申徒嘉的老师伯昏无人与弟子相处十九年，却不曾感到他是残疾人，与子产的态度成了鲜明的对比。

第三段写兀者叔山无趾与孔子及老子的对话，申明了足虽丧失，"犹有尊足者存"，即精神远比形体尊贵。

第四段，在鲁哀公与孔子的对话中，描绘出一个极具个人魅力的形象哀骀它。一个形貌丑陋到使天下人见了都惊怕的人，而且无权无财，甚至见识也不出四域，却有着地心一样的引力，除非你不曾和他相处过。这是为什么呢？庄子于是借孔子之口揭开了这个谜团，那就是"才全而德不形"。又借鲁哀公之口诠释了"才全而德不形"的涵义。

第五段所写的阘跂支离无脤与瓮盎大瘿，也是两个奇形怪状、残缺不全的人物，他们却获得了卫灵公与齐桓公的青睐，说明了"德有所长，而形有所忘"的道理。此外，还提出了"有人之形，无人之情"的理想追求，为末段的人情之论留下一个话头。

# 一

　　鲁有兀者王骀①，从之游者与仲尼相若②。常季问于仲尼曰③："王骀，兀者也，从之游者与夫子中分鲁④。立不教，坐不议，虚而往，实而归。固有不言之教，无形而心成者邪⑤？是何人也？"

　　仲尼曰："夫子，圣人也。丘也直后而未往耳⑥！丘将以为师，而况不若丘者乎！奚假鲁国⑦，丘将引天下而与从之。"

　　常季曰："彼兀者也，而王先生⑧，其与庸亦远矣⑨。若然者，其用心也，独若之何？"

　　仲尼曰："死生亦大矣，而不得与之变；虽天地覆坠，亦将不与之遗⑩；审乎无假而不与物迁⑪，命物之化而守其宗也⑫。"

　　常季曰："何谓也？"

　　仲尼曰："自其异者视之，肝胆楚越也；自其同者视之，万物皆一也。夫若然者，且不知耳目之所宜，而游心乎德之和⑬。物，视其所一而不见其所丧，视丧其足犹遗土也。"

　　常季曰："彼为己，以其知得其心，以其心得其常心⑭。物何为最之哉⑮？"

　　仲尼曰："人莫鉴于流水而鉴于止水，唯止能止众止。受命于地，唯松柏独也正，在冬夏青青；受命于天，唯尧、舜独也正，在万物之首。幸能正生⑯，以正众生。夫保始之征⑰，不惧之实，勇士一人，雄入于九军⑱。将求名而能自要者而犹若是⑲，而况官天地、府万物、直寓六骸、象耳目、一知之所知而心未尝死者乎⑳！彼且择日而登假㉑，人则从是也。彼且何肯以物为事乎！"

**【注释】**

①兀（wù）者：断足之人。王骀（tái）：虚拟人物。

②从之游：跟随他的门徒。相若：相等。

③常季：虚拟人物。

④中分鲁：占鲁国学生的一半。

⑤无形而心成：无形之中心有所获，指潜移默化。

⑥直：只，特。后：落后。

⑦奚假：岂止。

⑧王：胜，超过。

⑨庸：常人。

⑩遗：失，指毁灭，消亡。

⑪审：明悉。无假：无所假借，即无所待。

⑫命：听命，即顺任。守其宗：坚持原旨。

⑬德之和：道德的浑然一体。

⑭常心：原始本然之心。此心无分别、无好恶作用。

⑮物：外物，包括人。最：聚集，归附。

⑯正生：端正自己的心性。生，通"性"。

⑰保始之征：遵守先前许下的诺言。保，守。征，信，诺言。

⑱九军：天子六军加上诸侯三军，合为九军。这里泛指千军万马。

⑲自要：自我要求，指自好，自求上进。

⑳官：主宰。府：包藏。直：只。寓：寄托。六骸：头、身、四肢合为六骸。这里泛指身体。象耳目：把耳目看作是一种摆设。象，虚象，形式，此处作动词用。一知之所知：把世上的所有认知都混同为一种认识。一，同一。心未尝死者：指未曾丧失常心的人。死，丧失。

㉑择日：指日。登假：飞升，指达到超尘绝俗的精神世界。假，通"遐"，远，高远。

**【译文】**

鲁国有个断了脚的人名叫王骀，跟从他游学的人与跟从孔子游学的人差不多。常季便问孔子："王骀，他是个断了脚的人，跟随他的弟子与您在鲁国的弟子各占一半。他对弟子，立不施教，坐不讲述，可弟子们头脑空空而去，回来却满载而归。莫非真有不用言语的教化，在无形之中得到潜移默化的吗？这是个什么样的人呢？"

孔子说："这位先生，他是个圣人啊。我只是落在后面，还没有来得及去请教罢了！我将拜他为师，何况不如我的人呢！何止鲁国，我将要引领全天下的人去追随他。"

常季说："他是个断了脚的人，却能超过您，若与平庸之辈相比，恐怕超过得更加深远了。像他这样的人，一旦用起心智来，将会怎么样呢？"

孔子说："死生是件大事吧，却不能改变他的心境；就是天塌地陷，他也不会与天地一起消亡；他洞悉无所待的道理而不随万物变化，听任事物的变化而固守一贯的宗旨。"

常季说："这是什么意思呢？"

孔子说："从事物彼此相异的方面去看，肝与胆就像楚国与越国一样遥远；从事物彼此相同的方面去看，万事万物都是一样的。像他这样认识的人，就不会考虑耳目适合什么样的声音和颜色，只求逍遥于无差别无分辨而浑然一体的道德境界中。面对万物，只看到它浑然一同的方面，那么就看不见其中有什么缺失，所以在他看来，失掉一只脚犹如丢掉一块泥巴一样。"

常季说："王骀只是修己，用他的真智获得明理之心，再用这个明理之心获得无所分辨的永恒之心，那么众人为什么都归附他呢？"

孔子说："人们不会在流水中照影子，而是利用静止的水来观照，因为只有静止的水才能留住众人止步观照。植物都从大地获得生命，然而只有松柏禀受自然的正气，不分冬夏，枝叶常青；众人都从上天获得生命，然而只有尧、舜禀受自然的正气，成为万众的首领。可幸的是他们能够自正性命，因此才可以引导众人匡正性命。为了遵守先前许下的诺言，那些具有无畏品质的勇士，就是独自一人，也敢于闯入千军万马中作战。那些为了求得名誉而能严格要求自己的人尚且如此，何况主宰天地，蕴藏万物，把身体六骸只当做寄托的躯壳，把耳目当做一种象征性的摆设，把世间所有认知视为一回事而未曾丧失常心的人呢？王骀将指日飞升，与大道冥合为一体。这样超尘绝俗的人，众人都愿意追随他，而他岂肯把众人的追随当回事呢！"

## 二

申徒嘉①，兀者也，而与郑子产同师于伯昏无人②。子产谓申徒嘉曰："我先出则子止，子先出则我止。"其明日，又与合堂同席而坐。子产谓申徒嘉曰："我先出则子止，子先出则我止。今我将出，子可以止乎？其未邪③？且子见执政而不违④，子齐执政乎？"

申徒嘉曰："先生之门，固有执政焉如此哉？子而说子之执政而后人者也⑤。闻之曰：'鉴明则尘垢不止⑥，止则不明也。久与贤人处则无过。'今子之所取大者⑦，先生也，而犹出言若是，不亦过乎？"

子产曰："子既若是矣⑧，犹与尧争善。计子之德，不足以自反邪？"

申徒嘉曰："自状其过，以不当亡者众；不状其过⑨，以不当存者寡。知不可奈何而安之若命，唯有德者能之。游于羿之彀中⑩。中央者，中地也⑪；然而不中者，命也。人以其全足笑吾不全足者多矣，我怫然而怒⑫，而适先生之所，则废然而反⑬。不知先生之洗我以善邪⑭，吾之自寤邪！吾与夫子游十九年矣，而未尝知吾兀者也。今子与我游于形骸之内⑮，而子索我于形骸之外⑯，不亦过乎！"

子产蹴然改容更貌曰⑰："子无乃称⑱！"

【注释】

①申徒嘉：虚拟人物。

②郑子产：春秋时郑国人，名侨，字子产，曾任国相。伯昏无人：虚拟人物。

③其：抑或。

④执政：子产为郑国执政大臣，故自称执政。违：回避。

⑤而：乃。说：同"悦"。后人：看不起人。

⑥鉴：镜子。

⑦取大：求取最大的东西，指老师伯昏无人的道德。

⑧若是：如此，指断足。

⑨状：申辩。过：过错。

⑩羿：尧时的神射手。彀（gòu）中：射程之内，喻刑网。

⑪中地：箭矢射中的地方，喻在刑网之中。

⑫怫（fú）然：脸上变色的样子。

⑬废然：怒气消除的样子。

⑭洗我以善：即以善洗我。洗，犹教育。

⑮形骸之内：形体之内的精神世界，指道德。

⑯形骸之外：外貌，指断足之身。

⑰蹴（cù）然：惊惭的样子。

⑱子无乃称：您别再说了。乃，读为"仍"，复，再。称，称述。

【译文】

　　申徒嘉是个断了脚的人，他和郑子产同是伯昏无人的弟子。子产对申徒嘉说："我若先出去，你就留下；你若先出去，我就留下。"到了第二天，他们又同室同席坐在一起。子产对申徒嘉说："我若先出去，你就留下；你若先出去，我就留下。现在我要先出去，你可以稍留一会儿吗？还是不能呢？你看见我这个执政大臣却不回避，你想把自己当成执政大臣与我平起平坐吗？”

申徒嘉说：“先生的门徒弟子，有这样的执政大臣吗？你是得意你的执政地位而瞧不起人吗？听说过这样的格言：‘镜子明亮就不会落下灰尘，落上灰尘的就不会明亮。与贤人相处长久就不会犯下过失。’现在你想获取的是伯昏无人先生的道德，却还说出这种话来，不是过错吗？”

子产说：“你都这样了，还要和尧争个高低。估量一下你自己的德性，还不够你自我反省的吗？”

申徒嘉说：“如果申辩自己的过错，认为自己不应当断足的多；虽然不为自己的过错去申辩，但是认为自己不应当存足的人还是很少。知道事情的无可奈何，而能泰然接受，如同接受自然的命运一样，这只有有德的人才能做到。正像我们走进了羿的射程之内。那中心的地方，正是箭矢必中的地方；然而也有不被射中的，那是命运。拿自己齐全的双脚来讥笑我双脚不全的人很多，我听了勃然大怒；等我来到先生的寓所，怒气如烟消云散，又恢复了常态。不知道先生用什么妙法洗净了我的心灵，还是我自己悟出了生命的真谛！我跟随先生修学已经十九年了，先生都不曾感觉到我是断了脚的人。现在你和我交往于道德的修养之中，但你却在形貌上来要求我，这不是错误的吗？”

子产惭愧不安地改变了态度，说道：“是的，您不必再说了。”

## 三

鲁有兀者叔山无趾<sup>①</sup>，踵见仲尼<sup>②</sup>。仲尼曰：“子不谨，前既犯患若是矣。虽今来，何及矣！”

无趾曰：“吾唯不知务而轻用吾身<sup>③</sup>，吾是以亡足。今吾来也，犹有尊足者存<sup>④</sup>，吾是以务全之也。夫天无不覆，地无不载，吾以夫子为天地，安知夫子之犹若是也！”

孔子曰：“丘则陋矣！夫子胡不入乎？请讲以所闻。”

无趾出。孔子曰：“弟子勉之！夫无趾，兀者也，犹务学以复补前行之恶，而况全德之人乎<sup>⑤</sup>！”

无趾语老聃曰：“孔丘之于至人<sup>⑥</sup>，其未邪？彼何宾宾以学子为<sup>⑦</sup>？彼且蕲以諔诡幻怪之名闻<sup>⑧</sup>，不知至人之以是为己桎梏邪<sup>⑨</sup>？”

老聃曰：“胡不直使彼以死生为一条<sup>⑩</sup>，以可不可为一贯者，解其桎梏，其可乎？”

无趾曰：“天刑之<sup>⑪</sup>，安可解！”

**【注释】**

① 叔山无趾：虚拟人物。无趾，脚趾被切断。

② 踵（zhǒng）见：用脚跟行走去求见。踵，脚后跟。

③ 务：事务，时务。

④ 尊足者：即“尊于足者”，比足还要贵重的东西，指道德。

⑤ 全德之人：指形体健全的人。

⑥至人：得道之人。

⑦宾宾：犹频频。以：而。学子：学于子。子，指老子。

⑧蕲（qí）：求。诇（chù）诡：奇异。

⑨桎梏（zhìgù）：镣铐。用在脚上的叫桎，用在手上的叫梏。

⑩一条：一贯，一样。

⑪天刑之：自然的根器如此。刑，土模，模型。

**【译文】**

鲁国有个被砍断了脚趾的人叫做叔山无趾，他用脚后跟行走去见孔子。孔子说："你不谨慎，以前既然犯了这样的刑罚，现在虽然来这里请教，哪里还来得及呢！"

无趾说："我只因不识时务而轻率地对待自己的身体，所以才断去了脚趾。今天我来这里，还有比脚更贵重的东西存在，因此我要努力保全它。天是无所不覆盖的，地是无所不承载的，我把先生当作天地，哪里知道先生如此拘于形骸之见呢！"

孔子说："我实在浅陋！您为什么不进来呢？请把您听到的讲一讲。"

无趾从室内走出来。孔子说："弟子们要努力啊！无趾是一个断了脚趾的人，还要努力学习以弥补从前的过错，更何况身体健全的人呢！"

无趾对老子说："孔子这个人，拿得道者至人的境界来衡量他，恐怕还不够吧？他为什么频频前来求教于您呢？他还在追求用奇异怪诞的说教来扬名于世，殊不知至人把这些名声视为束缚自己的一种枷锁呢？"

老子说："为什么不使他认识到死生一体、是非同一的道理，解除他的枷锁，这样也就可以了吧？"

无趾说："孔子先天造就的根器如此，怎么可能解除呢？"

# 四

鲁哀公问于仲尼曰："卫有恶人焉①，曰哀骀它②。丈夫与之处者，思而不能去也；妇人见之，请于父母曰'与为人妻，宁为夫子妾'者，十数而未止也。未尝有闻其唱者也③，常和人而已矣。无君人之位以济乎人之死④，无聚禄以望人之腹⑤，又以恶骇天下，和而不唱，知不出乎四域⑥，且而雌雄合乎前⑦，是必有异乎人者也。寡人召而观之，果以恶骇天下。与寡人处，不至以月数，而寡人有意乎其为人也；不至乎期年，而寡人信之。国无宰，寡人传国焉⑧。闷然而后应⑨，氾然而若辞⑩。寡人丑乎⑪，卒授之国。无几何也，去寡人而行。寡人恤焉若有亡也⑫，若无与乐是国也⑬。是何人者也？"

⑤聚禄：积蓄的钱财。望：月满为望。这里指饱。

⑥四域：四方，指人世。

⑦雌雄：指妇人、丈夫。

⑧传国：授以国政。

⑨闷然：无心的样子。

⑩氾然：漠不关心的样子。氾，同"泛"。

⑪丑：惭愧。

⑫恤（xù）焉：忧虑的样子。

⑬若无与乐是国也：即"是国若无与乐也"。是，此，指鲁国。

**【译文】**

鲁哀公问孔子说："卫国有个形貌极为难看的人，他的名字叫哀骀它。男人和他相处，依恋他而舍不得离开；女人见了他，请求父母说，'与其做别人的妻子，不如做这位先生的妾'，这样的女人已有十几个都不止。不曾听说他有什么倡导，只见他总是应和别人。他没有统治者的权位去挽救人们的死亡，也没有积蓄的钱粮去满足人们的温饱，而且又面貌丑陋得让天下人见了都要震惊，他应和而不领唱，他的智虑不超出人世之外，然而男人女人都来亲近他，这必定有异于常人之处。我把他召来一看，果然见他面貌丑陋得让天下人都震惊。他与我相处，不到一个月，我便感到他为人的可爱之处；不到一年，我便完全信任了他。国家缺宰相，我就要把国事委托给他。他心不在焉地应承，又漫不经心地好像有所推辞。我感到很惭愧，最终把国政授给他。时间不长，他就离开我走了。我很忧闷，就像丢了什么东西，好像在鲁国再也没人能够与我同欢乐了。他到底是怎样的一个人呢？"

仲尼曰："丘也尝使于楚矣，适见独子食于其死母者①。少焉眴若②，皆弃之而走。不见己焉尔③，不得类焉尔。所爱其母者，非爱其形也，爱使其形者也④。战而死者，其人之葬也不以翣资⑤；刖者之屦⑥，无为爱之。皆无其本矣。为天子之诸御⑦，不爪翦⑧，不穿耳；取妻者止于外，不得复使。形全犹足以为尔，而况全德之人乎！今哀骀它未言而信，无功而亲，使人授己国，唯恐其不受也，是必才全而德不形者也⑨。"

**【注释】**

①独（tún）子：小猪。食：吃奶。

②眴（shùn）若：惊慌的样子。

③焉尔：才如此，指弃之而走的原因。

④使其形：主宰它的形体，指精神。

⑤翣（shà）：棺材饰物。资：送，给。

⑥刖（yuè）：古代砍足的刑罚。屦（jù）：鞋。

⑦诸御：宫女及其嫔妃。

⑧不爪翦：不剪指甲。翦，同"剪"。

⑨才全：天性完备未损。德不形：内德不外露。

**【译文】**

孔子说："我曾经出使过楚国，正巧看见一群小猪在刚死的母猪身上吃奶。不一会儿，突然露出惊恐的样子，都抛开母猪逃开了。这是因为母猪对小猪不再有任何感应，不再像活着的时候了。可见小猪爱他的母猪，不是爱它的形貌，而是爱主宰形貌的精神啊。战死在疆场上的士兵，葬埋他时用不着棺饰；被砍去脚的人，他对原来的鞋子，没有理由再去珍惜。这都是由于失去了根本。做天子嫔妃的，不剪指甲，不穿耳眼；娶了妻子的内侍，不能再进宫，不得再役使。为了保全完整的形体尚且如此，何况德性完备的人呢！现在哀骀它不开口而获得信任，无功业而受人亲敬，使别人情愿把自己的国家授给他，还怕他不肯接受，他必定是个天性完美无缺而道德高尚不露的人。"

哀公曰："何谓才全？"

仲尼曰："死生、存亡、穷达、贫富、贤与不肖、毁誉、饥渴、寒暑，是事之变，命之行也①。日夜相代乎前，而知不能规乎其始者也②。故不足以滑和③，不可入于灵府④。使之和豫通而不失于兑⑤，使日夜无隙而与物为春⑥，是接而生时于心者也。是之谓才全。"

**【注释】**

①命：天命，自然。

②知：同"智"，智慧。规：通"窥"，窥视。

③滑和：扰乱和顺的本性。滑，乱。

④灵府：精神的府宅，指心灵。

⑤和：和顺。豫：豫适。通：通畅。兑：悦。

⑥日夜无隙：日夜都不间断。与物为春：与万物同游
于春和之中。

【译文】

哀公说："什么叫做天性完美无缺？"

孔子说："像死生、存亡、穷达、贫富、贤与不肖、毁
誉、饥渴、寒暑，这都是事物的变化、自然规律的运行。
它们日夜相互更替，展现在人们面前，而人们智力却不能
窥见它们的起始。所以这些变化不足以扰乱我们和顺的本
性，不能侵入我们的心灵。能使心灵日夜不间断地保持这
种真性而与万物同游于春和之气中，这就使心灵在与万物
接触中，无时不和谐感应。这就叫做天性完美无缺。"


"何谓德不形？"

曰："平者，水停之盛也①。其可以为法也，内
保之而外不荡也。德者，成和之修也②。德不形者，
物不能离也。"


【注释】

①盛：至，极。

②成和：成就纯和。

【译文】

"什么叫做道德高尚不露呢？"

孔子说："平，这是水极端静止的状态。它可以作为我
们取法的标准，内心保持极端静止的状态，那么就能不为

外界变化所摇荡。道德这东西，实际上就是成就纯和的修养。道德高尚不露，万物自然亲附不离。"

哀公异日以告闵子曰①："始也吾以南面而君天下，执民之纪而忧其死，吾自以为至通矣②。今吾闻至人之言，恐吾无其实，轻用吾身而亡其国。吾与孔丘，非君臣也，德友而已矣！"

【注释】

①闵子：孔子弟子，姓闵，名损，字子骞。

②至通：非常通达，指明于治道。

【译文】

后来哀公把此事告诉了闵子，说："起初，我以国君的地位治理天下，执掌生杀的法纪而忧虑百姓的死亡，我自以为非常明达了。如今我听了至人孔子的言论，恐怕我没有实际美德，只是轻率地动用自己的身心，以至于使国家陷于危亡的境地。我和孔子并非君臣关系，而是以德相交的朋友啊！"

## 五

闉跂支离无脤说卫灵公①，灵公说之②，而视全人，其脰肩肩③。瓮盎大瘿说齐桓公④，桓公说之，而视全人，其脰肩肩。故德有所长而形有所忘。人不忘其所忘，而忘其所不忘⑤，此谓诚忘。

故圣人有所游，而知为孽，约为胶⑥，德为接⑦，工为商⑧。圣人不谋，恶用知？不斲⑨，恶用胶？无丧，恶用德？不货，恶用商？四者，天鬻也⑩。天鬻者，天食也。既受食于天，又恶用人！

有人之形，无人之情。有人之形，故群于人；无人之情，故是非不得于身。眇乎小哉，所以属于人也；謷乎大哉⑪，独成其天⑫。

**【注释】**

①闉（yīn）跂（qí）支离无脤（chún）：虚拟人物。曲足、伛背、无唇，形容形残貌丑之人。说（shuì）：游说。

②说之：喜欢他。说，同"悦"。

③脰（dòu）：颈。肩肩：细长的样子。

④瓮㼟大瘿：虚拟人物，形容脖颈上长着瓮㼟那么大的瘤子。

⑤所不忘：所不应该遗忘的，指道德。

⑥约：约束，指礼仪之类。

⑦德：通"得"，使人得，施小恩小惠。接：交接。

⑧工：工巧，技巧。商：商贸，物品交换。

⑨不斲：不施雕琢，顺任自然。

⑩天鬻（yù）：大自然的养育。

⑪謷（áo）乎：高大的样子。

⑫独成其天：即"独其天成"，只是大自然造就的。

**【译文】**

闉跂支离无脤游说卫灵公，卫灵公很喜欢他，再看身体健全的人，反而觉得他们的脖子太细长了。瓮㼜大瘿游说齐桓公，齐桓公很喜欢他，再看身体健全的人，反而觉得他们的脖子太细长了。所以说只要道德上有所建树，他身体上的缺陷就往往被人遗忘。如果人们不忘掉应该遗忘的东西，却忘掉了所不应遗忘的东西，这才是真正的遗忘。

所以圣人一入逍遥游，就会把智能看作是灾孽，把约束看作是禁锢，把小恩小惠看作是应酬，把工巧看作是商品的交换。圣人不去谋划，哪里用得着智慧？不去雕琢万物，哪里用得着胶漆？没有可丧失的东西，哪里谈得上获得？用不着货品，哪里需要通商交换？这四个方面都是大自然的哺育。大自然的哺育也就是大自然供给的食物。既然禀受自然的养育，又哪里还用人为的东西呢！

圣人只有人的形体，却没有人的情绪。有了人的形体，所以与人群居；没有人的情绪，所以是非不会沾身。渺小啊，它属于人为的偏执；伟大啊，它属于大自然的造就。

## 六

惠子谓庄子曰："人故无情乎？"

庄子曰："然。"

惠子曰："人而无情，何以谓之人？"

庄子曰："道与之貌，天与之形，恶得不谓之人？"

惠子曰："既谓之人，恶得无情？"

庄子曰："是非，吾所谓情也①。吾所谓无情者，言人之不以好恶内伤其身，常因自然而不益生也②。"

惠子曰："不益生，何以有其身？"

庄子曰："道与之貌，天与之形，无以好恶内伤其身。今子外乎子之神，劳乎子之精，倚树而吟，据槁梧而瞑③。天选子之形④，子以坚白鸣⑤。"

【注释】

①是非，吾所谓情也：此二句连读"是非吾所谓情也"亦可。

②因：顺。不益生：不对生命做额外的增益保护。

③槁梧：枯槁的梧桐树。一说指琴，于修辞上讲更顺。
　　瞑：睡眠。

④选：授给。

⑤坚白：即坚白论，战国时名家的著名论题。

【译文】

惠子对庄子说："人原本就没有情吗？"

庄子说："是的。"

惠子说："人要是无情，怎么能称为人呢？"

庄子说："自然之道给了人的容貌，天然之理给了人的形体，怎么不能称为人？"

惠子说："既然称为人，怎么能够没有情？"

庄子说："是是非非的分别，这是我所说的情。我所说的无情，是不要因为好恶爱憎之类的情绪损害自己的本性，要经常顺任自然而不是人为地去增益生命。"

惠子说："不用人为的增益生命，怎么能够保存自己的身体？"

　　庄子说："自然之道已经给了你容貌，天然之理已经给了你形体，加之不以好恶之情损害自己的本性，你还需要做什么呢？现在你放纵自己的精神，使它驰骛在外，耗费你的精力，倚着树干呻吟，靠着干枯的梧桐树打瞌睡。大自然赋予你形体，你却抱着坚白之论争鸣不休。"

# 大宗师

　　本篇是专门阐述大道的本质、特征及其与人的关系的。庄子对道的阐释，基本上承继了老子的宗旨和观点，如老子讲的"道冲而用之或不盈，渊兮似万物之宗"（四章）；"道之为物，惟恍惟惚。惚兮恍兮，其中有象；恍兮惚兮，其中有物。窈兮冥兮，其中有精；其精甚真，其中有信"（二十一章）；"天得一（即道）以清，地得一以宁，神得一以灵，谷得一以盈，万物得一以生，侯王得一以为天下正"（三十九章）等等，庄子都有类似的发挥。庄子也说大道："有情有信，无为无形"，"自本自根，未有天地，自古以固存"，"豨韦氏得之，以挈天地"等等，认为大道是宇宙的本原，是万事万物的主宰，更是人类的大宗师。

　　本篇内容可分为两部分十个段落。第一部分含三个段落，是议论道的。首段起笔盛赞"知天""知人"的"知"，而后笔锋一转，指出这"知"是"有患"的，是靠不住的，只有"有真人而后有真知"，引出真正的体道者、大道的化身——真人。此段用排比的句法，历数真人的形象、特征和所达到的境界。其中论及的天人关系，"天与人不相胜"的"天人合一"的自然观，丰富了老子"道"的内涵，对汉代"天人合一"认识的成熟，起到了很大的影响。第二段提出了"相濡以沫，不如相忘于江湖"的观点，形象地譬喻大道才是人类安身立命的真正场所。第三段小结道体的基本特征，即无形、永存、本原和无限的客观存在。

　　从第四段起，至第十段，可看作第二部分。这部分，庄子一连创作了七则寓言故事，通过故事中人物的对话、心境的描写，全面而生动地描述了大道的内涵及其特征，是对第一部分论道的形象化再现。

第四段，通过南伯子葵与得道者女偊的对话，说明了学道的过程和道的传授。第五段，描写子祀、子舆、子犁、子来四人结为默契之友，共同体认"死生存亡之一体"，因而能够坦然面对得与失、生与死，达到"安时而处顺，哀乐不能入"的入道境界。第六段，再虚构子桑户、孟子反、子琴张三人相与为友的故事，进一步描述入道者不为死生之情所羁绊。子桑户死而孟子反、子琴张二人却临尸而歌，正是体现了"鱼相忘乎江湖，人相忘乎道术"的入道境界。第七段，写孟孙才其母死，他却"哭泣无涕，中心不戚，居丧不哀"，并因而获得善于处丧的美名。由此说明入道者明了自然变化的道理，明了生死的真谛，因而不拘儒者的繁琐礼节而能简便处之。第八段，借意而子与许由的对话，对儒家传统的仁义规范提出质疑，并指出陷于是非仁义的束缚中是难以领悟大道的。第九段，借颜回与仲尼的对话，展现道家修炼的"坐忘"法则，即"堕肢体，黜聪明，离形去知，同于大道"。第十段，通过子桑面对困境的心理情绪描写，再次张扬安命顺变的思想。

# 一

知天之所为①，知人之所为者，至矣！知天之所为者，天而生也②；知人之所为者，以其知之所知③，以养其知之所不知④，终其天年而不中道夭者，是知之盛也。虽然，有患。夫知有所待而后当，其所待者特未定也。庸讵知吾所谓天之非人乎？所谓人之非天乎？且有真人而后有真知。

**【注释】**

①天：自然。所为：运化，运化的产物。

②天而生：谓知道一切都是自然无为的产物。进一步说明只有顺应自然而产生的事物才是天生的而不是人为的。《天地》"无为为之之谓天"，无为而运化是自然的根本属性，与人为的认知指导下所产生的行为相区别。

③知（zhì）之所知（zhī）：智力所知道的。

④知（zhì）之所不知（zhī）：智力所不知道的。指一般智力难以知道的自然深层次的规律及生死变化的道理。

**【译文】**

知道天道自然运化，也知道人类的主观所为，可称得上是认知的极致了。知道天道运化的自然之理，这是由于顺应自然的道理而得知；知道人类的后天所为，这是用人类智力所能知道的道理，去顺应智力所不能知道的，让自己享尽天年而不至于中途死亡，这也算是智力的极致了。

虽然这样说，但是还有问题。认识的正确与否，必须依赖客观对象的验证才能确定，而所依赖的对象却是变化不定的。怎么知道我所说的天道自然不是属于人为呢？所谓的人为不是属于天道自然呢？只有有了真人才可能有真知。

何谓真人？古之真人，不逆寡，不雄成①，不谟士②。若然者，过而弗悔，当而不自得也。若然者，登高不慄，入水不濡，入火不热。是知之能登假于道者也若此③。

【注释】

①雄：逞强。成：成功。

②谟（mó）：谋。士：通"事"。

③登假于道：谓达到大道的境界。假，至。

【译文】

什么叫真人？古时候的真人，不违逆微少，不自恃成功，不谋虑事情。像这样的人，错过时机而不后悔，正当时机而不自得。像这样的人，登高不发抖，入水不沾湿，入火不觉热。这是他的见识达到了大道的境界才能这样。

古之真人，其寝不梦，其觉无忧，其食不甘，其息深深。真人之息以踵，众人之息以喉。屈服者，其嗌言若哇①。其耆欲深者②，其天机浅③。

**【注释】**

①嗌（ài）言：堵在咽喉里的话。哇：呕吐。

②耆：同"嗜"。

③天机：自然的根器。

**【译文】**

古时候的真人，睡觉时不做梦，醒来时不烦忧，饮食不求甘美，呼吸深沉绵长。真人的气息通达脚跟，众人的气息仅存喉咙。在争辩中被人屈服的人，他的言语塞在喉头中，就像要呕吐一样难受。凡是嗜欲深的人，他的天然根器就浅薄。

古之真人，不知说生①，不知恶死。其出不䜣②，其入不距③。翛然而往④，翛然而来而已矣。不忘其所始，不求其所终。受而喜之，忘而复之⑤。是之谓不以心捐道⑥，不以人助天，是之谓真人。若然者，其心忘⑦，其容寂，其颡頯⑧。凄然似秋，暖然似春，喜怒通四时，与物有宜而莫知其极⑨。故圣人之用兵也，亡国而不失人心⑩；利泽施乎万世，不为爱人。故乐通物，非圣人也；有亲，非仁也；天时，非贤也；利害不通，非君子也；行名失己，非士也；亡身不真⑪，非役人也⑫。若狐不偕、务光、伯夷、叔齐、箕子、胥馀、纪他、申徒狄⑬，是役人之役⑭，适人之适⑮，而不自适其适者也。

【注释】

①说：同"悦"。

②䜣：古"欣"字。

③距：通"拒"。

④儵（xiāo）然：自由无拘的样子。

⑤受而喜之，忘而复之：谓接受自然赋予的生命而欣然自得，忘却生死的变化而复归于自然。之，指自然。

⑥捐：多认为应是"损"字的坏字。读本字亦通。

⑦忘：原本形误作"志"，据褚伯秀等诸家之说改正。

⑧颡（sǎng）：额。頯（kuí）：宽大的样子。

⑨极：指痕迹。

⑩亡国：亡人之国。

⑪亡身不真：指自丧真性。

⑫役人：役使人。

⑬狐不偕：姓狐，字不偕，古贤人。一说尧时人，不受禅让，投河而死。务光：夏末隐士，汤让天下而不受，投河而死。伯夷、叔齐：商时孤竹君二子，周武王灭商，他们认为这是以暴易暴，不食周粟，饿死于首阳山。箕子：商纣王庶叔，因忠谏不从而佯狂为奴，被纣王囚禁。胥馀：不详。旧注说是箕子之名，或谓比干、伍子胥。纪他：商时隐士，担心汤让位，投窾水而死。申徒狄：商时人，因仰慕纪他，负石沉河而死。

⑭役人之役：做别人应当做的事，即为人所用。

⑮适人之适：把让别人快意的事当做自己快意的事去做，即快人意。

**【译文】**

古时候的真人，不知道贪生，不知道怕死。出生了不欣喜，入土了不拒绝。无拘无束地去世，无拘无束地来世而已。不忘记自己生命的本源，不寻求自己的归宿。接受了自然赋予的生命而欣然自得，忘却了生死的变化而复归于自然。这就叫做不以欲望之心损害自然之道，不以人为的力量去辅助天命之常，这就是真人了。像这样的人，他的心欲早已忘怀，他的容貌静寂安闲，他的额头宽宽大大。表情严肃时像秋天一样冷凄，态度和蔼时像春天一样温暖，喜怒无心，像四季的自然变化，随事合宜，无迹可寻。所以圣人用兵打仗，虽然灭亡了别的国家，却不会失掉人心；利益和恩泽施及万世，却并非有意爱人。所以说有心和外界交往，就不是圣人；有亲疏之分，就不是仁人；揣度天时，就不是贤人；利害不能相通为一，就不是君子；追求声名而失去本性，就不是士人；自丧真性，只能被人役使，就不是役使之人。像狐不偕、务光、伯夷、叔齐、箕子、胥馀、纪他、申徒狄，他们都是被人役使，使人快意，而不是以自己的快意为快意。

古之真人，其状义而不朋①，若不足而不承；与乎其觚而不坚也②，张乎其虚而不华也；邴邴乎其似喜也③，崔崔乎其不得已也④。滀乎进我色也⑤，与乎止我德也⑥，广乎其似世也⑦，謷乎其未可制也⑧，连乎其似好闭也⑨，悗乎忘其言也⑩。以刑为体，以礼为翼，以知为时，以德为循。以刑为体者，绰乎其杀也⑪；以礼为翼者，所以行于世也；以知为时者，不得已于事也；以德为循者，言其与有足者至于丘也⑫，而人真以为勤行者也⑬。故其好之也一，其弗好之也一。其一也一，其不一也一。其一与天为徒⑭，其不一与人为徒，天与人不相胜也，是之谓真人。

【注释】

①义而不朋：依俞樾说，"义"读为"峨"，"朋"读为"崩"，即"言其状峨然高大而不崩坏也"。

②与乎：容与，从容闲舒的样子。觚（gū）：特立不群。坚：固执。

③邴邴（bǐng）乎：安畅的样子。

④崔崔乎：被迫而动的样子。

⑤滀（chù）乎：水聚的样子。形容充实而有光辉。

⑥与乎：宽舒的样子。与，通"豫"。止：归止，归依。

⑦广：原形误作"厉"，据崔本改。世：通"大"。

⑧謷：通"傲"，放，高放自得。

⑨连乎：形容沉默不语。连，合，密。

⑩悗（mèn）乎：无心的样子。

⑪绰：宽大。

⑫丘：山丘。

⑬"以刑为体"至"而人真以为勤行者也"十三句，张

默生、陈鼓应等认为和庄子思想极不相类，主张删
除为宜。

⑭为徒：视为同类。

**【译文】**

古时候的真人，他的形体高大而不崩坏，好像不足
却无须接受；安闲特立而不固执，心胸开阔而不浮华；畅
然自适好像有喜色，一举一动好像出于不得已。他的容颜
和悦有光，令人亲近；他的德行宽厚闲舒，令人归依；他
的胸襟恢宏，犹如世界一般广大；他的精神高放自得，不
可驾驭；他沉默不语，好像封闭了感觉的通路；他漫不经
心，好像遗忘了要说的语言。他把刑律作为主体，把礼仪
作为辅助，凭借智慧审时度势，以道德为处事所遵循的原
则。把刑律作为主体，虽杀而犹觉宽大；把礼仪作为辅助，
正是为了推行于天下；凭借智慧审时度势，不过是为了应
付事物而出于无奈；以道德为处事所遵循的原则，说的是
就像有脚的人都能登上山丘一样，而世人却认为只有勤行
者才能达到。所以真人无心好恶，喜欢和厌恶都是一样的。
真人是把万物混同为一的，一样的东西是一，不一样的东
西也是一。当真人处于混同境界时，则与天道自然同游；
当他混迹于芸芸众生之中时，则与世人为同类。他把天与
人的关系看作是天人合一、天人不相互对立的关系，这就
是真人。

<br>

二

死生，命也①；其有夜旦之常，天也②。人之有

所不得与③，皆物之情也。彼特以天为父④，而身犹爱之，而况其卓乎⑤！人特以有君为愈乎己，而身犹死之，而况其真乎⑥！

泉涸，鱼相与处于陆，相呴以湿⑦，相濡以沫⑧，不如相忘于江湖。与其誉尧而非桀也，不如两忘而化其道⑨。

夫大块载我以形⑩，劳我以生，佚我以老，息我以死。故善吾生者⑪，乃所以善吾死也。夫藏舟于壑，藏山于泽，谓之固矣⑫！然而夜半有力者负之而走，昧者不知也⑬。藏小大有宜，犹有所遁。若夫藏天下于天下而不得所遁，是恒物之大情也⑭。特犯人之形而犹喜之⑮。若人之形者，万化而未始有极也，其为乐可胜计邪？故圣人将游于物之所不得遁而皆存。善妖善老⑯，善始善终，人犹效之，又况万物之所系而一化之所待乎⑰！

**【注释】**

①命：自然而不可免者（释德清说）。

②天：自然的规律。

③与：参与，干预。

④彼：人。特：独，仅。

⑤卓：卓越，指天道。

⑥真：真宰，指大道。

⑦呴（xǔ）：吐气。

⑧濡（rú）：沾湿。

⑨化其道：同化于大道。

⑩大块：大地，泛指天地。载我以形：即"以形载我"，以下三句倒装句法同此。载，托载，寄托。

⑪善吾生：善待我赋予我生命。

⑫固：牢靠。

⑬昧者：愚昧的人。一说"昧"通"寐"，睡。

⑭恒物之大情：万物普遍的至理。指天地万物与道混而为一，不去区分。

⑮犯：通"范"，铸造。一说："犯，犹遇也，遭也。"

⑯妖：通"夭"，少，指生命短。

⑰系：从属，系属。一化：一切变化，大化。待：依赖。"所系""所待"皆指大道。

**【译文】**

人的生死变化是不可避免的命运活动；就像日夜永恒的交替一样，都是自然的规律。对于自然规律，人们是无法干预的，这都是事物变化的情理。人们把天作为生命之父，而终身敬爱它，更何况派生天地的人道！人们认为国君的势力地位超过了自己，而愿意舍身效忠，更何况主宰万物的大道！

泉水干枯了，鱼儿一同困在陆地上，它们互相吐着湿气滋润着对方，又用唾液沾湿彼此的身体，与此相比，它们宁愿回到江湖中，把彼此都忘掉。与其赞美尧而非难桀，不如把两人的善恶是非都忘掉，而同化于大道之中。

天地赋予我形体以使我有所寄托，给我生命以使我勤劳，又用衰老让我安逸，最后又用死亡让我安息。所以说善待我赋予我生命的，同样善待我赋予我死亡。把船藏在山谷里，把山藏在大泽中，称得上很牢靠了。然而夜半之时，倘若有造化的大力士把它们背走，愚昧的人是不会知道的。把小的东西藏在大的东西里面，可以说是很合适了，但还是有所亡失。如果把天下隐藏在天下之中是不会亡失的，这是万物普遍的至理。人们一旦获得人的形体就欣然自喜。如果知道人的形体千变万化而没有穷尽，那么这种欣喜岂可数得清呢？所以圣人游心于不会亡失的境地而和大道共存。对于乐观地安顺地对待和处理生老病死的人，大家尚且效法他，何况对于万物的根源和 切变化所依赖的大道呢？

## 三

夫道有情有信①，无为无形；可传而不可受②，可得而不可见；自本自根，未有天地，自古以固存；神鬼神帝③，生天生地；在太极之先而不为高④，在六极之下而不为深⑤，先天地生而不为久，长于上古而不为老⑥。豨韦氏得之⑦，以挈天地⑧；伏戏氏得之，以袭气母⑨；维斗得之⑩，终古不忒⑪；日月得之，终古不息；堪坏得之⑫，以袭昆仑⑬；冯夷得之⑭，以游大川；肩吾得之⑮，以处大山；黄帝得之，以登云天⑯；颛顼得之⑰，以处玄宫；禺强得之⑱，立乎北极⑲；西王母得之⑳，坐乎少广，莫知其始，莫知其终；彭祖得之，上及有虞，下及五伯㉑；傅说得之，以相武丁，奄有天下，乘东维，骑箕尾，而比于列星<sup>㉒</sup>。

⑲立乎北极：自立于北海之神。

⑳西王母：传说中的神人。一说为太阴之精，豹尾，虎齿，善笑。常坐西方少广之山，不复生死，莫知所终。

㉑上及有虞，下及五伯：谓从上古虞舜时代活到春秋时期五霸时代。五伯，即五霸：齐桓公、晋文公、秦穆公、楚庄王、宋襄公。

㉒"傅说得之"六句：传说傅说为殷商时代的贤臣。他原是在傅岩做苦工的奴隶，后被殷高宗武丁任用为相，治理天下。传说傅说死后，精神升天，驾驭东维、箕尾两星，并列于众星之中。奄，包括。

**【译文】**

大道是真实而有信验的，没有主观的作为，也不留下任何的形迹；它可以心传而不能口授，可以心得而不能目见；它是万物最原始的本根，在没有天地以前，就一直存在着；是它产生了鬼神和上帝，是它产生了天和地；它在混沌之气之前就存在而称不上高远，它在天地四方之下还不算深邃，它早于天地之前就存在还不算久长，它比上古时间还长远而不算老。狶韦氏得到它，用它整顿天地；伏羲氏得到它，用它调合元气；北斗星得到它，用它保障终古不变的运行轨道；日月得到它，用它维持万古运转不停；山神堪坏得到它，就能入主昆仑；河神冯夷得到它，就能巡游黄河大川；肩吾得到它，就能镇守泰山；黄帝得到它，就能登天成仙；颛顼得到它，就能身居玄宫，成为北方之帝；禺强得到它，就能自立于北海之神。西王母得到它，便可安坐于少广之山，不复生死，不知始终；彭祖得到它，寿数绵长，上及虞舜，下至春秋五霸；傅说得到它，可以做武丁的宰相，治理全天下，死后驾驭着东维与箕尾两星，遨游于众星之间。

## 四

南伯子葵问乎女偊曰①："子之年长矣，而色若孺子，何也？"

曰："吾闻道矣。"

南伯子葵曰："道可得学邪？"

曰："恶！恶可！子非其人也。夫卜梁倚有圣人之才而无圣人之道②，我有圣人之道而无圣人之才。吾欲以教之，庶几其果为圣人乎！不然，以圣人之道，告圣人之才，亦易矣。吾犹守而告之③，参日而后能外天下④；已外天下矣，吾又守之，七日而后能外物⑤；已外物矣，吾又守之，九日而后能外生⑥；已外生矣，而后能朝彻⑦；朝彻，而后能见独⑧；见独，而后能无古今；无古今，而后能入于不死不生。杀生者不死，生生者不生⑨。其为物，无不将也，无不迎也，无不毁也，无不成也⑩。其名为撄宁⑪。撄宁也者，撄而后成者也。"

南伯子葵曰："子独恶乎闻之？"

曰："闻诸副墨之子⑫，副墨之子闻诸洛诵之孙⑬，洛诵之孙闻之瞻明⑭，瞻明闻之聂许⑮，聂许闻之需役⑯，需役闻之於讴⑰，於讴闻之玄冥⑱，玄冥闻之参寥⑲，参寥闻之疑始⑳。"

**【注释】**

①南伯子葵：虚拟人物，《齐物论》有南郭子綦，《人间世》有南伯子綦。女偊（yǔ）：虚拟的得道人物。

②卜梁倚：虚拟人物。

③守：修守，修持。

④外天下：把天下置之度外，即忘掉天下。外，遗忘。

⑤外物：指忘事。

⑥外生：指忘身、忘我。

⑦朝彻：如朝阳初起时的明彻，指豁然彻悟。

⑧见独：洞见大道。独，指独立而不改的大道。

⑨"杀生者"二句：杀生者和生生者都是指大道，大道本身不存在死亡和诞生的问题。

⑩"其为物"五句：谓作为万物主宰者的道，无时不在送走什么，无时不在迎来什么，无时不在毁灭什么，无时不在成就什么。将，送。

⑪撄（yīng）宁：动而后静，乱而后定。撄，扰动。

⑫诸：之于。副墨之子：即指文字。副墨，文字。子、孙，皆指流传之意。

⑬"副墨之子"句：意为文字源于语言。洛诵：指诵读、言语。洛，读为"络"，反复。

⑭瞻明：指目见。瞻，见。

⑮聂许：指耳闻。

⑯需役：践行，修行。需，须。役，行。

⑰於讴：咏叹。

⑱玄冥：静默。

⑲参寥：空旷。

⑳疑始：疑似原始，近于本源。

【译文】

南伯子葵问女偊说："你的年寿很高了，为什么面色却像孩童一样呢？"

女偊说："我得道了。"

南伯子葵说："道可以学到吗？"

女偊说："不！不可以！你不是学道的那类人。卜梁倚具有圣人的才质却还没有获得圣人的道心。我有圣人的道心而没有圣人的才质。我想教他，或许他真的能够成为圣人吧！就是不能，以圣人之道指导具有圣人之才的人，他的提高也会是很容易的。我继续修持着，然后开始诱导他，三天之后，他已能把天下置之脑后；已经遗忘天下了，我继续修持诱导，七天之后，他已能把人事置之度外；已经遗忘人事了，我继续诱导他，九天之后，他已能把生死置之度外；已经忘掉自我了，而后心窍豁然彻悟；心窍豁然彻悟了，而后就能洞见独立而不改的道；洞见独立而不改的道了，而后就不再受到古今时间的束缚；不受古今时间的束缚了，而后就能进入无生无死的永恒境地。能够灭亡一切生命的道，它本身不会灭亡；能够产生一切生命的道，它本身不存在产生的问题。道对于天下万物，无所不送，无所不迎，无所不毁，无所不成，这就叫做'撄宁'。'撄宁'的意思，就是动而后静，乱而后定。"

南伯子葵说："你从哪里学到的道呢？"

女偊说："我从文字那里得到的，文字是从语言那里得到的，语言是从目见那里得到的，目见是从耳闻那里得到的，耳闻是从修持那里得到的，修持是从咏叹那里得到的，咏叹是从静默那里得到的，静默是从空旷那里得到的，空旷是从疑似本源那里得到的。"

## 五

子祀、子舆、子犁、子来四人相与语曰①："孰能以无为首，以生为脊，以死为尻②；孰知死生存亡之一体者，吾与之友矣！"四人相视而笑，莫逆于心③，遂相与为友。俄而子舆有病，子祀往问之。曰："伟哉，夫造物者将以予为此拘拘也④。"曲偻发背⑤，上有五管⑥，颐隐于齐⑦，肩高于顶，句赘指天⑧。阴阳之气有沴⑨，其心闲而无事，跰𨂂而鉴于井⑩，曰："嗟呼！夫造物者又将以予为此拘拘也。"

子祀曰："女恶之乎？"

曰："亡⑪，予何恶！浸假而化予之左臂以为鸡⑫，予因以求时夜；浸假而化予之右臂以为弹，予因以求鸮炙⑬；浸假而化予之尻以为轮，以神为马，予因以乘之，岂更驾哉！且夫得者，时也；失者，顺也。安时而处顺，哀乐不能入也，此古之所谓县解也⑭。而不能自解者，物有结之⑮。且夫物不胜天久矣⑯，吾又何恶焉！"

俄而子来有病，喘喘然将死。其妻子环而泣之。子犁往问之，曰："叱！避！无怛化<sup>⑰</sup>！"倚其户与之语曰："伟哉造化！又将奚以汝为<sup>⑱</sup>？将奚以汝适<sup>⑲</sup>？以汝为鼠肝乎？以汝为虫臂乎？"

　　子来曰："父母于子<sup>⑳</sup>，东西南北，唯命之从。阴阳于人，不翅于父母<sup>㉑</sup>。彼近吾死而我不听<sup>㉒</sup>，我则悍矣，彼何罪焉？夫大块载我以形，劳我以生，佚我以老，息我以死。故善吾生者，乃所以善吾死也。今大冶铸金<sup>㉓</sup>，金踊跃曰：'我且必为镆铘<sup>㉔</sup>！'大冶必以为不祥之金。今一犯人之形而曰<sup>㉕</sup>：'人耳！人耳！'夫造化者必以为不祥之人。今一以天地为大炉，以造化为大冶，恶乎往而不可哉！"成然寐<sup>㉖</sup>，蘧然觉<sup>㉗</sup>。

---

**【注释】**

①子祀、子舆、子犁、子来：皆为虚拟人物。相与语：相互交谈。

②尻（kāo）：脊椎骨末端，指屁股。

③莫逆于心：心意相通，不违背共识。

④造物者：与后文的"造化者"均指"道"，"道"能生物，也能化物，所以如此说。拘拘：拘挛弯曲的样子。

⑤曲偻（lóu）：伛偻，驼背。发背：突背，背向上拱露。

⑥五管：五脏的穴位。

⑦颐隐于齐：面颊藏在肚脐下。齐，同"脐"。

⑧句赘：发髻。

⑨沴（lì）：凌乱。

⑩蹁跹（piánxiān）：走路蹒跚的样子。鉴：照。

⑪亡（wú）：同"无"，不。

⑫浸假：假使。浸，逐渐。

⑬鸮（xiāo）炙：烤鸮鸟肉。

⑭县解：即"悬解"，解其倒悬。

⑮物有结之：指被阴阳之气所束缚。物，指阴阳二气。

⑯物：指人。天：指大自然。

⑰无怛（dá）化：无须惊恐于生死的变化。怛，惊。

⑱又将奚以汝为：又将要把你变成何物。奚，何。

⑲将奚以汝适：将要把你送到何处。适，往。

⑳父母于子：即"子于父母"的倒装句。下"阴阳于人"也是倒装句。

㉑不翅：不啻，不止，何止。

㉒彼：指阴阳、造化。近：迫，使。

㉓大冶：冶金工匠，喻造化。

㉔镆铘：也写作"莫邪"，良剑名。

㉕犯：通"范"，铸造。

㉖成然：安然。寐：睡着了。

㉗蘧（qú）然：自适的样子。

**【译文】**

　　子祀、子舆、子犁、子来四人一起议论说："谁能把'无'当作头颅，把'生'当作脊梁，把'死'当作屁股；谁能认识到生死存亡本是一体的，我们就和他做朋友。"四人相视而笑，彼此心意契合不背，于是就相互结为好友。不久子舆生病了，子祀去探望他。子舆说："伟大啊，造物者把我变成这样一个拘挛不直的人。"只见他腰弯背驼，五脏的穴位冲上，面颊缩在肚脐下，肩膀高过头顶，发髻朝天。阴阳二气虽然凌乱不调，子舆却仍闲逸自适而若无其事，他步履蹒跚地走到井边，照着自己的影子说："哎呀，造物者又把我变成这样一个曲背拘挛的人啊。"

子祀说："你厌恶这种变化吗？"

子舆说："不，我为什么要厌恶呢？假使把我的左臂化为公鸡，我就用它来司晨报晓；假使把我的右臂化为弹丸，我就用它获取鸮鸟烤肉吃；假使把我的屁股化为车轮，我就让精神变为马，我于是乘着它出游，哪里再用别的车驾！再说人们获得生命，这是适时而得；失去生命，这是顺应变化。人们能够安心于适时顺应，哀乐的情绪就不会侵入胸中，这就是古人所说的解开倒悬之苦。那些不能自我解脱的人，因为被外物所束缚。再说人力不能胜过自然力是由来已久了，我又为什么要厌恶它呢？"

不久，子来有病，气喘急促快要死了。他的妻子儿女围着他啼哭。子犁前去慰问，对子来的妻子儿女们说："去！走开！不要惊动变化的人！"便靠着门框对子来说："伟大的造物者啊，又将把你变成何物？又将把你送到何方？要把你变为鼠肝吗？要把你变为虫臂吗？"

子来说："子女对于父母，无论东南西北，你都要听从父母之命。人对于造化者，何止于儿女对待父母。造化者让我死，我如果不从命，我就是违逆不顺，它有什么罪过呢？大自然赋予我形体，使我有所寓托；赋予我生命，使我劳动；赋予我年老，让我安逸；安排我死亡，让我安息。所以善待我赋予我生命的，同样善待我赋予我死亡。犹如铁匠铸造金属器物，金属跳着脚喊：'我一定要做镆铘宝剑！'那么铁匠必然把这块金属视为不祥之物。现在造化一旦造出一个人的形体，这个人就大喊大叫：'我是人了！我是人！'那么造化必定把他视为不祥之人。现在一旦把天地视为大熔炉，把造化视为大铁匠，往哪里去不可呢！"子来说完安然熟睡，不一会儿又适然而醒。

## 六

子桑户、孟子反、子琴张三人相与友①，曰："孰能相与于无相与，相为于无相为②？孰能登天游雾，挠挑无极③，相忘以生，无所终穷④？"三人相视而笑，莫逆于心。遂相与为友。

莫然有间⑤，而子桑户死，未葬。孔子闻之，使子贡往侍事焉⑥，或编曲，或鼓琴，相和而歌曰："嗟来桑户乎⑦！嗟来桑户乎！而已反其真⑧，而我犹为人猗⑨！"子贡趋而进曰⑩："敢问临尸而歌，礼乎？"

二人相视而笑曰："是恶知礼意！"

子贡反，以告孔子曰："彼何人者邪？修行无有，而外其形骸，临尸而歌，颜色不变⑪，无以命之⑫。彼何人者邪？"

孔子曰："彼游方之外者也⑬，而丘游方之内者也。外内不相及，而丘使女往吊之，丘则陋矣！彼方且与造物者为人⑭，而游乎天地之一气⑮。彼以生为附赘县疣⑯，以死为决疣溃痈⑰。夫若然者，又恶知死生先后之所在！假于异物，托于同体；忘其肝胆，遗其耳目；反复终始，不知端倪；芒然彷徨乎尘垢之外，逍遥乎无为之业。彼又恶能愦愦然为世俗之礼⑱，以观众人之耳目哉⑲！"

子贡曰："然则夫子何方之依？"

孔子曰："丘，天之戮民也。虽然，吾与汝共之⑳。"

子贡曰："敢问其方？"

孔子曰："鱼相造乎水，人相造乎道。相造乎水者，穿池而养给；相造乎道者，无事而生定㉑。故曰：鱼相忘乎江湖，人相忘乎道术㉒。"

子贡曰："敢问畸人㉓。"

曰："畸人者，畸于人而侔于天。故曰：天之小人，人之君子；人之君子，天之小人也。"

【注释】

①子桑户、孟子反、子琴张：三人均为虚拟人物。相与友：相交为朋友。

②相为：相助。

③挠挑：宛转循环的意思。无极：太虚。

④终穷：止尽，指死亡。

⑤莫然：即"漠然"，淡漠无心。有间：过了一段时间，即不久。

⑥侍事：帮助料理丧事。

⑦嗟来：感叹之声。

⑧而：通"尔"，你。反其真：返归自然，指死亡。

⑨猗：叹词，犹"啊"。

⑩趋：快步走。

⑪颜色：面色。

⑫命：名，称，形容。

⑬方之外：世外。方，天地四方，指世上。

⑭造物者：自然，大道。为人：犹为偶，为友。

⑮天地之一气：指万物之初的原始混沌状态，亦即大道的浑一状态。

⑯附赘：附生的多余的肉疣。县疣（xuányóu）：悬生的肉瘤。

⑰疣（huàn）：皮肤上的肿包。痈（yōng）：毒疮。

⑱愦愦（kuì）然：烦乱的样子。

⑲观：示人，给人看。

⑳共：通"拱"，向，向往。

㉑无事：无为而逍遥的状态。生定：心性安祥。生，通"性"。

㉒道术：大道的修养，大道。

㉓畸（jī）人：奇异之人，不平常的人。

【译文】

子桑户、孟子反、子琴张三人一起结为朋友，说："看谁能够相交于无心无肺，相助于无所作为？看谁能够登天穿雾，超然万物之外，遨游太虚，忘掉生死的区别，没有止尽？"三个人相视而笑，彼此心意相通，于是成为契友。

漠然之中过了不久，子桑户死，还未安葬。孔子听说了，派子贡前往助理丧事。只见那里有的编曲，有的弹琴，相互唱和道："哎呀桑户啊！哎呀桑户啊！你已经返归本真了，而我们还寄寓在人间啊！"子贡快步向前，问道："请问面对死尸歌唱，这符合礼仪吗？"

二人相互看了看，笑着说："这种说法哪里懂得礼的真意？"

子贡回去后，把此事告诉了孔子，说："他们到底是什么样的人呢？修行却不讲礼仪，把形骸置之度外，对着尸体唱歌，脸色全无哀色，真是无法说清。他们到底是什么样的人呢？"

孔子说："他们是生活在尘世外的人，而我却是生活在尘世内的人。尘世外与尘世内是彼此不相干的两个世界，而我竟然派你去吊唁，这是我的浅陋啊！他们正在和造物者作朋友，而游于万物之初的浑沌境地。他们把生命看作是附着的肉瘤，把死亡看作是肉瘤的溃败，像这样子，又哪里知道生死先后的区别呢！假借于不同的物体，寄托于同一个身体；忘却内部的肝胆，遗忘外面的耳目；让生命随其自然而生死循环，不去追究它们的头绪；无所牵挂地神游于尘世之外，逍遥自在地遨游于无为太虚之乡。他们又怎能心烦意乱地拘守世俗的礼仪，以此让众人来观看听闻呢！"

子贡说："那么先生是依从方内还是依从方外呢？"

孔子说："我是个摆脱不了方内桎梏，终究要遭天道处罚的人。虽然如此，我与你还是向往着方外之道。”

子贡说：“请问有什么方法吗？”

孔子说：“鱼儿相互追寻水源，人们相互向往大道。相互寻找水源的，挖个水池来供养；相互向往大道的，无为而逍遥，心性安祥宁静。所以说，鱼儿游于江湖就会忘掉一切而悠然自乐，人们游于大道之中就会忘掉一切而逍遥自在。”

子贡说：“请问不同凡响的异人是什么样的人？”

孔子说：“异人是异于普通人而顺合于自然天道的。所以说，天道所视的小人，正是俗人眼中的君子；俗人眼中的君子，正是天道所视的小人。”

## 七

颜回问仲尼曰：“孟孙才①，其母死，哭泣无涕，中心不戚，居丧不哀②。无是三者③，以善处丧盖鲁国④，固有无其实而得其名者乎？回壹怪之⑤。”

仲尼曰：“夫孟孙氏尽之矣⑥，进于知矣⑦，唯简之而不得⑧，夫已有所简矣。孟孙氏不知所以生，不知所以死。不知就先，不知就后⑨。若化为物，以待其所不知之化已乎！且方将化，恶知不化哉？方将不化，恶知已化哉？吾特与汝，其梦未始觉者邪！且彼有骇形而无损心，有旦宅而无情死⑩。孟孙氏特觉⑪，人哭亦哭，是自其所以乃⑫。且也相与‘吾之’耳矣！庸讵知吾所谓‘吾之’乎？且汝梦为鸟而厉乎天⑬，梦为鱼而没于渊。不识今之言者，其觉者乎？其梦者乎？造适不及笑⑭，献笑不及排⑮，安排而去化，乃入于寥天一⑯。"

【注释】

①孟孙才：姓孟孙，名才，虚拟人物。

②居丧：守丧期间。

③是：此，指眼泪、心悲、情哀。

④盖：覆盖，超越。

⑤壹：语助词，表强调。

⑥尽之：尽到服丧之礼。

⑦进于知：超过知道服丧礼仪的人。进，胜过。

⑧唯：通"惟"，想。简之：简化繁琐的服丧礼仪。之，指丧礼。

⑨先、后：均针对生死而言。

⑩旦宅：通"怛咤"，惊忧。

⑪特觉：独自觉醒。

⑫乃：如此，那个样子。

⑬厉：到达。

⑭造适：突然感到的适意。造，至。

⑮献笑：从内心发出的笑容。

⑯寥天：指寂寥虚空的天道。一：混为一体。

【译文】

颜回问孔子说："孟孙才的母亲死了，他哭泣没有眼泪，心中不悲伤，服丧期间不哀痛。他没有做到这三点，却以善于处丧而闻名鲁国，难道有不具其实而能博得虚名吗？我觉得很怪异。"

孔子说："孟孙氏已经尽了服丧之道，超过了知道服丧礼仪的人。人们想简化繁琐的服丧礼仪而办不到，然而他已经有所简化了。孟孙氏不知道什么是生，也不知道什么是死；不知道追求先生，也不知道迷恋后死。他像是正在变化的物，以等待自己不知道变成何物的变化而已！再说正要变化时，又如何知道不变化呢？正要不变化时，又如何知道已经变化了呢？可我和你呢，恐怕都是在梦境中还没有觉醒啊！况且孟孙氏认为其母在变化中虽有形体上的惊动，却无伤损心神；虽有惊忧，却没有精神上的死亡。孟孙氏独自觉醒，只是人家哭也跟着哭，所以才会有哭而不哀的那个样子。世人看到自己的形体就相互说'我的我的'，怎么知道'我的'真是属于我呢？再说你梦为鸟而飞到高空，梦为鱼而潜入深渊。不知道现在说话的我，到底是醒着呢？还是在梦中呢？突如其来的快意来不及显露笑容，由衷的快乐来不及事先安排，只有听任自然的安排而顺应变化，这样才能进入寂寥空虚的天道，混为一体。"

## 八

意而子见许由<sup>①</sup>，许由曰："尧何以资汝<sup>②</sup>？"

意而子曰："尧谓我：'汝必躬服仁义而明言是非<sup>③</sup>。'"

许由曰："而奚来为轵<sup>④</sup>？夫尧既已黥汝以仁义，而劓汝以是非矣<sup>⑤</sup>。汝将何以游夫遥荡恣睢转徙之涂乎<sup>⑥</sup>？"

意而子曰："虽然，吾愿游于其藩⑦。"

许由曰："不然。夫盲者无以与乎眉目颜色之好，瞽者无以与乎青黄黼黻之观⑧。"

意而子曰："夫无庄之失其美⑨，据梁之失其力⑩，黄帝之亡其知，皆在炉捶之间耳⑪。庸讵知夫造物者之不息我黥而补我劓，使我乘成以随先生邪⑫？"

许由曰："噫！未可知也。我为汝言其大略：吾师乎⑬！吾师乎！𬷕万物而不为义⑭，泽及万世而不为仁，长于上古而不为老，覆载天地、刻雕众形而不为巧，此所游已！"

**【注释】**

① 意而子：虚拟人物。

② 资：资助，教诲。

③ 躬服：亲自实践，身体力行。明言：明辨。

④ 而奚来为轵（zhǐ）：即"而为奚来轵"。而，通"尔"，你。轵，通"只"，语助词。

⑤ "夫尧"二句：黥（qíng），古代先用刀刺割犯人的额颊等处，然后再涂上墨的一种刑罚。劓（yì），古代割下犯人鼻子的一种刑罚。

⑥ 遥荡：逍遥放荡。恣睢：放纵不拘。转徙：变化。

⑦ 藩：藩篱，门户。

⑧ 黼黻（fǔfú）：古代礼服上所绣的花纹。观：华丽。

⑨ 无庄：虚拟的美女。

⑩ 据梁：虚拟的大力士。

⑪炉捶：炉和锤，指冶炼锻打。捶，通"锤"。

⑫乘成：载着完整的身体。成，全，完整。

⑬师：宗师，指大道。

⑭蟣（jī）：和，调和。

**【译文】**

意而子去见许由，许由说："尧用什么来教导你？"

意而子说："尧告诉我：'你一定要亲自推行仁义而明辨是非。'。"

许由说："你为何还要到这里来呢？尧既然用仁义给你施行了墨刑，又用是非给你施行了劓刑。你将来怎么能够逍遥放荡、无拘无束地遨游于变化的境界呢？"

意而子说："虽然如此，我还是愿意游于大道的门墙。"

许由说："不行的。盲人无法观赏眉眼颜面的娇艳美好，无法观赏礼服上绣的青黄色花纹的华丽。"

意而子说："让美人无庄失去她的美丽，让大力士据梁失去他的力气，让黄帝失去他的智慧，这都在造物者一炉一锤的掌握之中。怎么知道造物者不会平息我被黥的皮肤，补回我被割掉的鼻子，使我载着完整的身躯来追随先生呢？"

许由说："唉！这是不可知晓的。我为你说个大概：我的宗师啊！我的宗师啊！调和万物却不认为是义，恩泽施于万代而不认为是仁，先于上古却不算老，包容天地、雕刻万物的形状却不算是技巧，这就是我所说逍遥的境界！"

## 九

颜回曰："回益矣<sup>①</sup>。"

仲尼曰："何谓也？"

曰："回忘仁义矣。"

曰："可矣，犹未也。"

他日复见，曰："回益矣。"

曰："何谓也？"

曰："回忘礼乐矣！"

曰："可矣，犹未也。"

他日复见，曰："回益矣！"

曰："何谓也？"

曰："回坐忘矣<sup>②</sup>。"

仲尼蹴然曰<sup>③</sup>："何谓坐忘？"

颜回曰："堕肢体，黜聪明<sup>④</sup>，离形去知，同于大通<sup>⑤</sup>，此谓坐忘。"

仲尼曰："同则无好也，化则无常也<sup>⑥</sup>。而果其贤乎<sup>⑦</sup>！丘也请从而后也。"

**【注释】**

①益：增益，指修炼得到提高。

②坐忘：通过静坐而达到忘怀一切的虚无境界，与大道浑然一体。

③蹴（cù）然：因惊奇而神态突变的样子。

④黜（chù）：废除，抛弃。

⑤大通：大道。

⑥常：常规，常理，指固执不变。

⑦而：通"尔"，你。

【译文】

颜回说："我提高了。"

孔子说："你指的是什么呢？"

颜回说："我开始忘掉仁义了。"

孔子说："很好，但是还不够。"

过了几天，颜回又见到孔子，说："我又提高了。"

孔子说："你指的是什么呢？"

颜回说："我已经忘掉礼乐了。"

孔子说："很好，但是还不够。"

过了几天，颜回又见到孔子，说："我又提高了。"

孔子说："你指的是什么呢？"

颜回说："我坐忘了。"

孔子听了一惊，急忙问道："什么叫坐忘？"

颜回说："忘却自己的形体，抛弃自己的聪明，摆脱形体和智能的束缚，与大道融通为一，这就叫坐忘。"

孔子说："与万物混同于一体就没有偏爱了，与万物一起变化就没有偏执了。你果真成为贤人了！我愿意追随在你的身后。"

## 十

子舆与子桑友①。而霖雨十日②，子舆曰："子桑殆病矣③！"裹饭而往食之。至子桑之门，则若歌若哭，鼓琴曰："父邪？母邪？天乎？人乎？"有不任其声而趋举其诗焉④。

　　子舆入，曰："子之歌诗，何故若是？"

　　曰："吾思夫使我至此极者而弗得也。父母岂欲吾贫哉？天无私覆，地无私载，天地岂私贫我哉？求其为之者而不得也。然而至此极者⑤，命也夫！"

【注释】

①子桑：虚拟人物。

②霖雨：连续几天不停的雨。

③病：指饥饿。

④不任：不胜，不堪。趋举：急促吟唱。

⑤极：指饥贫的绝境。

【译文】

　　子舆和子桑是朋友。连绵不断的雨一下就十天，子舆说："子桑恐怕要饿坏了吧！"于是就带着饭食去给他吃。到了子桑的家门，就听到又像歌唱又像哭泣的声音。子桑弹着琴吟唱道："父亲吗？母亲吗？天呢？人呢？"他的歌声微弱不堪而诗句急促不清。

　　子舆进了门，问道："你吟唱的诗句，为何这样不成调子？"

　　子桑说："我在思索使我如此贫困的人是谁而没有答案。父母难道希望我贫困吗？天没有偏私地覆盖着万物，地没有偏私地承载着万物，天地岂会偏偏让我贫困潦倒呢？追究造成这种情况的原因而没有答案。然而使我达到这般绝境的，这是由于天命吧！"

# 应帝王

　　本篇论帝王如何治理天下，以"应帝王"为篇名。全篇共有七段，除第六段纯为议论外，其他均为虚构的寓言故事，分别从不同的角度演绎为政当顺应人性自然、为政当无为而治的主旨。

　　第一段，借蒲衣子之口，道出理想中的帝王：安闲自得，超然物外，品德纯真，不以仁义要结人心。

　　第二段，借狂接舆之口，指出"君人者以己出经式义度""是欺德"的行为，批评了统治者仅凭个人意志制定法律的独裁行径，并指出圣人治理天下，不靠法律绳之于外，而是"正而后行"，即自正而后化行天下。

　　第三段，天根向无名人询问治理天下的问题，通过无名人的答话，表达了两层意思。一是对提问的鄙视和厌恶，认为抱有治理天下之心的人正是乱天下的祸根；二是如果让天下得到治理，治理者必须"顺物自然而无容私焉"。

　　第四段，通过阳子居与老聃的对话，讨论何为明王之治。指出真正的圣明之王应当做到"功盖天下而似不自己，化贷万物而民弗恃"，也就是不居功，不自傲，让万物各得其所，而自立于虚无的境地。

　　第五段，描写了神巫给壶子看相的故事，这是一段绝妙的文字，不仅情节发展变化莫测，而且创编的词语也出人意表，如随境而出的"地文""天壤""杜德机""衡气机""太冲莫胜"之类。此段文字表面看来与治理天下无关，但它着力表现的虚己、顺变，正可推之为政，说明虚己无为、随物顺化，百姓才可以自安，天下才可以自定。

第六段，明确指出作为一个得道的明王应当达到的境界，即不受称誉，不使计谋，不强任事情，不主智巧；用心若镜，不送不迎，应照却不存留，固守虚寂无为的心境，所以超脱物外而不被外物所伤害。本段可作为前文的总结而结束全篇，然而庄子至此意犹未尽，于是乘其余兴，续写了下段。

第七段，此段又是绝妙文字，用疾速之意的"儵""忽"二字喻有为之帝，用纯朴未曾开发之意的"浑沌"一词喻无为之帝，有为之帝为了报恩，让无为之帝与众生一样具有"视听食息"的七窍，结果"日凿一窍，七日而浑沌死"。从更为严重的生死存亡的角度，回答了帝王从政应当以无用为用、无功为功、无为而治的问题。此种笔法，此种灵机，使读者不得不为之震撼。

# 一

啮缺问于王倪①，四问而四不知。啮缺因跃而大喜②，行以告蒲衣子③。蒲衣子曰："而乃今知之乎④？有虞氏不及泰氏⑤。有虞氏其犹藏仁以要人⑥，亦得人矣，而未始出于非人⑦。泰氏其卧徐徐⑧，其觉于于⑨。一以己为马⑩，一以己为牛。其知情信⑪，其德甚真，而未始入于非人。"

**【注释】**

①啮缺、王倪：皆为虚拟人物。

②因跃而大喜：即"因大喜而跃"。

③行以告：去告诉。蒲衣子：虚拟人物。

④而：通"尔"，你。乃今"现在才……"的意思。

⑤有虞氏：即舜。泰氏：传说中的上古帝王。

⑥要人：要结人心。

⑦非人：指物，与人相对的外物。

⑧徐徐：舒缓的样子。

⑨于于：安闲的样子。

⑩一：或，任或。

⑪知：同"智"。情：实。

**【译文】**

啮缺向王倪请教，问了四次，王倪四次都回答说不知道。啮缺因此高兴得跳了起来，把这事告诉蒲衣子。蒲衣子说："现在你才知道了吧，有虞氏不如泰氏。有虞氏还心怀仁义，以此要结人心，虽然也获得了人心，但未能超然物外。泰氏却睡眠时呼吸舒缓，醒来时安闲自得，任人把自己称为马，或是称为牛。他的心智真实无伪，他的品德纯真高尚，没有受到外物的牵累。"

二

肩吾见狂接舆。狂接舆曰："日中始何以语女①？"

肩吾曰："告我，君人者以己出经式义度②，人孰敢不听而化诸③？"

狂接舆曰："是欺德也④。其于治天下也，犹涉海凿河，而使蚊负山也。夫圣人之治也，治外乎⑤？正而后行⑥，确乎能其事者而已矣。且鸟高飞以避矰弋之害⑦，鼷鼠深穴乎神丘之下以避熏凿之患⑧，而曾二虫之无知⑨？"

【注释】

①日中始：虚拟人物。女：同"汝"，你。

②君人者：国君。经、式、义、度：皆谓法度。义，读为"仪"。

③诸：句尾助词，犹"乎"。

④欺德：虚伪骗人的言行。

⑤治外：指用"经式仪度"来治理人的外表。

⑥正而后行：自正而后化行天下。此"正"指无为，此"行"指自然。即《老子》所说："我无为而民自化，我好静而民自正。"

⑦矰弋（zēngyì）：捕鸟的器具。矰是鸟网，弋是系有

丝绳的箭。

⑧鼷（xī）鼠：小鼠。熏凿：谓烟熏和挖掘。

⑨无知：奚侗认为"'知'当作'如'，其义较长。'无如'犹言'不如'也"。可参考。

【译文】

肩吾见到狂接舆，狂接舆说："日中始对你都说了些什么？"

肩吾说："他告诉我，那些做国君的，凭自己的想法制定各种法规，人们谁敢不听而归从呢？"

狂接舆说："这是虚伪骗人的做法。他这样去治理天下，就如同在大海里开凿河道，让蚊虫背负大山一样。圣人治理天下，难道是用法度来约束人们的外表吗？圣人是先端正自己，而后才会感化他人，任随人们能够做的事情去做就是了。譬如鸟儿知道高高飞起来躲避罗网弓箭的伤害，鼷鼠知道深深藏在神坛下的洞穴中来避免烟熏挖掘的祸患，能够说鸟和鼠是无知的吗？"

三

天根游于殷阳①，至蓼水之上②，适遭无名人而问焉③，曰："请问为天下④。"

无名人曰："去！汝鄙人也，何问之不豫也⑤！予方将与造物者为人⑥，厌则又乘夫莽眇之鸟⑦，以出六极之外，而游无何有之乡，以处圹埌之野⑧。汝又何帠以治天下感予之心为⑨？"

又复问，无名人曰："汝游心于淡，合气于漠⑩，顺物自然而无容私焉，而天下治矣。"

**【注释】**

①天根：虚拟人物。殷阳：虚拟地名。

②蓼（liǎo）水：虚拟水名。

③无名人：虚拟人物。

④为：治，治理。

⑤不豫：不悦，不快。

⑥为人：为友。

⑦莽眇之鸟：像鸟般的轻盈虚渺之气。

⑧圹垠（kuànglàng）：空旷寥阔。

⑨帠（yì）："臬"的坏字，用同"瘞"，"呓"的本字。

⑩淡、漠：皆指清静无为的境界。

**【译文】**

天根在殷阳游览，走到蓼水岸边，恰巧碰见无名人，便问道："请问治理天下的办法。"

无名人说："走开！你这鄙陋的人，为何问这些令人不快的问题！我正要和造物者结伴遨游，厌烦了就要乘像鸟一样的轻盈清虚的气流，飞出天地四方之外，畅游于无何有之乡，歇息于广阔无边的旷野。你又为什么用治理天下的梦话来触动我的心呢？"

天根再次询问，无名人说："你的心神要安于淡漠，你的形气要合于虚寂，顺着万物的自然本性而不掺杂私意，天下就可以大治了。"

# 四

阳子居见老聃①，曰："有人于此，向疾强梁②，物彻疏明③，学道不倦。如是者，可比明王乎？"

老聃曰："是于圣人也，胥易技系④，劳形怵心者也⑤。且也虎豹之文来田⑥，猿狙之便、执斄之狗来藉⑦。如是者，可比明王乎？"

阳子居蹴然曰⑧："敢问明王之治。"

老聃曰："明王之治：功盖天下而似不自己，化贷万物而民弗恃⑨；有莫举名⑩，使物自喜；立乎不测，而游于无有者也⑪。"

**【注释】**

①阳子居：虚拟人物。历来多认为阳子居是主张"贵己"的杨朱，其实不相干。

②向疾：敏捷如响。向，通"响"。强梁：强悍果断。

③物彻：观察事物透彻。疏明：疏通明白。

④胥：有才智的小吏。易：掌管占卜的小官。技系：被技术所束缚而不能脱身。

⑤劳形怵心：形体劳累，内心担惊受怕。怵，惊惧。

⑥文：花纹。来：招来。田：田猎。

⑦便：灵便。斄（lí）：狐狸。藉：拘系。

⑧蹴（cù）然：脸色突然改变的样子。

⑨贷：施。弗恃：不觉有所依赖。

⑩莫：无。举：显示，称说。

⑪无有：指至虚之境。

阳子居见到老聃，问道："有这样的一个人，做事敏捷果敢，看问题透彻明达，学道勤奋不倦。像这种人，可以和圣明之王相比吗？"

老聃说："这样的人在圣人看来，不过就像有才智的小吏，被自己的技艺职守所困，终身劳其形体，担惊受怕罢了。况且像虎豹由于皮有花纹而招来捕猎，猕猴由于灵便、猎狗由于会捉狐狸而招来拘系。像这样的情况，能够和圣明之王相比拟吗？"

阳子居脸色突变，惭愧地说："请问圣明之王是如何治理天下的呢？"

老聃说："圣明之王治理天下，功绩布满天下却好像与自己无关；化育万物而百姓却不觉得有所依赖；有功德却无法去称谓，而让万物欣然自得；自己立于不可测见的地位，生活在至虚无为的境地。"

# 五

郑有神巫曰季咸①，知人之死生、存亡、祸福、寿夭，期以岁月旬日②，若神。郑人见之，皆弃而走。列子见之而心醉③，归，以告壶子④，曰："始吾以夫子之道为至矣，则又有至焉者矣。"

壶子曰："吾与汝既其文，未既其实。而固得道与⑤？众雌而无雄，而又奚卵焉⑥！而以道与世亢⑦，必信⑧，夫故使人得而相汝⑨。尝试与来。以予示之。"

明日，列子与之见壶子。出，而谓列子曰：

"嘻！子之先生死矣！弗活矣！不以旬数矣⑩！吾见怪焉，见湿灰焉⑪。"

列子入，泣涕沾襟以告壶子。壶子曰："乡吾示之以地文⑫，萌乎不震不止⑬。是殆见吾杜德机也⑭。尝又与来。"

明日，又与之见壶子。出，而谓列子曰："幸矣！子之先生遇我也，有瘳矣⑮！全然有生矣！吾见其杜权矣⑯！"

列子入，以告壶子。壶子曰："乡吾示之以天壤⑰，名实不入，而机发于踵。是殆见吾善者机也⑱。尝又与来。"

明日，又与之见壶子。出，而谓列子曰："子之先生不齐⑲，吾无得而相焉。试齐，且复相之。"

列子入，以告壶子。壶子曰："吾乡示之以太冲莫胜⑳，是殆见吾衡气机也㉑。鲵桓之审为渊㉒，止水之审为渊，流水之审为渊。渊有九名㉓，此处三焉㉔。尝又与来。"

明日，又与之见壶子。立未定，自失而走。壶子曰："追之！"列子追之不及。反，以报壶子曰："已灭矣，已失矣，吾弗及已。"

壶子曰："乡吾示之以未始出吾宗㉕。吾与之虚而委蛇㉖，不知其谁何，因以为弟靡㉗，因以为波流㉘，故逃也。"

然后列子自以为未始学而归。三年不出，为其妻爨㉙，食豕如食人㉚，于事无与亲。雕琢复朴㉛，块然独以其形立。纷而封哉<sup>32</sup>，一以是终<sup>33</sup>。

**【注释】**

①神巫：精于祈祷降神、占卜吉凶的人。季咸：事见
《列子·黄帝》篇。

②期：预测。

③心醉：指迷恋、折服。

④壶子：名林，号壶子，郑国人，是列子的老师。

⑤而：通"尔"，你。固：岂，难道。与：同"欤"，
语气词。

⑥"众雌而无雄"二句：喻有文无实不能称为道。

⑦而：通"尔"，你。道：指列子所学的表面之道。
亢：同"抗"，较量。

⑧信：伸。

⑨使人得而相汝：让神巫窥测到你的心迹，从而要给
你相面。

⑩不以旬数：不能用旬数死期了。旬，十天。

⑪湿灰：喻毫无生气，死定了。

⑫乡：通"向"，刚才。地文：大地寂静之象。

⑬萌乎：犹"芒然"，喻昏昧的样子。萌，通"芒"。
震：动。止：通行本作"正"，据陈碧虚《庄子阙
误》引江南古藏本改。

⑭杜：闭塞。德机：指生机。

⑮有瘳（chōu）：疾病可以痊愈。

⑯杜权：闭塞中有所变化。权，变。

⑰天壤：指天地间一丝生气。壤，地。

⑱善者机：指生机。善，生意。

⑲不齐：指神色变化不定。

⑳吾乡：当是"乡吾"的误倒。太冲莫胜：太虚之气平和无偏颇，无迹可寻。

㉑衡气机：生机平和，不可见其端倪。

㉒鲵（ní）：鲸鱼。桓：盘旋。审：通"沈"，深意。

㉓渊有九名：《列子·黄帝》篇："鲵旋之潘为渊，止水之潘为渊，流水之潘为渊，滥水之潘为渊，沃水之潘为渊，氿水之潘为渊，雍水之潘为渊，汧水之潘为渊，肥水之潘为渊，是为九渊焉。"

㉔此处三焉：指鲵桓之水喻杜德机、止水喻善者机、流水喻衡气机。

㉕出：显露。吾宗：我的大道根本。

㉖虚：无所执着。委蛇（yí）：随顺应变的样子。

㉗弟靡：茅草随风摆动。形容一无所靠。弟，通"稊"，茅草类。

㉘波流：形容一无所滞。

㉙爨（cuàn）：烧火做饭。

㉚食（sì）豕：喂猪。

㉛雕琢复朴：去雕琢，复归于素朴。

㉜纷而封哉：谓在纷乱的世事中持守真朴纯一的大道。封，守。

㉝一以是终：终身不变。

**【译文】**

　　郑国有一个神巫名叫季咸，能够预测人的生死存亡和祸福寿夭，所预言的时间，哪年哪月哪日，都能如期发生，准确如神。郑国人见了他，因为害怕知道自己的凶日而都远远逃走。列子见了他，却被他的神算所陶醉所折服，回来后，便把此事告诉了壶子，说道："当初我还以为先生的道术最高明了，没想到还有更高深的。"

　　壶子说："我教授你的都是外在的东西，还没有展现道的实质，难道你就认为自己得道了吗？就像有许多雌性的鸟而缺少雄性的鸟，又怎能生出卵来呢？你用表面的道与世人较量，希望得到认可，所以才让神巫窥测到你的心迹，从而要给你相面。试着把他带来，让他看看我的相。"

　　第二天，列子与季咸一起来见壶子。季咸出来后，对列子说："唉！你的先生快要死了！活不成了！过不去十来天了！我见他形色怪异，犹如湿灰一样毫无生机。"

　　列子进去，泪水汪汪沾湿了衣裳，把季咸的话告诉了壶子。壶子说："刚才我显给他看的是大地般的寂静，茫然无迹，不动不止。他大概是看到我这线生机被闭塞了吧。你试着再跟他一起来看看。"

　　第二天，列子又跟季咸一起来看壶子。季咸出来后，对列子说："你的先生幸亏遇上了我，现在可以痊愈了！完全有生机了！我看见他闭塞的生机开始活动了！"

　　列子进去，把季咸的话告诉了壶子。壶子说："刚才我显示给他看的是天地间的一丝生机，名利不入于心，一丝生机从脚跟升起。他大概看到我这线生机了。你试着再请他一起来看看。"

第二天，列子又跟季咸一起来见壶子。季咸出来后，对列子说："你的先生神情恍惚不定，我无法给他相面。等他心神安宁的时候，我再给他看相。"

列子进去，把季咸的话告诉了壶子。壶子说："我刚才显示给他看的是无迹可寻的太虚境界。他大概看到了我生机平和而不偏一端的状况。鲸鱼盘旋的深水是渊，不流动的深水是渊，流动的深水是渊。渊有九种，我给他看的只有三种。试着再跟他一起来看看。"

第二天，列子又跟季咸一起来见壶子。季咸还没有站稳，就感觉不对头，便惊慌地逃走了。壶子说："追上他！"列子没有追上，回来告诉壶子说："已经不见踪迹了，已经跑掉了，我追不上他了。"

壶子说："刚才我显示给他看的并不是我的根本大道。我不过是和他随顺应变，他分不清彼此，犹如草随风披靡，水随波逐流，只得逃走。"

此后列子才认识到自己并没有学到什么，便返回家中，三年不出家门。他替妻子烧火做饭，饲养猪就像侍候人一样，对待一切事物无所偏爱。他扬弃浮华，复归真朴，无知无识、不偏不倚的样子，犹如土块立在地上。他在纷乱的世界中固守着真朴，终身一贯如此。

# 六

无为名尸①，无为谋府②，无为事任③，无为知主④。体尽无穷，而游无朕⑤。尽其所受乎天而无见得⑥，亦虚而已！至人之用心若镜，不将不迎⑦，应而不藏，故能胜物而不伤。

**【译文】**

不要承受附加的名誉，不要成为智谋的府库，不要承担事物的责任，不要成为智慧的主持。体悟大道，应化没有穷尽；逍遥自在，游于无物之初。尽享自然所赋予的本性而不自现人为的所得，这正是虚寂无为的心境！至人用心犹如明镜，物来不迎，物去不送，物来应照，物去不留，顺任自然，不存私心，所以能够超脱物外而不为外物所伤害。

## 七

南海之帝为儵，北海之帝为忽①，中央之帝为浑沌②。儵与忽时相与遇于浑沌之地，浑沌待之甚善。儵与忽谋报浑沌之德，曰："人皆有七窍以视听

食息③，此独无有，尝试凿之。"日凿一窍，七日而
浑沌死。

【注释】

①"南海"二句：儵（shū）、忽，虚拟人物。儵，通
　"倏"。"倏""忽"二字都含有神速义，喻有为。

②浑沌：虚拟人物。"浑沌"是纯朴自然的意思，喻无为。

③七窍：一口、两耳、两目、两鼻孔。

【译文】

南海的帝王名叫儵，北海的帝王名叫忽，中央的帝王
名叫浑沌。儵和忽时常在浑沌的境内相遇，浑沌待他们很
好。儵和忽商量回报浑沌对他们的好处，说："人们都有七
窍，用来看、听、饮食、呼吸，唯独他没有，我们试着给
他凿出来。"于是每天凿出一窍，凿到第七天浑沌就死了。

# 外　篇

## 骈　拇

　　《骈拇》为外篇的首篇。与内篇按篇旨命题不同，外篇的大部分篇名取自篇首二字或三字，也有部分篇章可视为以义名篇，如本篇既可认为取篇首二字为篇名，也可认为以义名篇。

　　本篇宗旨在于宣扬为人处事要合于自然，顺乎人情之常，而痛斥了仁义残生伤性的弊端。这里选录了两段。前一段意在揭露所谓仁义并非出于自然的情理，并非自然的正道，而自然的正道在于"不失其性命之情"。其中"凫胫虽短，续之则忧；鹤胫虽长，断之则悲"这一论断，张扬了尊重自然、遵从本性的进步思想。后一段意在说明"天下有常然"，而一味强调施行仁义，就会损害天下常然的状态，损害万物的本性。

# 一

　　骈拇枝指出乎性哉①，而侈于德②；附赘县疣出乎形哉③，而侈于性；多方乎仁义而用之者④，列于五藏哉⑤，而非道德之正也。是故骈于足者，连无用之肉也；枝于手者，树无用之指也；骈枝于五藏之情者⑥，淫僻于仁义之行⑦，而多方于聪明之用也。

　　是故骈于明者，乱五色⑧，淫文章⑨，青黄黼黻之煌煌非乎⑩？而离朱是已⑪！多于聪者，乱五声⑫，淫六律⑬，金、石、丝、竹、黄钟、大吕之声非乎⑭？而师旷是已⑮！枝于仁者，擢德塞性以收名声⑯，使天下簧鼓以奉不及之法非乎⑰？而曾、史是已⑱！骈于辩者，累瓦、结绳、窜句⑲，游心于坚白同异之间⑳，而敝跬誉无用之言非乎㉑？而杨、墨是已㉒！故此皆多骈旁枝之道，非天下至正也。

　　彼至正者㉓，不失其性命之情。故合者不为骈，而枝者不为跂㉔；长者不为有余，短者不为不足。是故凫胫虽短㉕，续之则忧；鹤胫虽长，断之则悲。故性长非所断，性短非所续，无所去忧也。意仁义其非人情乎㉖！彼仁人何其多忧也。

【注释】

①骈（pián）拇：脚的大拇指与第二指连生。骈，连合。枝指：手大拇指旁歧生一指。枝，歧出。

②侈：多，多余。德：通“得”，指人所固有。

③附赘县（xuán）疣：即附悬的赘疣。赘疣，身上所

生的多余的肉瘤。

④多方：多端，多方面。乎：于，列于。

⑤列于五藏：指以仁义配五脏。据《内经》："仁配肝，礼配心，信配脾，义配肺，智配肾。"藏，即"脏"。

⑥骈枝于五藏之情者："骈枝"上原衍"多方"两字，依焦竑诸家之说删。

⑦淫僻：过度为淫，过偏为僻。

⑧五色：青、黄、赤、白、黑。

⑨淫：过度，淫滥。文章：青与赤为文，赤与白为章。

⑩黼黻（fǔfú）：绣在礼服上的花纹。黑与白相间叫黼，黑与青相间叫黻。煌煌：光辉眩目的样子。

⑪而：通"如"。离朱：一说黄帝时人。《淮南子·原道》称"离朱之明，察箴末于百步之外"。

⑫五声：指古乐中的五个音节，即宫、商、角、徵、羽。

⑬六律：古乐中的六个标准音调，即黄钟、大吕、姑洗、蕤宾、无射、夹钟。

⑭金、石、丝、竹：皆可用来制作乐器，这里指五类乐器。黄钟、大吕：指乐器的声调。

⑮师旷：晋平公的乐师，精于音律。

⑯擢（zhuó）：拔。塞：闭塞。收名声：指沽名钓誉。

⑰簧鼓：犹"吹笙打鼓"，即吹吹打打，喧闹之意。

⑱曾、史：曾参和史鳅。曾参字子舆，是孔子的弟子；史鳅字子鱼，是卫灵公的大臣。

⑲累瓦、结绳、窜句：皆是比喻过于善辩者堆砌文词、

上下串说、穿凿文句。

⑳游心：心思游荡。坚白、同异：名家两个重要论题。详见《齐物论》注。

㉑散跬（kuǐ）：疲惫的样子。誉：夸耀。

㉒杨、墨：杨朱和墨翟，均为宋国人。

㉓至正：通行本误作"正正"，依褚伯秀等说改正。

㉔跂（qí）：多出的脚趾。

㉕凫（fú）胫：野鸭的小腿。

㉖意：成玄英《疏》本作"噫"，嗟叹之声。释"意"为料想、猜想也通。

**【译文】**

连生的脚趾与歧生的手指虽然是天生的，但是对于人的身体来说却是多余的；附着在人体上的肉瘤，虽然生长在人身上，但是对于天生的身体却是多余的；使用各种方法推行仁义，并把它与五脏相匹配，但这些并非是道德的本然。因而连生在脚上的，只是连接了一块无用的肉；歧生在手上的，只是长了一个无用的指头；节外生枝地把仁义与五脏相匹配而超出了五脏的实情的，这种实行仁义的淫僻行为，真是多方地滥用了聪明。

因而视物过度明察的，就会迷乱五色，淫滥文采，岂不像青黄相间的华丽服饰的花纹那样令人眩目吗？那离朱就是这样的人！听觉过度灵敏的，就会混淆五声，淫乱六律，岂不像金石丝竹各种乐器发出的像黄钟、大吕等各种动听的乐声令人沉迷吗？那师旷就是这样的人！多余地提倡仁义的，拔高品德，蔽塞真性，以此来沽名钓誉，岂不是让天下人喧嚷着去奉守不可做到的礼法吗？那曾参和史鲥就是这样的人！过分辩解的，犹如累瓦结绳般地堆砌语词，穿凿文句，驰骋心思，致力于坚白同异论题的争论上，岂不是疲惫地夸耀自己的无用之言吗？那杨朱和墨翟就是这样的人！所以这些都是多余无用之道，并非天下最纯正的道德。

那天下最纯正的道德，就是出自于他们真实的自然本性。所以从自然而然的角度说，大拇指与第二指连生的不算连生，旁生出一指的不算是多余；长的不算有余，短的不算不足。所以野鸭的腿虽然短小，但给它接上一段就会带来痛苦；野鹤的腿虽然修长，但给它截去一节就会带来悲哀。所以本性是长的，就不该去截短它；本性是短的，就不该去接长它，这样也就没有什么可忧虑的了。噫，仁义它不合乎性命之情吧！那些仁义者怎么会有那么多的忧愁呢。

## 二

且夫待钩绳规矩而正者[①]，是削其性者也；待绳约胶漆而固者[②]，是侵其德者也[③]；屈折礼乐[④]，呴俞仁义[⑤]，以慰天下之心者，此失其常然也[⑥]。天下有常然。常然者，曲者不以钩，直者不以绳，圆者不以规，方者不以矩，附离不以胶漆[⑦]，约束不以𦆅索[⑧]。故天下诱然皆生[⑨]，而不知其所以生；同焉皆得，而不知其所以得。故古今不二，不可亏也[⑩]。则仁义又奚连连如胶漆𦆅索而游乎道德之间为哉⑪！使天下惑也！

**【注释】**

①待：依赖。钩：木工划曲线的曲尺。绳：木工用绳
来划直线。规矩：皆为木工工具，规划圆，矩划
方。正：矫正，标准。

②绳约：绳索。

③德：德性，本性。

④屈折：屈身折体，指举行礼乐仪式时的动作。可引
申为周旋。

⑤昫（xū）俞：爱抚，安抚。

⑥常然：正常状态。

⑦附离：附依。离，通"丽"，依附。

⑧缠（mò）索：绳索。

⑨诱然：犹"油然"，自然而然。

⑩不可亏：指自然之性不可亏损。

⑪奚：何，为什么。而：以。

**【译文】**

要用曲尺、墨线、圆规、角尺来修正事物的，这就损
害了事物的本性；要用绳索、胶漆来固定事物的，这就侵
害了事物的品质；那些用礼乐来周旋，用仁义来安抚，以
此告慰天下人心的，这就违背了事物的自然生态。天下的
事物存在着自己的自然生态。这自然生态就是，弯曲的并
非使用了曲尺，笔直的并非使用了墨线，圆圆的并非使用
了圆规，方方的并非使用了角尺，相合在一起的并非使用

了胶漆，束缚在一起的并非使用了绳索。所以天下万物都是自然而然地生长，却不知道它是如何生长的；天下万物都有所得，却不知道它是如何取得的。所以古往今来，万物的自然之理都是一样的，不能够用人为的东西去亏损自然的本性。那么仁义又何必像胶漆、绳索那样非要挤进万物的自然本性之中呢！这让天下人都感到疑惑呀！

# 马　蹄

　　本篇取篇首二字为篇名，其主旨与《骈拇》相同，皆从性命上立论，批评当权者在所谓的"善治"下，带给社会和人们的伤害，宣扬道家无为而治的思想。

　　本篇可分三段，我们选录了首段和第二段的一部分。首段以马为喻，描写马的"龁草饮水，翘足而陆"的自在生活，也是马的真性表现，以此隐喻人的自然天性。接着用伯乐治马、陶工治埴、木匠治木设喻，指出他们对马及对物本性的损害，犹如统治者治理国家时对人们本性的残害一样有罪过。这是以宾喻主的写法。第二段的一部分，作者着力描绘了处于原始社会状态下的人与自然和谐共处的情景：这里的人民"织而衣，耕而食"，同心同德，浑然一体，"禽兽可系羁而游，鸟鹊之巢可攀援而窥"，可谓庄子版的"世外桃源"。以社会发展史的角度来看，这是一种复古和倒退；从人与自然和谐共存的理念角度来看，应看作是人类更高境界的憧憬和追求。

# 一

马，蹄可以践霜雪，毛可以御风寒。龁草饮水①，翘足而陆②，此马之真性也。虽有义台路寝③，无所用之。及至伯乐④，曰："我善治马。"烧之，剔之，刻之，雒之⑤。连之以羁馽⑥，编之以皁栈⑦，马之死者十二三矣！饥之，渴之，驰之，骤之，整之，齐之，前有橛饰之患⑧，而后有鞭筴之威⑨，而马之死者已过半矣！陶者曰⑩："我善治埴⑪。圆者中规⑫，方者中矩。"匠人曰："我善治木⑬。曲者中钩，直者应绳。"夫埴木之性，岂欲中规矩钩绳哉？然且世世称之曰："伯乐善治马，而陶匠善治埴木。"此亦治天下者之过也！

**【注释】**

①龁（hé）：啃，吃。

②陆：跳。

③义台：即"仪台"，用于举行典礼的台子。路寝：正室，大室。

④伯乐：姓孙，名阳，字伯乐，秦穆公时人。善于识别好马。

⑤"烧之"四句：烧之，指用烧红的烙铁打火印。剔之，指剪马毛。刻之，削马蹄甲。雒（luò）之，戴笼头。

⑥羁：络马首。馽（zhí）：绊马前足。

⑦皁（zào）：马槽。栈：马棚。

⑧橛（jué）：马嚼子。

⑨笑（cè）：马杖，打马的工具。

⑩陶者：制作陶器的人。

⑪治埴（zhí）：烧治陶器。埴，粘土，制陶原料。

⑫中：符合。

⑬治木：制作木器。

**【译文】**

马蹄可以践踏霜雪，马毛可以抵御风寒。马吃草饮水，举足跳跃，这是马的真性情。纵使有高台大室，对马来说也是毫无用处。后来有了伯乐，他说："我善于驯马。"于是用烙铁打上印记，剪除长毛，削去蹄甲，戴上笼头。又用马络头和足绊把马拴在一起，用绳子按顺序编排在马棚马槽中，这样好好的马就有二、三成死掉了！然后再让马饿着，渴着，驱赶着，奔跑着，进行着整齐划一的训练，前有马嚼子和马缨的束缚，后有鞭策抽打的威胁，这时马的伤亡就已过半了！陶匠说："我善于制作陶器。能使圆的合于规，方的合于矩。"木匠说："我善于制作木器。能使弯的合于曲尺，直的合于墨线。"难道粘土和木材的本性一定要合于规矩绳墨吗？然而世世代代都称赞说："伯乐善于养马，而陶工木匠善于制作陶器木器。"这也是那些治理天下的人所犯的过错啊！

## 二

吾意善治天下者不然。彼民有常性①，织而衣，耕而食，是谓同德②。一而不党③，命曰天放④。故至德之世⑤，其行填填，其视颠颠⑥。当是时也，山无蹊隧⑦，泽无舟梁⑧；万物群生，连属其乡⑨；禽兽成群，草木遂长⑩。是故禽兽可系羁而游，鸟鹊之巢可攀援而窥。夫至德之世，同与禽兽居⑪，族与万物并⑫，恶乎知君子小人哉？同乎无知，其德不离；同乎无欲，是谓素朴⑬。素朴而民性得矣。

**【注释】**

①常性：不变的本性。

②同德：共同得于自然。

③一：浑然一体。党：偏。

④命：称，名。天放：自然赋予的自由。

⑤至德之世：道德最高尚的时代。

⑥"其行"二句：填填、颠颠，均为形容自在得意的神态。

⑦蹊隧：小径和穴道。

⑧舟梁：船和桥。

⑨连属其乡：指居所相连。

⑩遂长：生长。

⑪同：混同。

⑫族：聚集。并：合。

⑬素朴：纯朴。

**【译文】**

我以为善于治理天下的人不会这样。那人民是有不变的天性的，他们织布穿衣，耕田吃饭，这是共同的本能。

彼此浑然一体，没有偏向，可以称为自由放任。所以在道德昌盛的时代，人民的行为总是显出悠闲自得、质朴拙实的样子。在那个时候，山中没有小径和隧道，水上没有船只和桥梁；万物共同生长，居处彼此相连；禽兽成群结队，草木茁壮滋长。因而禽兽可以让人牵着去游玩，鸟鹊的窠巢可以任人攀援去窥探。在那道德昌盛的时代，人与禽兽混杂而居，与万物聚集在一起，哪里有君子与小人的区别呢？人们都一样地不用智巧，自然的本性就都不会丧失；人们都一样地没有贪欲，所以都纯真朴实。人们都纯真朴实，也就能永葆人的自然本性了。

# 胠箧

本篇以篇首"胠箧"二字（指实义字）名篇，也可视为举事以名篇。文章旨在宣扬老子"绝圣弃智"的思想。圣人为什么要灭绝？智慧为什么要摒弃？作者开篇就用事物类比法进行了深刻的论辩。他以箧、囊、匮喻天下、国家，以摄缄縢（扎紧绳索）、固扃鐍（加固门闩和锁钥）喻圣智之法，又以巨盗"负匮揭箧担囊而趋"（背着柜子、举着箱子、扛着袋子而逃）喻田成子之流不但盗取了国家，连"圣智之法"也一并偷窃了去。以小喻大，一路写来，深刻地揭示和抨击了当时社会上存在的"窃钩者诛，窃国者为诸侯，诸侯之门而仁义存焉"的黑暗现实。无奈之中，作者只好眷恋起"小国寡民"的自由平等的原始社会，其政治倾向虽是消极的，但其中蕴含的民主性的精华却是值得我们礼赞的。

本篇自开头至"是乃圣人之过"一段止，雄论滔滔，一气呵成，文笔犀利，气势磅礴。我们选录此部分加以介绍。

　　将为胠箧探囊发匮之盗而为守备①，则必摄缄滕②，固扃鐍③，此世俗之所谓知也④。然而巨盗至，则负匮揭箧担囊而趋⑤，唯恐缄滕扃鐍之不固也。然则乡之所谓知者⑥，不乃为大盗积者也？

　　故尝试论之：世俗之所谓知者，有不为大盗积者乎？所谓圣者，有不为大盗守者乎？何以知其然邪？昔者齐国邻邑相望，鸡狗之音相闻，罔罟之所布⑦，耒耨之所刺⑧，方二千余里。阖四竟之内⑨，所以立宗庙社稷，治邑屋州闾乡曲者⑩，曷尝不法圣人哉⑪？然而田成子一旦杀齐君而盗其国⑫，所盗者岂独其国邪？并与其圣知之法而盗之⑬。故田成子有乎盗贼之名，而身处尧、舜之安。小国不敢非，大国不敢诛，十二世有齐国⑭。则是不乃窃齐国并与其圣知之法以守其盗贼之身乎？

　　尝试论之：世俗之所谓至知者，有不为大盗积者乎？所谓至圣者，有不为大盗守者乎？何以知其然邪？昔者龙逢斩⑮，比干剖⑯，苌弘胣⑰，子胥靡⑱，故四子之贤而身不免乎戮。故跖之徒问于跖曰："盗亦有道乎？"跖曰："何适而无有道邪⑲？夫妄意室中之藏⑳，圣也；入先，勇也；出后，义也；知可否，知也㉑；分均，仁也。五者不备而能成大盗者，天下未之有也。"由是观之，善人不得圣人之道不立㉒，跖不得圣人之道不行㉓。天下之善人少而不善人多，则圣人之利天下也少而害天下也多。故曰，唇竭则齿寒㉔，鲁酒薄而邯郸围㉕，圣人生而大盗起。掊击圣人㉖，纵舍盗贼，而天下始治矣。

夫川竭而谷虚㉗，丘夷而渊实㉘。圣人已死，则大盗不起，天下平而无故矣㉙！圣人不死，大盗不止。虽重圣人而治天下㉚，则是重利盗跖也。为之斗斛以量之㉛，则并与斗斛而窃之；为之权衡以称之㉜，则并与权衡而窃之；为之符玺以信之㉝，则并与符玺而窃之；为之仁义以矫之，则并与仁义而窃之。何以知其然邪？彼窃钩者诛㉞，窃国者为诸侯。诸侯之门而仁义存焉，则是非窃仁义圣知邪？故逐于大盗㉟，揭诸侯㊱，窃仁义并斗斛权衡符玺之利者，虽有轩冕之赏弗能劝㊲，斧钺之威弗能禁㊳。此重利盗跖而使不可禁者，是乃圣人之过也。

**【注释】**

①胠（qū）：从旁边打开。箧（qiè）：箱子。探囊：掏布袋子。发匮：开柜子。匮，同"柜"。为守备：做好防守戒备。

②摄：打结，缠绕。缄（jiān）縢（téng）：都是绳子。

③固：加固，使坚固。扃镉（jiōngjué）：门闩和锁钥。

④知：同"智"。

⑤负：背。揭：举。趋：指逃走。

⑥乡：通"向"，指前面所说。

⑦罔：鱼网，鸟网。罟（gǔ）：网的总称。布：设置。

⑧耒（lěi）：犁。耨（nòu）：锄草工具。刺：插。

⑨阖（hé）四竟：全国。阖，整个。竟，通"境"。

⑩邑、屋、州、闾、乡、曲：都是古代大小不同的地方行政区域。

⑪曷：何。不法：不效法。

⑫田成子：齐国大夫陈恒（又称田常）于鲁哀公十年，杀了齐简公，夺取了政权。

⑬圣知之法：指圣人制订的法规制度。知，同“智”。

⑭十二世：当为“世世”之误。

⑮龙逢斩：关龙逢是夏桀的贤臣，因直谏被杀。

⑯比干剖：比干是商纣王的叔父，因忠谏被剖心。

⑰苌弘胣（chǐ）：苌弘是周灵王的贤臣，因遭谗毁自刳（kū）而死。胣，剖肠。

⑱子胥靡：子胥姓伍，名员，字子胥。他力谏吴王灭越，吴王不听，赐剑令子胥自刎。子胥尸体沉入江中，致使糜烂。靡，通“糜”。

⑲何适：何往，哪一个。

⑳妄意：揣摩，猜想。

㉑知可否，知也：能够预测计划可否实现，这是智慧。前一“知”，预知；后一“知”，同“智”。

㉒不立：指不能立功建业。

㉓不行：指不能行窃下去。

㉔唇竭：唇反举向上，即露齿。

㉕鲁酒薄而邯郸围：有两种说法。一说是，楚国会见诸侯，鲁国和赵国都向楚王献酒。鲁国的酒味淡而赵国的酒味浓。楚国管酒的人向赵国要酒，赵国不给，于是管酒的人便把赵国的好酒换成了鲁国的薄

酒。后来，楚王嫌赵国的酒不好，就出兵围困了赵
国的邯郸。

㉖掊（pǒu）击：抨击，打倒。

㉗川：两山之间的流水。谷：两山间的流水道。

㉘夷：平。

㉙无故：无事。

㉚重：重用。

㉛斗斛（hú）：斗和斛都是量具，十斗为一斛。

㉜权衡：指秤。权，秤锤。衡，秤杆。

㉝符：符契。玺（xǐ）：印。

㉞钩：指腰带钩。

㉟逐：追逐，追随。

㊱揭：举而夺之。

㊲轩冕：轩车和礼帽，指高官厚禄。劝：劝止。

㊳斧钺（yuè）之威：指死刑的威胁。钺，大斧。

**【译文】**

　　为了防备那些开箱、掏布袋、撬柜子的小偷，就必然
要捆紧绳子，加固锁钮，这是世俗间所说的聪明。然而大
盗一来，就会顺手背起柜子，扛起箱子，挑起布袋而偷走，
唯恐绳子锁钮不够牢固。那么以前所谓的聪明，不就是替
大盗储藏财物了吗？

　　为此我们尝试着讨论一下：世俗的所谓聪明，有不为
大盗储备积累的吗？所谓的圣人，有不为大盗守护的吗？
为什么说是这样的呢？从前齐国，从邻里相望、鸡鸣狗叫
之声相闻的地方，到网罟设置的地方，再到犁锄耕作的地

方，方圆有两千多里。整个国境之内，凡是建立宗庙社稷，以及设置邑屋州闾乡曲等各级行政管理机构的地方，何尝不效法圣人呢？但是田成子一旦杀死齐君而盗取了齐国政权，所盗取的岂只是那个国家呢？连同圣人的法规制度不也盗取了吗？所以田成子虽有盗贼的不好名声，然而身处尧、舜一般安稳的帝王地位。小国不敢非议他，大国不敢讨伐他，他却世世代代据有齐国。这件事不就是连同圣智的法制一起窃取了齐国的政权，并以此保护那盗贼的身家性命吗？

我们接着试作论析：世俗间所谓最聪明的人，有不替大盗做储备和积蓄的吗？所谓的大圣有不替大盗做守护的吗？怎么知道是这样的呢？从前关龙逢被斩首，比干被剖心，苌弘刳肠而死，伍子胥尸体沉江而糜烂，像这样的四个贤人都不免于杀身之祸。所以盗跖的门徒向盗跖问道："做强盗也有道吗？"盗跖回答说："做什么事情没有道呢？就像我们能够揣摩出屋里藏着什么好东西，这就是圣明；能够争先入室，这就是勇敢；撤出时主动断后，这就是义气；能够预测计划可否成功，这就是智慧；分赃平均，这就是仁爱。这五样不具备而能够成为大盗的人，天下还没有见过。"由此看来，善人如果不懂圣人之道就不能建功立业，盗跖如果不懂圣人之道就不能行窃下去。然而天下的善人少而不善的人多，那么圣人利于天下的作用少而害于天下的作用就多。所以说，唇亡则齿寒，鲁酒薄而邯郸被围，圣人生而大盗兴起。打倒圣人，放走盗贼，那么天下就开始太平了。

河川干涸，那么山谷就会空虚；山丘铲平，那么深渊也能填满。圣人死了，大盗就不会兴起，天下便太平无事了！如果圣人不死，大盗就不会止息。虽说重用圣人是为了治理天下，其结果却是大大有利于盗跖。圣人为了公平，制造了斗斛用来量谷物，大盗便连同斗斛也一并盗去；圣人制造了市秤来称东西，大盗便连同市秤也一并盗去；圣人制造了符契印章以便取信，大盗便连同符契印章也一并盗去；圣人宣扬仁义来矫正不正之风，大盗便连同仁义也一并盗去。为什么要这样说呢？看看那盗窃钩环的人被诛杀，而盗窃国家的人却成了诸侯就清楚了。诸侯们门前都打着仁义的招牌，这不是盗窃了仁义和圣智吗？所以那些追逐着要做大盗，去夺取诸侯之位，去窃取仁义和斗斛、市秤、符印好处的人，就是有高官厚禄的赏赐，也不能劝阻他们，用斧钺的威刑也不能禁止他们。这种大大有利于盗跖而难以禁止的局面，都是圣人的过错。

# 在　宥

本篇取首句"在宥"二字为篇名。"在宥"，按宣颖解释为"在，存也，听其自存不乱之也；宥，宽也，容之宽然，不驱之也"（《南华经解》），即任由天下自然发展，不去强加约束和治理。正如篇首二句所说："闻在宥天下，不闻治天下也。"道出了全篇的宗旨。

本篇全文分两部分来论述，从开头至"吾又何暇治天下哉"为主体部分，先以"闻在宥"一段总论全文无为而治的宗旨，而后编述了"崔瞿问于老聃"、"黄帝立为天子"和"云将东游"三个寓言故事，对前论予以生动而形象化的说明。后一部分则对前论未能尽兴之言，分别对有为之害、"睹有"与"睹无"之别、"天道"与"人道"的关系即兴阐释。其中最后一个段落"贱而不可不任者"，不少学者认为此段文意与庄子思想不类，疑为俗儒所窜入。今选取本篇的主体部分予以介绍。

## 一

闻在宥天下①，不闻治天下也②。在之也者，恐天下之淫其性也③；宥之也者，恐天下之迁其德也④。天下不淫其性，不迁其德，有治天下者哉⑤？昔尧之治天下也，使天下欣欣焉人乐其性，是不恬也⑥；桀之治天下也，使天下瘁瘁焉人苦其性⑦，是不愉也。夫不恬不愉，非德也；非德也而可长久者，天下无之。

人大喜邪，毗于阳⑧；大怒邪，毗于阴。阴阳并毗，四时不至，寒暑之和不成，其反伤人之形乎！使人喜怒失位，居处无常，思虑不自得，中道不成章⑨。于是乎天下始乔诘卓鸷⑩，而后有盗跖、曾、史之行⑪。故举天下以赏其善者不足，举天下以罚其恶者不给⑫。故天下之大不足以赏罚。自三代以下者，匈匈焉终以赏罚为事⑬，彼何暇安其性命之情哉！

而且说明邪⑭，是淫于色也；说聪邪，是淫于声也；说仁邪，是乱于德也；说义邪，是悖于理也；说礼邪，是相于技也⑮；说乐邪，是相于淫也；说圣邪，是相于艺也⑯；说知邪，是相于疵也⑰。天下将安其性命之情，之八者⑱，存可也，亡可也。天下将不安其性命之情，之八者，乃始脔卷㑁囊而乱天下也⑲。而天下乃始尊之惜之。甚矣，天下之惑也！岂直过也而去之邪⑳！乃齐戒以言之㉑，跪坐以进之，鼓歌以儛之㉒。吾若是何哉！

故君子不得已而临莅天下㉓，莫若无为。无为也，而后安其性命之情。故贵以身于为天下，则可以托天下；爱以身于为天下，则可以寄天下㉔。故君子苟能无解其五藏㉕，无擢其聪明㉖，尸居而龙见㉗，渊默而雷声㉘，神动而天随㉙，从容无为，而万物炊累焉㉚。吾又何暇治天下哉㉛！

【注释】

①在宥（yòu）：优游自在，宽容自得。

②治：统治，驾驭。

③淫：乱，失。

④迁：迁移，改变。

⑤有：岂有，岂用。

⑥恬：静，宁静。

⑦瘁瘁（cuì）焉：心力疲惫的样子。

⑧毗（pí）：伤，害。

⑨"使人"四句：失位、无常、不自得、不成章，均指人的生活失调不正常。位，尺度。常，常规。中道，中和之道。章，条理。

⑩乔诘卓鸷（zhì）：四字均形容不和谐之意。乔，自高自大。诘，猜忌责备。卓，孤傲高亢。鸷，凶猛严厉。

⑪曾、史：即曾参、史鰌，均以仁孝闻名于世。

⑫给（jǐ）：足。

⑬匈匈：喧嚣，争先恐后之意。

⑭说：同"悦"，喜爱。下七"说"字同。

⑮相：帮助，助长。技：技艺，伎俩。

⑯艺：才能，技能。

⑰疵：病，弊病。

⑱之：此。八者：即指以上明、聪、仁、义、礼、乐、圣、知（智）八方面。

⑲脔（luán）卷：拘束不伸的样子。伧（cāng）囊：犹"抢攘"，喧闹张扬的样子。

⑳岂直：岂止。

㉑齐戒：即斋戒。齐，通"斋"。

㉒儛：即"舞"的俗字。

㉓临莅（lì）：到。这里指治理、统治。

㉔"故贵"四句：引用《老子》十三章文。原文无二"于"字，王先谦《集解》引苏舆说认为是衍文，而陆西星《南华经副墨》说"而加二'于'字，亦文之奇处"。

㉕无解其五藏：谓不耗散精神。解，散，裂。藏，即"脏"。五脏为精灵之宅，代指精神。

㉖擢（zhuó）：显示。

㉗尸居而龙见：形容身体如死尸般纹丝不动，而不动之中活跃着龙腾虎跃般的生机。见，同"现"。

㉘渊默而雷声：形容虽然像深渊一样静寂无声，但在无声之中蕴藏着如电闪雷鸣般的生机。

㉙神动：精神活动。天随：即随天，符合天理自然。

㉚炊累：形容犹如炊烟自然累积而自动升腾。一说

"炊"通"吹",动也;累,尘也。若风吹尘埃,任意飘浮。

㉛以上一段为论断文,起伏呼应,环环相扣,有极强的说服力。

**【译文】**

只听说任天下人自由自在生活的,没有听说要治理天下百姓的。所以要任由百姓自由自在地生活,是怕他们丧失了本性;所以要让百姓能够宽松安适,是怕他们改变纯朴的德性。天下之人都不丧失本性,不改变德性,哪里还用治理天下呢!从前尧治理天下时,让人欣喜若狂、快乐不已,这就不宁静了;桀治理天下时,使人疲于奔命、痛苦不堪,这就不愉快了。让天下之人弄得不宁静不愉快,这并不是人的自然本性。违背人的自然本性而可以长久的,这是天下没有的事情。

人若过于欢乐,就会伤害阳气;人若过于愤怒,就会伤害阴气。阴阳二气都受到了伤害,四时的节气不按时而至,寒暑的交替失去调和,这不反过来要伤害到人体吗!使人喜怒无常,居无定所,思虑不安,中和之道遭到破坏。于是天下开始出现了自大、责备、高傲、凶猛等等不和谐的现象,而后也就产生了盗跖、曾参、史鰌等不同的行为。因此使用全天下的力量来奖赏善举,也还是不够;使用全天下的力量来惩罚恶行,也还是不够。所以天下之大,却不足以处理奖善罚恶的事。自从三代以后,那些国君们喧哗着竞相以赏善罚恶为能事,他们哪里还有时间顾及安定百姓的自然本性呢!

再说你喜欢目明吗？那势必要沉溺于美色之中；你喜欢耳聪吗？那势必要沉溺于乐声之中；你喜欢仁吗？那势必要扰乱了自然的天性；你喜欢义吗？那势必要违背了自然的天理；你喜欢礼吗？那势必要助长了繁琐的伎俩；你喜欢音乐吗？那势必要助长淫荡的滋长；你喜欢圣智吗？那势必要助长技艺的泛滥；你喜欢智慧吗？那势必要助长纠缠是非的弊病。如果天下之人都保持自己的自然本性，这八个方面有也可以，没有也可以。如果天下之人都不安于自己的自然本性，这八个方面就会使人拘束不伸、喧闹张扬而扰乱天下。而天下之人却尊重它们，珍惜它们。天下之人真是太糊涂了！这些人岂止只是一时的尊重珍惜而过后便丢弃呢！他们竟然斋戒后才敢虔诚地谈论它，行跪拜礼去传授它，载歌载舞去宣扬它。对待这种情况，我又能怎么样呢？

所以君子不得已而治理天下的时候，最好是无为而治。只有做到无为，而后才能使天下人的自然本性得到安宁。所以说把自身看得比天下还重的人，才可以把天下托付给他；珍爱自身甚于珍爱天下的人，才可以把天下交托给他。所以君子如果能够不肢解五脏而伤害真性，能够不显耀自己的聪明才智，安然不动而生机勃勃，沉静如渊而蕴藏着雷鸣般的声音，精神活动处处合乎自然，从容自在，无所作为，万物的活动就像炊气自然积累而飘升一样，我又何必多此一举去治理天下呢！

## 二

崔瞿问于老聃曰①："不治天下，安藏人心②？"

老聃曰："女慎，无撄人心③。人心排下而进上④，上下囚杀⑤，绰约柔乎刚强⑥，廉刿雕琢⑦。其热焦火，其寒凝冰，其疾俯仰之间而再抚四海之外⑧。其居也渊而静，其动也县而天⑨。偾骄而不可系者⑩，其唯人心乎！昔者黄帝始以仁义撄人之心，尧、舜于是乎股无胈⑪，胫无毛⑫，以养天下之形⑬，愁其五藏以为仁义⑭，矜其血气以规法度⑮。然犹有不胜也⑯。尧于是放谨兜于崇山⑰，投三苗于三峗⑱，流共工于幽都⑲，此不胜天下也。夫施及三王而天下大骇矣⑳。下有桀、跖，上有曾、史，而儒墨毕起。于是乎喜怒相疑，愚知相欺，善否相非，诞信相讥，而天下衰矣㉑；大德不同，而性命烂漫矣㉒；天下好知，而百姓求竭矣㉓。于是乎釿锯制焉㉔，绳墨杀焉㉕，椎凿决焉㉖。天下脊脊大乱㉗，罪在撄人心。故贤者伏处大山嵁岩之下㉘，而万乘之君忧栗乎庙堂之上。今世殊死者相枕也㉙，桁杨者相推也㉚，刑戮者相望也，而儒墨乃始离跂攘臂乎桎梏之间㉛。意㉜，甚矣哉！其无愧而不知耻也甚矣！吾未知圣知之不为桁杨椄槢也㉝，仁义之不为桎梏凿枘也㉞，焉知曾、史之不为桀、跖嚆矢也㉟！故曰：绝圣弃知，而天下大治。"㊱

**【注释】**

①崔瞿：虚拟人物。老聃：李耳字聃，即老子。

②藏：当为"臧"字之误。臧，善。

③"女慎"二句：女，同"汝"，你。无，通"毋"，不。撄，扰乱，触动。

④排下：因受到排挤而精神消沉。进上：因受到推崇而精神振奋。

⑤囚杀：拘囚杀害。

⑥绰（chuò）约：柔弱的样子。

⑦廉：通"劘"，刺。刿（guì）：割。

⑧疾：迅速，快。抚：触摸，亲临。

⑨县：同"悬"。

⑩偾（fèn）骄：奋发骄纵，形容不可禁制的势态。

⑪股：大腿。胈（bá）：大腿根部的肉。

⑫胫：小腿。

⑬天下之形：天下的人体。

⑭愁：忧愁。五藏：即"五脏"，指心性。

⑮矜：苦。血气：指精力。规：建立，规范。

⑯不胜：不堪。

⑰放：放逐，流放。讙（huān）兜：传说是帝鸿氏之子，又称浑沌，为共工同党。崇山：在今湖南境内。

⑱投：投放。三苗：又称饕餮，尧时诸侯，封三苗之国。三苗之国在今湖南境内。三峗（wéi）：山名，也写作"三危"，在今甘肃天水一带。

⑲共工：名穷奇，与谨兜、饕餮等同党。幽都：也写作"幽州"，在今北京密云境内。

⑳施（yì）：延，延续。三王：指夏、商、周三代国君。

㉑"于是乎"五句：形容种种自以为是、以他人为非的猜疑和争斗。知，同"智"。否（pǐ），恶，坏。诞，虚诞，谎骗。

㉒烂漫：散乱，指受到伤害。

㉓求竭：无以供其求。

㉔釿（jīn）：通"斤"，斧。制：制裁，处制。

㉕绳墨：指礼法、刑法。

㉖椎凿：指刑具。决：断，裂。

㉗脊脊：犹"藉藉"，互相践踏。

㉘伏处：隐居。崀（kān）岩：深岩。

㉙殊死：断头而死，身首异处。

㉚桁（háng）杨：加在颈上和脚上的刑具。相推：相互拥挤。

㉛离跂：翘足。攘臂：举手袒臂。桎梏：脚镣手铐。

㉜意：同"噫"，语气词。

㉝楱榯（jiēxí）：接合枷锁的横木。

㉞凿枘：指用来固定枷锁的榫眼和榫头。

㉟嚆（hāo）矢：响箭，喻先声。

㊱此段借老聃回答崔瞿之言，说明治理天下的弊端，"罪在撄人心"。矛头直指黄帝、尧、舜，并牵连儒墨之徒，嬉笑怒骂，酣畅淋漓。最后二句，从正面结"在宥"之义。

**【译文】**

崔瞿问老聃说:"不去治理天下,如何使人心向善呢?"

老聃说:"你要审慎,不要扰乱人心。人心如果受到人的排挤,情绪就会低落,如果受到人的推崇,精神就会振奋;人的心志在忽上忽下的无常变化中,就像被绳索囚缚,被刀剑伤害一样;当被囚缚时,柔弱的心志可以化为刚强;当被伤害时,就像用刀剑切割雕刻一般。他们的内心焦躁如烈火,而忧恐战栗又如卧于寒冰之上,他们的心境迅速变化着,俯仰之间便能往来于四海之外。当人心未动之时,像深渊一样安静,一旦心志活动起来,飞扬飘浮,犹如悬系于天际。骄矜逞强而不可禁制的,就是人心啊!从前黄帝开始拿仁义来扰乱人心,于是尧、舜就依样效法,累得大腿上没有肉,小腿上不长毛,以养育天下人的身体;愁劳他的心思去施行仁义,苦劳他的血气去建立法度。尽管这样,然而还是不能完胜天下。于是尧把讙兜放逐到崇山,把三苗投放到三峗,把共工流放到幽州,这样做也未能完胜天下。延续到了夏、商、周三代君王,天下便更加惊恐不安了。下有夏桀、盗跖之类的小人,上有曾参、史鰌之类的君子,其间又有儒家和墨家纷纷兴起。于是或喜或怒互相猜疑,愚者和智者相互践侮,善的与不善的互相非议,荒诞的与信实的彼此讥讽,天下的人性便从此衰微了;人们自然的天德出现了不同,而性命的本真也随之受到了伤害;天下都追逐智巧,百姓竭尽心力也无法应付。于是君主用斧锯制裁百姓,用礼法来杀害百姓,用椎凿来处决百姓。天下人们相互践踏大乱,其罪过就在于圣人及历代君主们扰乱了人心。所以贤者隐遁在高山深岩之下，而万乘君主忧虑惊恐于朝廷之上。如今遭遇断头之刑的人多得尸首压在一起，在脖子上和脚上钳夹着刑具的囚犯多得一个接着一个，遭受过笞辱的人多得满眼都是，然而儒家和墨家之徒竟然翘着脚、举手袒臂地在囚犯中间大谈仁义之道。唉，这也太荒唐了！他们不知惭愧、不知羞耻到了何等地步！我不知道圣智不是枷锁的横木、仁义不是枷锁的榫眼榫头，怎么知道曾参、史鳅不是夏桀、盗跖的先声呢！所以说：灭绝圣人，抛弃智慧，而后天下才能得到根本的治理。"

## 三

黄帝立为天子十九年，令行天下，闻广成子在于空同之山①，故往见之，曰："我闻吾子达于至道，敢问至道之精。吾欲取天地之精，以佐五谷，以养民人。吾又欲官阴阳②，以遂群生③，为之奈何？"

广成子曰："而所欲问者④，物之质也⑤；而所欲官者，物之残也⑥。自而治天下，云气不待族而雨，草木不待黄而落，日月之光益以荒矣⑦，而佞人之心翦翦者⑧，又奚足以语至道！"

黄帝退，捐天下⑨，筑特室⑩，席白茅⑪，闲居三月，复往邀之⑫。

广成子南首而卧，黄帝顺下风⑬，膝行而进，再拜稽首而问曰⑭："闻吾子达于至道，敢问治身，奈何而可以长久？"

广成子蹶然而起[15]，曰："善哉问乎！来，吾语女至道[16]。至道之精，窈窈冥冥[17]；至道之极，昏昏默默[18]。无视无听，抱神以静，形将自正[19]。必静必清，无劳女形，无摇女精，乃可以长生。目无所见，耳无所闻，心无所知，女神将守形，形乃长生。慎女内，闭女外，多知为败[20]。我为女遂于大明之上矣，至彼至阳之原也；为女入于窈冥之门矣，至彼至阴之原也[21]。天地有官，阴阳有藏。慎守女身，物将自壮[22]。我守其一，以处其和[23]，故我修身千二百岁矣，吾形未常衰[24]。"

黄帝再拜稽首曰："广成子之谓天矣[25]！"

广成子曰："来！余语女：彼其物无穷[26]，而人皆以为有终；彼其物无测，而人皆以为有极。得吾道者，上为皇而下为王[27]；失吾道者，上见光而下为土[28]。今夫百昌皆生于土而反于土[29]。故余将去女，入无穷之门，以游无极之野[30]。吾与日月参光[31]，吾与天地为常[32]。当我缗乎，远我昏乎[33]！人其尽死，而我独存乎！"[34]

**【注释】**

①广成子：虚拟中的得道人物。空同：亦作"崆峒"，虚拟山名。

②官：掌管。这里指调和。

③遂：成，成就。群生：万物。

④而：通"尔"，你。下三"而"字同。

⑤质：本质。这里指道的精华。

⑥残：残渣。这里指道的残余。

⑦荒：昏暗，暗淡。

⑧佞（nìng）人：谄媚善辩的人。蹇蹇（jiǎn）：浅薄狭隘的样子。

⑨捐：弃，抛弃不顾。

⑩特室：别室，独居之室。

⑪席：藉，垫。

⑫邀：求。

⑬顺下风：处在风的下方，表示谦恭。

⑭稽首：磕头到地，表示谦恭。

⑮蹶（jué）然：迅速起身的样子。

⑯语女：告诉你。女，同"汝"，你。下同。

⑰窈窈冥冥：幽冥深远的状态。

⑱昏昏默默：昏暗寂静的状态。

⑲形：形体，身体。正：纯正。

⑳"慎女内"三句：慎，静。内，内心，精神。外，指耳目。

㉑"我为女"四句："至道"产生天地万物的阴阳二端，至阴至阳都原本于"至道"，所以这里描述的"大明之上"、"至阳之原"、"窈冥之门"、"至阴之原"均喻"至道"。遂，径达。大明，至阳的景象。原，本。窈冥，至阴的景象。

㉒物：指道之物，即大道。

㉓"我守"二句：一，指至道。和，指阴阳二气调和。

㉔常：通"尝"。

㉕天：自然之谓天，指合乎自然。或谓与天合德、与天合一，亦通。

㉖物：指至道。下同。

㉗皇："三皇五帝"之"皇"，地位崇高。王："施及三王"之"王"，地位低于皇。

㉘上见光而下为土：生则见日月之光而死则为腐土。

㉙百昌：百物之昌盛。犹百物。

㉚无极之野：与上句"无穷之门"均指至道。

㉛与日月参光：与日月共有三光，引申为"与日月同光"或"与日月争光"。参，三。

㉜常：久，永久。

㉝"当我"二句：当我，向我，迎我。远我，背我，离我。缗，通"冥"，昏暗。"缗""昏"均指无心无意之谓。

㉞此段主要说明只有把自身看得比治理天下还重要的人才可以治理天下，并对修心养性的治身之道及延年益寿之法做出了详细描述。

## 【译文】

黄帝做了十九年的天子，政令通行天下，听说广成子住在空同山上，便特地去见他，对他说："我听说先生明达至道，请问至道的精髓是什么？我想取用天地的精华来帮助五谷成熟，用来养育人民。我还想掌管阴阳二气的变化，以顺应万物的生长，这应该如何去做呢？"

广成子说："你所想问的问题，是大道的精华；而你所想要管理的，却是大道的残渣。自从你治理天下以来，云气还没有聚集起来就下雨，草木还没到枯黄季节就凋零，太阳和月亮的光辉越来越暗淡，而像你这样的谄佞之人，心境浅薄狭小，又怎么能够同你谈论至道呢！”

黄帝回去后，抛弃天下政事不管，修筑了一间别室，铺垫上白茅，闲居了三个月，这才再次去请教广成子。

广成子头朝南躺卧着，黄帝从风的下方，用膝盖跪地行走，来到广成子面前，再次叩头行礼，然后问道：“听说先生明达至道，冒昧地请问，如何修心养性，才可以使生命长久？”

广成子迅速坐起来，说道：“问得好！过来，我告诉你什么是至道。至道的精粹，幽冥深远；至道的精微，静默无声。不要外视，不要外听，静守精神，身体会自然康宁纯正。内心一定要清净宁静，不要劳累你的身体，不要摇荡你的精神，这样才可以长生不老。眼睛不见多余的东西，耳朵不听多余的声音，内心不要多余的考虑，让你的精神守护着身体，身体就可以长寿健康。让你的内心保持虚静，闭塞你的耳目以免外来的干扰，知道的太多则会败坏你的修道。我帮助你达到大明的境界，领略至阳的本原；帮助你进入深邃幽冥的门户，领略至阴的本原。天地各有自己的主宰，阴阳各有自己的居所。谨慎地守住自身的心性，大道的修养自然会日趋强壮。我固守这一贯的大道，保持体内阴阳二气的和谐，所以我修身虽有一千二百年了，而我的身体至今健康不衰。”

黄帝再次叩头礼拜，说：“广成子可以说是与天合德了。”

广成子说:"来!我告诉你:大道是无穷无尽的,而人们却都认为它有终止;大道是高深不测的,而人们却都认为它有极限。得到我所说的大道的,随着世缘在上可以为皇,在下可以为王;丧失我所说的大道的,在上只能见到日月之光,在下只能化为尘土。犹如当今万物生长都源于土而又返归于土一样。所以我将离开你,进入无穷尽的大道之门,逍遥于广漠无极的境地。我与日月同光辉,我与天地共永恒。迎着我来的,我无意它的来;背着我去的,我无意它的去。人们来来去去而不免于死,而我独存啊!"

# 四

云将东游①,过扶摇之枝而适遭鸿蒙②。鸿蒙方将拊脾雀跃而游③。云将见之,倘然止④,贽然立⑤,曰:"叟何人邪⑥?叟何为此?"

鸿蒙拊脾雀跃不辍,对云将曰:"游!"

云将曰:"朕愿有问也⑦。"

鸿蒙仰而视云将曰:"吁⑧!"

云将曰:"天气不和,地气郁结,六气不调⑨,四时不节。今我愿合六气之精以育群生,为之奈何?"

鸿蒙拊脾雀跃掉头曰:"吾弗知!吾弗知!"

云将不得问。又三年,东游,过有宋之野,而适遭鸿蒙。云将大喜,行趋而进曰:"天忘朕邪⑩?天忘朕邪?"再拜稽首,愿闻于鸿蒙。

鸿蒙曰:"浮游不知所求,猖狂不知所往⑪,游者鞅掌⑫,以观无妄⑬。朕又何知!"

云将曰："朕也自以为猖狂，而民随予所往；朕也不得已于民<sup>⑭</sup>，今则民之放也<sup>⑮</sup>！愿闻一言。"

鸿蒙曰："乱天之经<sup>⑯</sup>，逆物之情<sup>⑰</sup>，玄天弗成<sup>⑱</sup>，解兽之群而鸟皆夜鸣，灾及草木，祸及止虫<sup>⑲</sup>。意<sup>⑳</sup>！治人之过也。"

云将曰："然则吾奈何？"

鸿蒙曰："意<sup>㉑</sup>！毒哉！仙仙乎归矣<sup>㉒</sup>！"

云将曰："吾遇天难，愿闻一言。"

鸿蒙曰："意！心养<sup>㉓</sup>！汝徒处无为<sup>㉔</sup>，而物自化。堕尔形体，吐尔聪明，伦与物忘<sup>㉕</sup>，大同乎涬溟<sup>㉖</sup>。解心释神，莫然无魂<sup>㉗</sup>。万物云云，各复其根<sup>㉘</sup>，各复其根而不知。浑浑沌沌<sup>㉙</sup>，终身不离。若彼知之<sup>㉚</sup>，乃是离之。无问其名，无窥其情，物固自生。"

云将曰："天降朕以德<sup>㉛</sup>，示朕以默。躬身求之，乃今也得。"再拜稽首，起辞而行。<sup>㉜</sup>

**【注释】**

①云将：虚拟人物。

②扶摇：神木，或谓风。枝：旁。鸿蒙：虚拟人物。

③拊脾：拍打大腿。脾，通"髀"，大腿。

④倘然：惊疑的样子。

⑤贽（zhì）然：拱立不动的样子。

⑥叟：对长者的尊称。

⑦朕：我。自秦始皇始，天子自称为朕，而秦始皇前

不论贵贱皆自称朕。

⑧吁（xū）：叹词，这里表示不屑回答。

⑨六气：指阴、阳、风、雨、晦、明六气。

⑩天：对鸿蒙的尊称。

⑪猖狂：自由放荡、无拘无束的样子。

⑫鞅掌：失容，随意而自得。

⑬无妄：真实。

⑭不得已：指上"不得已而临莅天下"。

⑮放：通"仿"，依。

⑯经：常，常规。

⑰逆：违背。情：本性。

⑱玄天：自然造化，俗称"苍天"、"老天爷"。

⑲止虫：即"豸虫"。止，通"豸"。一本作昆虫。

⑳意：同"噫"。下同。

㉑毒哉：感慨云将受毒害太深而不觉悟。毒，害。

㉒仙仙乎：轻举的样子。

㉓心养：即"养心"。心因操劳而伤，所以应当保养它不用。

㉔徒：但，只。

㉕伦：类，辈。此指本身。

㉖滓（xìng）溟：混沌之气，自然之气。

㉗莫然：无知的样子。无魂：身心俱忘，如同枯木死灰。

㉘"万物云云"二句：云云，种种，众多。云云，亦通"芸芸"，盛多的样子。根，自然本性，指道。《老子》第十六章有"夫物芸芸，各复归其根"

之语。

㉙浑浑沌沌：纯朴无心。

㉚彼：指万物。之：指复根，即归于自然本性。

㉛天：指鸿蒙。德：天德，天道。

㉜此段通过云将与鸿蒙的对话，说明治理天下，当以无为为之。刘凤苞评说："撰出二名，各有意境，又生出一番彼此问答，曲肖神情"，"写出一片化境。"

**【译文】**

云将到东方去游历，经过神木的旁边，正巧遇上了鸿蒙。鸿蒙正在拍打着大腿，像鸟雀一样跳跃着，准备出发去遨游。云将看到这个情景，惊疑地停下脚步，恭敬地拱身站在那里，问道："老先生是什么人呀，为何这样欢喜雀跃呢？"

鸿蒙仍旧拍着腿跳跃不停，对云将说："去遨游！"

云将说："我有个问题想问一问。"

鸿蒙仰起头看了看云将，说道："唉！"

云将说："天气不调和，地气郁结不畅通，六气失调，四时失序。现在我打算调和六气的精华来养育万物，应当怎样去做呢？"

鸿蒙拍着腿跳跃着，转过头来说："我不知道！我不知道！"

云将得不到回答。又过了三年，再次东游，经过宋国的原野，恰巧遇见了鸿蒙。云将非常高兴，快步向前，说道："您忘了我吗？您忘了我吗？"再次叩头跪拜，希望听到鸿蒙的指教。

鸿蒙说："随意飘泊于世，无所贪求；随心所欲，自由奔放，不知所往；在无拘无束、无心无意的漫游中，来观察万物的本来面目。此外，我又知道些什么呢！"

云将说："我原来也是很想自由自在地随意游荡的，而百姓却总是跟着我前往；我也是没办法才去君临天下的，现在却成为了百姓的依靠！希望听到您的忠告。"

鸿蒙说："扰乱了自然的规律，违背了万物的本性，苍天就不会让你成功，而群兽也会离散，禽鸟也因惊吓而夜鸣，灾难降临草木，祸害殃及昆虫。唉！这都是治理人的过错。"

云将说："那么我将怎么办呢？"

鸿蒙说："唉！你中毒太深了！我要飘扬凌空而去了！"

云将说："我能遇见您很是难得，希望您多加指点。"

鸿蒙说："唉！那就养心吧！你只要处心无为，而那万物将会自然化生。废弃你的形体，抛掉你的聪明，物我俱忘，与自然之气混同如一。解开心灵上的束缚，释放精神上的重负，漠然无知无觉，犹如死灰枯木。万物纷纭众多，往来生灭，各自归于自然的本性。这种生灭复归的过程，本是全然不知不觉的自化过程。浑然无知而不用心机，才能终身不离自然的本性。假如万物有心追求复归自然本性，本身就是离开了自然本性。不要询求万物的称谓，不要窥探万物的真情，万物本是自然而然的化生。"

云将说："先生赐予我天德，教导我以静默无为求道。由于我亲身追求，现在终于有所收获。"一再叩头行礼，而后起身告辞离去。

# 天　地

　　本篇以篇首"天地"二字名篇，由总论和分论组成。首段为总论，包括三个层次。第一个层次，论天地运化本于自然，强调古代明君都是顺应天地自然无为的规律行事的。第二个层次，也是针对统治者而言，申明"万物一府，死生同状"的道理，不要追求个人的荣华富贵，不要拘于一己之私利。第三个层次，说明道与物的关系，认为大道无所不在。分论部分由十几节杂记组成，各节内容不相关连，但其宗旨仍是崇尚自然无为，主张无为而治。

　　本篇除选总论外，分论部分只选了"黄帝游于赤水之北"与"子贡南游于楚"两段。这两段均为著名的寓言，寓意深刻，文字畅美。前一个寓言明喻"无心而得"的道理，暗喻治理天下不能依赖智慧，贵在无为。后一个寓言赞扬了纯真素朴的天性，说明只有去掉"机心"，返朴归真，才能入道。

## 一

　　天地虽大，其化均也①；万物虽多，其治一也②；人卒虽众，其主君也③。君原于德而成于天④，故曰：玄古之君天下⑤，无为也，天德而已矣。以道观言而天下之君正⑥，以道观分而君臣之义明⑦，以道观能而天下之官治⑧，以道泛观而万物之应备。故通于天地者，德也；行于万物者，道也⑨；上治人者，事也⑩；能有所艺者⑪，技也。技兼于事⑫，事兼于义，义兼于德，德兼于道，道兼于天。故曰：古之畜天下者⑬，无欲而天下足，无为而万物化，渊静而百姓定。《记》曰⑭："通于一而万事毕⑮，无心得而鬼神服。"

　　夫子曰⑯："夫道，覆载万物者也，洋洋乎大哉！君子不可以不刳心焉⑰。无为为之之谓天⑱，无为言之之谓德⑲，爱人利物之谓仁，不同同之之谓大，行不崖异之谓宽⑳，有万不同之谓富。故执德之谓纪㉑，德成之谓立，循于道之谓备㉒，不以物挫志之谓完㉓。君子明于此十者，则韬乎其事心之大也㉔，沛乎其为万物逝也㉕。若然者，藏金于山，藏珠于渊；不利货财，不近贵富；不乐寿，不哀夭；不荣通，不丑穷；不拘一世之利以为己私分㉖，不以王天下为己处显㉗。显则明，万物一府，死生同状。"

　　夫子曰："夫道，渊乎其居也㉘，漻乎其清也㉙。金石不得无以鸣，故金石有声，不考不鸣㉚。万物孰能定之！夫王德之人㉛，素逝而耻通于事㉜，立之本原而知通于神㉝，故其德广。其心之出，有物采之㉞。故形非道不生㉟，生非德不明。存形穷生，立德明道，非王德者邪？荡荡乎！忽然出，勃然动㊱，而万物从之乎！此谓王德之人。视乎冥冥㊲，听乎无声。冥冥之中，独见晓焉㊳；无声之中，独闻和焉㊴。故深之又深而能物焉㊵，神之又神而能精焉㊶。故其与万物接也，至无而供其求㊷，时骋而要其宿㊸，大小、长短、修远。"

**【注释】**

①化：生化，生长，化育。

②治：指自得而治。

③主：主宰。君：君主。

④原：本。天：自然，指无为之道。

⑤玄古：远古。君：君临，统治。

⑥言：名，称谓。正：正当。

⑦分：职分，名分。

⑧能：才能，能力。官：官吏。治：指尽职。

⑨"故通于天地者"四句：陈碧虚《庄子阙误》引江
南古藏本作："故通于天者，道也；顺于地者，德
也；行于万物者，义也。"正与下文"技兼于事，
事兼于义，义兼于德，德兼于道，道兼于天"五句
相应，可参考。通，贯通。行，通行。

⑩事：政事，指礼乐、政法。

⑪艺：才能，专长。

⑫兼：统，统属。

⑬畜天下者：养育百姓的人，指国君。畜，养。

⑭《记》曰：古书所记载，不一定确指某书。

⑮一：指道。毕：尽，举。

⑯夫子：当指庄子。此为门人记庄子之言。

⑰刳（kū）心：谓剔除心智。刳，挖空。

⑱无为为之：无所作为。天：自然，道。

⑲无为言之：即《老子》"行不言之教"之意，不用教化。德：天性，天德。

⑳崖异：突出而与众不同。宽：宽容。

㉑纪：纲纪。

㉒循：遵循，顺。备：完备，指众善皆有。

㉓完：完美。

㉔韬：宽，包容。事心：立心。事，立。

㉕沛：充沛，充盛。逝：往。

㉖拘：取，拿。私分：私有。分，分内。

㉗王：称王，统治。处显：处于显要地位。

㉘渊：沉静。居：安处，安定。

㉙漻（liáo）：清澈的样子。

㉚"故金石有声"二句：钟泰《庄子发微》认为此二句乃郭象注误入正文，可参考。考，叩击。

㉛王德之人：大德之人。王，盛，大。

㉜素逝：抱朴而行。素，朴，真。逝，往。

㉝本原：指道。知：同"智"。

㉞采：牵动，感应。

㉟形：形体，身体。生：生活，生命。

㊱"忽然"二句：忽然、勃然，都是形容无心而行动的样子。

㊲冥冥：昏暗的样子。

㊳晓：晓光，光亮。

㊴和：和声，应和之声。

㊵能物：能主宰万物。

㊶能精：能生出精气。

㊷至无：指道体虚无之极。供其求：能提供万物的需求。

㊸时骋：随时变化运动。要其宿：使万物有所归宿。要，约，容聚。

**【译文】**

天地虽然广大，但它们化育万物却是均平的；万物虽然繁多，但它们各得其所却是一样的；百姓虽然众多，但他们却要求国君来主宰。国君治理天下本于德性而成全于自然，所以说，远古的君主治理天下，出于无为，顺任天道罢了。用道来看称谓，则天下国君的地位都是正当的；用道来看职分，则君臣之间上下贵贱的差别就分明了；用道来看才能，则天下的官吏都称职了；用道来普遍地看待各种事物，则万物无不完备。所以贯通于天地的，是德；通行于万物的，是道；君主治理百姓，凭借的是礼乐政刑之事；人们能够有所专长，凭借的是技巧。技巧统属于事物，事物统属于义，义统属于德，德统属于道，道统属于自然。所以说，古代养育百姓的君主，没有贪欲而天下富足，无所作为而万物自化，深沉静默而百姓安定。《记》中说："通彻于道而万事尽举，心无欲求而鬼神敬服。"

先生说："这个道，是覆盖和托载万事万物的，真是广阔盛大啊！君子不可以不摒弃心智去效法。无所作为这就是顺应之道，无所教化这就是顺应天性，广泛地爱人利物这就叫做仁，混同不同的事物这就叫做大，行为不与众乖异这就叫做宽，能够包罗不同的万物这就叫做富。所以能够执守天德就算是把握了万物的纲纪，成就了德行这就是功业的确立，能够顺应大道这就叫做完备，不因外物挫折心志这就叫做德行完美。君子明了这十个方面，那么他的心地宽广而能包容万物，德泽充盈而为万物所归往。假如能够这样，便会任凭黄金藏于深山，宝珠藏于深渊；不贪图财物，不追求富贵；不以长寿为快乐，不以夭折为悲哀；不以显达为荣耀，不以穷困为羞辱；不索取世上的利益据为己有，不将称王于天下看成是自己身处显位。显耀了就要彰明，万物本为一体，生死本无两样。"

先生说："这个道，安定得像是深潭，清澈得像是泉水。金石之类的乐器如果失去道也就无从发出声响，所以金石虽然能够发声，但是没有道的叩击就不会发出声响。万物都是如此，谁能测定它呢！大德之人，抱朴而行，以通晓俗事为耻辱，立身于大道而心智通达于不测之境，所以他的德性广大。他心志的显露，是出于对外物的感应。所以说，形体没有道就不会产生生命，生命没有德性就不会彰明。保存形体，穷尽生命，树立天德，彰明大道，这难道不是大德之人的行为吗？浩大啊！忽然显露，勃然行动，无心无意而万物却都依从啊！这就是大德之人。那道啊，看上去昏暗不明，听一听无声无息。昏暗之中，却能看见光明；无声之中，却能听到和声。所以，虽然在深邃之中，却能主宰万物；虽然神妙莫测，却处处产生精气。所以它与万物接应，道体虚无却能供应万物的需求；时时变化运转，却能成为万物的归宿，无论大小、长短、深远。

## 二

黄帝游乎赤水之北①，登乎昆仑之丘而南望。还归，遗其玄珠②。使知索之而不得③，使离朱索之而不得④，使喫诟索之而不得也⑤。乃使象罔⑥，象罔得之。黄帝曰："异哉，象罔乃可以得之乎？"

**【注释】**

①赤水：虚拟地名。

②玄珠：虚拟珠名，喻道。

③知：虚拟人名。知，同"智"。

④离朱：古代明目者，喻善于明察。

⑤喫（kài）诟：虚拟人名，喻善于言辩。

⑥象罔：虚拟人名，喻无心。象，形迹。罔，无，忘。

**【译文】**

黄帝在赤水的北边游览，登上昆仑山向南方瞭望。在返回时，丢失了玄珠。黄帝让知寻找，知没有找到；让离朱去寻找，离朱也没有找到；又让喫诟去寻找，喫诟也没有找到。于是才让象罔去寻找，象罔终于找到了玄珠。黄帝说:"奇怪啊!只有象罔才能找到玄珠吗?"

三

子贡南游于楚<sup>①</sup>,反于晋<sup>②</sup>,过汉阴<sup>③</sup>,见一丈人方将为圃畦<sup>④</sup>,凿隧而入井,抱瓮而出灌,搰搰然用力甚多而见功寡<sup>⑤</sup>。子贡曰:"有械于此,一日浸百畦,用力甚寡而见功多,夫子不欲乎?"

为圃者卬而视之曰<sup>⑥</sup>:"奈何?"

曰:"凿木为机,后重前轻,挈水若抽<sup>⑦</sup>,数如洗汤<sup>⑧</sup>,其名为槔<sup>⑨</sup>。"

为圃者忿然作色而笑曰:"吾闻之吾师,有机械者必有机事<sup>⑩</sup>,有机事者必有机心<sup>⑪</sup>。机心存于胸中,则纯白不备<sup>⑫</sup>;纯白不备,则神生不定<sup>⑬</sup>;神生不定者,道之所不载也。吾非不知,羞而不为也。"

子贡瞒然惭<sup>⑭</sup>,俯而不对。

有间,为圃者曰:"子奚为者邪?"

曰:"孔丘之徒也。"

为圃者曰:"子非夫博学以拟圣,於于以盖众<sup>⑮</sup>,独弦哀歌以卖名声于天下者乎?汝方将忘汝神气,堕汝形骸,而庶几乎!而身之不能治<sup>⑯</sup>,而何暇治天下乎!子往矣,无乏吾事<sup>⑰</sup>。"

子贡卑陬失色<sup>⑱</sup>,顼顼然不自得<sup>⑲</sup>,行三十里而后愈。

其弟子曰:"向之人何为者邪?夫子何故见之变容失色,终日不自反邪<sup>⑳</sup>?"

曰："始吾以为天下一人耳，不知复有夫人也㉑。吾闻之夫子，事求可，功求成，用力少，见功多者，圣人之道。今徒不然。执道者德全，德全者形全，形全者神全，神全者，圣人之道也。托生与民并行而不知其所之㉒，汒乎淳备哉㉓！功利机巧，必忘夫人之心。若夫人者，非其志不之，非其心不为。虽以天下誉之，得其所谓，謷然不顾㉔；以天下非之，失其所谓，傥然不受㉕。天下之非誉，无益损焉，是谓全德之人哉！我之谓风波之民㉖。"

反于鲁，以告孔子。孔子曰："彼假修浑沌氏之术者也㉗。识其一，不知其二；治其内，而不治其外。夫明白入素㉘，无为复朴，体性抱神，以游世俗之间者，汝将固惊邪㉙？且浑沌氏之术，予与汝何足以识之哉？"

**【注释】**

①子贡：孔子弟子。

②反：同"返"。

③汉阴：汉水的南岸。阴，山北与水南谓阴，而山南水北谓阳。

④丈人：古代对老年人的尊称。圃畦（qí）：菜园子。

⑤搰搰（kū）然：用力的样子。

⑥卬：通"仰"，仰起头。

⑦挈（qiè）：提。

⑧数：疾速。泆（yì）汤：溢出的沸汤。

⑨槔（gāo）：桔槔，古代用来汲水的器械。

⑩机事：机动之事，此事使人操劳。

⑪机心：机变之心，有了此心使人伤神。

⑫纯白：指纯粹素朴之性。

⑬神生：精神。生，通"性"。

⑭瞒然：目无神采的样子。

⑮於（wū）于：夸诞的样子。

⑯而：通"尔"，你。下句"而"字同。

⑰无乏：无废，无妨。

⑱卑陬（zōu）：惭愧的样子。

⑲项项（xū）然：自失的样子。

⑳反：同"返"，指恢复。

㉑夫人：那个人，指汉阴丈人。

㉒托生：寄生在世上。并行：并存。所之：所往。

㉓汒乎：即"茫乎"，茫然无知的样子。淳备：纯朴完备。

㉔謷（ào）：通"傲"，自高自得的样子。

㉕傥然：无心的样子。

㉖风波之民：指容易被是非所牵动的人。

㉗假：借，托。浑沌氏：虚拟人物，喻虚寂无为。

㉘入素：达到纯白的境界。

㉙固：胡，何。

**【译文】**

子贡往南到楚国去游览，返回晋国，经过汉水南岸时，看见有一位老人正在整治菜畦，只见他挖地道通到井中，抱着瓮从井中取水，然后来灌溉园子，非常费劲儿而收效很小。子贡说："有一种机械，一天能够灌溉上百畦，用力很小而功效很大，老先生不想使用吗？"

灌溉园子的老人抬起头看了看子贡，说道："那是什么东西啊？"

子贡说："那是用木头做成的机关，后头重，前头轻，用它提水就像从井里抽水一样，速度之快就和溢出的沸水一样，它的名称叫做桔槔。"

灌溉园子的老人听了面起怒色，却笑着说："我从我的老师那里听说过，使用机械的人必定要从事机务之事，从事机务之事的人必然要存机动之心。机动之心一旦存于心中，那纯粹素朴的天性就不完备了；纯粹素朴的天性一旦不够完备，那精神就会摇荡不定；一旦精神摇荡不定，便不能容载大道了。我并非不知道那个东西，只是耻于去做罢了。"

子贡目无光采，羞愧满面，低头不语。

过了一会儿，灌溉园子的老人说："你是干什么的呢？"

子贡说："我是孔丘的学生。"

灌溉园子的老人说："你莫非就是那个以博学多识来和圣人相比，依靠夸饰来压倒众人，独自抚琴悲歌，向天下人卖弄名声的人吗？你倘若遗忘你的神气，抛掉你的形体，差不多就接近大道了！你自身都不能修为，哪有功夫去治理天下呢！你走吧，不要妨碍我的事情。"

子贡羞惭色变，怅然若失，很不自在，离开菜园子三十里路后，才恢复了常态。

子贡的弟子说："刚才见到的那个人是什么人呢？先生

为什么见了他而变容失色，整天不能恢复原来的风采呢？”

　　子贡说：“开始我还以为天下只有我老师一个人够得上是个圣人呢，不知道还有这样的人。我从老师那里听说，事情要办得顺利，功业要求成功，用力少而功效多的，这才是圣人之道。现在才明白事情不是那样。掌握大道的德性全备，德性全备的形体健全，形体健全的精神圆满，精神圆满的便是圣人之道了。把生命寄托于世上，与民共存，而却无心考虑归宿的人，真可谓茫然不知而纯朴完备啊！在那种人心中，功利机巧的事情肯定是不可能存在的。像那种人，不合他的心志是不会去追求的，不合他的思想是不会去做的。纵然天下之人都称赞他，与他的看法一致，他也会傲然不顾；纵然天下之人都非议他，与他的意愿不一致，他也会毫不动心，不予理睬。普天之下的诋毁与称誉，对他都毫无增益和损害，这就是天德完备的人啊！像我这样的人，不过是个风吹草动的人。”

　　子贡返回到鲁国，把此事告诉了孔子。孔子说：“他是个修炼浑沌氏道术的人。只知道这一个道术，不知道其他的事情；只知道持守内心的纯一，却不管身外的变化。像他这样心智明澈而达到纯白的境界，虚寂无为而复归自然本性，体悟真性、持守精神而生活在世俗之中的人，你怎么能不惊异呢？何况对于浑沌氏的道术，我和你怎么能够识别呢？”

# 天　道

　　此篇以篇首二字为篇名，其中心思想是论述天道与人道的关系。正像《在宥》篇所论："无为而尊者，天道也；有为而累者，人道也。主者，天道也；臣者，人道也。"君道效法天道，无为而贵；臣道拘于人道，有为而卑。本篇不仅肯定了这种观点，且有所突破，作者还从天道的秩序论及人伦等级的合理性，这就与《庄子》内篇思想相抵触，难怪有些学者对此多有批评，认为"非庄子之旨"、"颇不类老庄之言"。本书所选不涉及此类内容。

　　细按本篇章法，首段为总论，其余皆为引证文字。本书选了其中四段。

　　其一为"天道运而无所积"一段，也是本篇的首段。此段说明圣人以虚静无为之心，任随天地万物运行不辍。并进一步提出"天乐"与"人乐"的区别，赞扬得到天乐的人，能够与天地同运行，与万物同转化，可以称王天下。

　　其二为"昔者舜问于尧"一段。此段引尧、舜之言，归结本篇"天地者，虚静无为"的主旨。

　　其三为"士成绮见老子而问"一段。此段在人物描写上所运用的漫画式笔法，颇为新鲜、幽默而辛辣。林云铭点评说："状得肖，骂得狠，奇文至文！"宣颖则针对文章中对士成绮小丑般的描写和影射他是边境上的小偷，点明："士成绮之状貌志气如此，与虚静无为相去远矣，是大道之贼也，故曰其名为窃！"

　　其四为"桓公读书于堂上"一段。此段以寓言小说之体裁，探讨语言文字传播中的信息量和保真度问题，"词意精微，发前人所未有"，"是千古教学之指归"（林云铭语）。

一

天道运而无所积①，故万物成；帝道运而无所积②，故天下归；圣道运而无所积③，故海内服。明于天，通于圣，六通四辟于帝王之德者④，其自为也，昧然无不静者矣⑤。圣人之静也，非曰静也善，故静也；万物无足以铙心者⑥，故静也。水静则明烛须眉，平中准，大匠取法焉⑦。水静犹明，而况精神！圣人之心静乎！天地之鉴也，万物之镜也。夫虚静、恬淡、寂漠、无为者，天地之平而道德之至也⑧，故帝王、圣人休焉⑨。休则虚，虚则实，实则备矣⑩。虚则静，静则动，动则得矣。静则无为，无为也，则任事者责矣⑪。无为则俞俞⑫。俞俞者，忧患不能处，年寿长矣。夫虚静、恬淡、寂漠、无为者，万物之本也。明此以南乡⑬，尧之为君也；明此以北面⑭，舜之为臣也。以此处上，帝王、天子之德也；以此处下，玄圣素王之道也⑮。以此退居而闲游，江海、山林之士服⑯。以此进为而抚世⑰，则功大名显而天下一也⑱。静而圣，动而王⑲，无为也而尊，朴素而天下莫能与之争美。

夫明白于天地之德者⑳，此之谓大本大宗，与天和者也㉑。所以均调天下，与人和者也。与人和者，谓之人乐；与天和者，谓之天乐。庄子曰："吾师乎，吾师乎！鳌万物而不为戾，泽及万世而不为仁，长于上古而不为寿，覆载天地、刻雕众形而不为巧㉒。此之谓天乐。故曰：'知天乐者，其生也天行，其死也物化㉓。静而与阴同德，动而与阳同波㉔。'故知天乐者，无天怨，无人非，无物累，无鬼责。故曰：'其动也天，其静也地，一心定而王天下㉕；其鬼不祟，其魂不疲，一心定而万物服。'言以虚静，推于天地，通于万物，此之谓天乐。天乐者，圣人之心，以畜天下也㉖。"

**【注释】**

①天道：自然之道，指自然规律。运：运行，转化。积：积蓄，停滞。

②帝道：帝王之道，指建功立业之法。

③圣道：圣贤之道，指制法立教、匡正时弊、感化人心的办法。

④六通四辟：六合四方（东南西北上下）都通晓。辟，开辟，通达。

⑤昧然：昏昏然，不知不觉的样子。

⑥挠：通"挠"，扰乱。

⑦"水静"三句：烛，用作动词，照。中，合。取法，拿来作为效法的标准。

⑧平：准则。至：实，实质。

⑨休：息虑。

⑩备：通行本原作"伦"，据陈碧虚《庄子阙误》引江南古藏本改。

⑪责：尽责，尽职。

⑫俞俞：即"愉愉"，从容愉悦的样子。

⑬南乡：指南向登天子之位。乡，通"向"。

⑭北面：面向北而坐。

⑮玄圣素王：指具有帝王之道并被天下人仰慕崇拜而无帝王爵位的人。如老子、孔子之类的人。

⑯江海、山林之士：即隐士。服：信服。

⑰进为：进取出仕。抚世：安抚世人，治理百姓。

⑱天下一：天下一统，统一天下。

⑲"静而圣"二句："静而圣"就"内体"而言，"动而王"就"外用"而言（宣颖说），内静外动皆顺其天道的变化。

⑳天地之德：天地以无为为德。

㉑天：指自然。和：和谐，协调。

㉒"吾师乎"六句：此六句亦见于《大宗师》，不同之处有二。一是此篇为庄子言，而《大宗师》为许由言。或称许由，或称庄子，皆为托言，其主旨无不同。二是此篇"鳖万物而不为戾"，《大宗师》作"鳖万物而不为义"。戾（lì），至，高。可参考《大宗师》注。

㉓"其生"二句：天行，自然规律的运行。物化，物理的变化。

㉔"静而"二句：静、动、阴、阳，古代认为静属阴，动属阳，而阴代表地，阳代表天。道家效法天地，所以说"静与阴同德，动与阳同波"。同德、同波，均指相合。

㉕一心定：内心专一于静寂的境地。

㉖畜：养育。

**【译文】**

自然之道的运行是不停滞的，所以万物能够不断地生成；帝王之道的运行是不停顿的，所以天下人都愿意归附；圣贤之道的运行是连续不断的，所以海内百姓都愿意顺服。明白自然之道，通晓圣贤之道，又能六合四方无不通达帝王之德的，都是任天下人自由自在地生活，他们虽然憒憒懂懂，不求虚静，却无不神安心静。圣人之心总是能够清静，并非因为清静好，所以清静；而是因为万事万物都无法干扰他的心，所以他总是清静的。水面清静时，便能明澈地照见须眉，平平的水面可以作为平度的标准，高明的工匠用它来作为准绳。水静犹能明照须眉，更何况人的精神呢！虚静的圣人之心啊！它可是天地的明镜，万物的明镜。虚静、恬淡、寂寞、无为，它们是天地的准则和道德的实质，所以帝王和圣人在这境界中可以安心休息了。息心休虑而内心才会虚寂，内心虚寂而真气充盈，方能感到生命的充实，生机充实也就具备了进入大道的条件。虚寂而后才能宁静，宁静而后才有活动，活动而后无不自得。清静就会无所作为，无所作为就可以让做事的人各尽其职。无所作为方能从容愉悦。从容愉悦的人，忧患不会留在心中，所以能够长寿。虚静、恬淡、寂寞、无为，它们是万物的本原。明白了这个道理而南面登上帝王之位的，尧就是这样的人；明白了这个道理而北面称臣的，舜就是这样的人。用此道理对待尊上之位，这是帝王、天子的德性；用此道理对待卑下之位，这是玄圣素王的道义。用此道理来退隐闲游，天下的隐士都会信服。用此道理来进取出仕，安抚世人，就会创立大功，名显一世，统一天下。清静则立内圣之德，行动则建外王之业，无为而能受到世人的尊崇，朴素而天下无人与他媲美。

明白天地以无为为德的，这就是认识了天地的根本，也就能与自然相和谐。用它来均调天下，也就能与人相和谐。与人相和谐，称为人乐；与天相和谐，称为天乐。庄子说："我的大宗师啊，我的大宗师啊！调和万物却不自以为高明，恩泽万世却不自以为仁，早于上古却不以为长寿，覆天载地、塑造万物却不以为巧妙。这就是天乐。所以说：'体验天乐的人，他生存时便顺自然规律而运行，他死亡时便随万物而转化。清静时与地阴同隐寂，行动时与天阳共波动。'所以体验天乐的人，不怨天尤人，不为外物所牵累，不遭受鬼神的责罚。所以说：'他活动时能够与天一同运行，他宁静时能够与地一同寂默，内心安定专一而能称王天下；鬼神不为祸害，精神永不疲惫，内心安定专一而万物都来归附。'说的是，把虚寂宁静推及于天地间，通达于万物中，这就叫做天乐。所谓天乐，便是圣人用道心来养育天下。"

## 二

昔者舜问于尧曰："天王之用心何如①？"

尧曰："吾不敖无告②，不废穷民，苦死者③，嘉孺子而哀妇人④，此吾所以用心已。"

舜曰："美则美矣，而未大也⑤。"

尧曰："然则何如？"

舜曰："天德而出宁⑥，日月照而四时行，若昼夜之有经⑦，云行而雨施矣。"

尧曰："胶胶扰扰乎⑧！子，天之合也；我，人之合也。"

夫天地者，古之所大也，而黄帝、尧、舜之所共美也。故古之王天下者，奚为哉？天地而已矣。

【注释】

①天王：犹天子。

②敖：同"傲"，傲慢。无告：有苦无处诉说的人。在古代认为鳏、寡、孤、独四种人为无告之人。

③苦：哀怜。

④嘉：喜爱。哀：怜悯。

⑤"美则"二句：言外之意是说还没有达到无为的大境界。

⑥天德：自然之德。出宁：呈现宁静。

⑦经：常则，规律。

⑧胶胶扰扰：纠缠扰乱的样子。此为尧自谦多事之辞。

【译文】

从前舜问尧说："你治理天下的用心怎么样？"

尧说："我不怠慢鳏、寡、孤、独等有苦无处诉说的人，不抛弃走投无路的穷苦百姓，哀怜死亡的人，喜爱儿童且怜悯妇女，这些就是我的用心所在。"

舜说："好是很好，却不是最伟大的。"

尧说："那要怎么样呢？"

舜说："有自然之德的人，总是显出宁静无为的状态，就像日月照耀和春夏秋冬四季运行那样自然，像昼夜更替那样有规律，像云行雨施那样合乎时宜。"

尧说："我真是扰乱多事啊！你的德性与天相合，而我的用心仅仅符合人事罢了。"

天地是自古以来最伟大的，是黄帝、尧、舜等圣人共同赞美的。所以古代君临天下的人，都做了些什么呢？不过顺着天地的法则，自然无为罢了。

## 三

士成绮见老子而问曰①："吾闻夫子圣人也，吾固不辞远道而来愿见②，百舍重趼而不敢息③。今吾观子，非圣人也。鼠壤有余蔬④，而弃妹之者⑤，不仁也！生熟不尽于前，而积敛无崖⑥。"

老子漠然不应。

士成绮明日复见，曰："昔者吾有刺于子，今吾心正却矣⑦，何故也？"

老子曰："夫巧知神圣之人，吾自以为脱焉⑧。昔者子呼我牛也而谓之牛，呼我马也而谓之马。苟有其实，人与之名而弗受，再受其殃。吾服也恒服⑨，吾非以服有服。"

士成绮雁行避影⑩，履行遂进而问⑪："修身若何？"

老子曰："而容崖然⑫，而目冲然⑬，而颡頯然⑭，而口阚然⑮，而状义然⑯，似系马而止也⑰。动而持⑱，发也机⑲，察而审⑳，知巧而睹于泰㉑。凡以为不信㉒。边竟有人焉㉓，其名为窃。"

【注释】

①士成绮：虚拟人物。

②固：通"故"。

③百舍：三千里，极言路途遥远。舍，古代三十里为一舍。重趼（jiǎn）：层层厚茧。重，层，多层。趼，通"茧"，脚底磨出的厚皮。

④鼠壤：鼠穴。蔬（shǔ）：粮食粒。

⑤弃妹：即"弃昧"，"弃"与"昧"同义，不知惜物而弃之。

⑥积敛：积聚敛取。无崖：无限。

⑦正却：正在回转，指有所觉悟。

⑧脱：离，不及。

⑨服：服从，接受。

⑩雁行避影：像大雁斜行，侧身避影。表示对老子的恭敬。

⑪履行遂进：穿着鞋子就进了老子的房间。按古人入室要脱鞋，士成绮因心里惭愧不安，慌忙之中，便忘了脱鞋，径直进室请教。

⑫而：通"尔"，你。下同。崖然：傲岸。

⑬冲然：鼓目突视的样子。

⑭颡頯（sǎngkuí）：额头宽大的样子。

⑮阚（hǎn）然：张口欲言的样子。

⑯义然：高大的样子。义，通"峨"，高大。

⑰似系马而止：马欲奔跑，只是因束缚而止步。

⑱动而持：欲动则矜持作态。持，矜持。

⑲发也机：发动如弩箭在机。

⑳察而审：好明察而谨慎。审，慎。

㉑知巧而睹于泰：自恃智巧而显露出骄泰傲慢之气。知，同"智"。睹，外露。泰，骄泰。

㉒不信：不实，指矫情虚伪之态。

㉓竟：通"境"。

**【译文】**

士成绮见到老子，问道："我听说先生是个圣人，所以我才不辞远道而来，希望见到您，一路上长途跋涉，脚底长出了厚厚的茧子，也没有止步休息。现在我看先生，算不上是个圣人。鼠洞边有剩余的粮食，如此丢弃不顾，可说是不仁！面前的生熟食品都享受不尽，却还无限地聚敛不止。"

老子冷漠地不予回应。

第二天，士成绮再次去见老子，说道："昨天我说了讽刺先生的话，今天我心里有所觉悟，不知什么原故？"

老子说："巧智神圣的人，我自认为不能与之相比。先前你喊我是牛，我便称之为牛；你喊我是马，我便称之为马。如果名副其实，别人给我的名称却不去接受，这是双重的罪过。我接受别人给予的名称，这是长久地接受，并非有心接受才去接受。"

士成绮侧身斜行，不敢践踏老子的足迹，慌乱之中，竟忘了脱鞋就进入了室内，问道："怎样修身？"

老子说："你的容貌傲岸不凡，你的眼睛鼓目突出，你的额头宽大高耸，你的嘴巴虚张欲言，你的体形巍峨高大，就像欲奔的马，只是因为被绳索系住才暂时止步。蠢蠢欲动却矜持作态，发动迅速犹如机弩，好明察却处处审慎，自恃智巧而掩饰不住骄泰傲慢之气。凡此种种，皆是矫情伪态，皆非修身之为。边境上有一种人，其名为窃贼。"

## 四

桓公读书于堂上①，轮扁斫轮于堂下②，释椎凿而上③，问桓公曰："敢问，公之所读者，何言邪？"

公曰："圣人之言也。"

曰："圣人在乎？"

公曰："已死矣。"

曰："然则君之所读者，古人之糟魄已夫④！"

桓公曰："寡人读书，轮人安得议乎！有说则可，无说则死！"

轮扁曰："臣也以臣之事观之。斫轮，徐则甘而不固⑤，疾则苦而不入⑥。不徐不疾，得之于手而应于心。口不能言，有数存焉乎其间⑦。臣不能以喻臣之子，臣之子亦不能受之于臣，是以行年七十而老斫轮。古之人与其不可传也死矣⑧，然则君之所读者，古人之糟魄已夫！"

**【注释】**

①桓公：即齐桓公，名小白。

②轮扁：制作车轮的人，名扁。斫（zhuó）：砍削。

③释：放，放下。椎、凿：木工所用工具。

④糟魄：即"糟粕"，指古人遗言。魄，通"粕"。

⑤徐：缓。甘：滑。

⑥疾：急。苦：涩。

⑦数：术数，技术，窍门。

⑧不可传也：指道。也，犹"者"。死：死亡，消失。

**【译文】**

桓公在堂上读书，轮扁在堂下砍制车轮。轮扁放下椎子、凿子，走到桓公跟前，问桓公说："请问，您所读的书，是什么人的言论？"

桓公说："是圣人之言。"

轮扁问道："圣人还在吗？"

桓公说："已经死了。"

轮扁问道："那么您所读的，不过是古人的糟粕罢了。"

桓公说："寡人读书，造轮的人岂能随便议论！说出个道理也就罢了，说不出个道理来就得去死！"

轮扁说："我是用我从事的工作来观察的。就说砍造车轮吧，做工太慢太细了就会因为甘滑而不牢固；做工太快太粗了就会因为苦涩而榫头难入。只有做工不缓不急，得心应手，才能恰到好处。其中的门道，口里说不出来，却有难言的心术存在其中。这心术，我无法明示给我的儿子，我的儿子也不能从我那里获得传授，因此我都七十岁了还在制造车轮。古时的人和他不可言传的东西都已经消失了，那么您所读到的，不过是古人留下的糟粕罢了！"

# 天　运

　　本篇的主题仍是讲自然之道的，但它与前几篇不同的是，这里首次从发展变化的角度来认识宇宙万物的规律，把内篇中所阐述的玄而又玄的道，拉近了其与社会生活的距离，具有了实践性的内涵。这种认识主要反映在首段"天其运乎"及后面"孔子西游于卫"两段，我们予以选录介绍。

　　"天其运乎"一段，作者把天地万物的运行和变化，归结为"六极五常"的作用，已经蕴含了朴素的唯物认识论思想。可贵的是，作者还把这"六极五常"的物质性、自然性的存在，作为人类社会生活的准则，指出"帝王顺之则治，逆之则凶"。

　　"孔子西游于卫"一段，则完全从社会发展变化的角度来探讨古代的礼乐制度。作者批评了孔子循规守旧，不懂得事物的运动变化并无常规，以及不懂得人类应该顺应万物的变化而没有穷尽的道理，并明确指出了"故礼义法度者，应时而变"的精辟论断，与《韩非子·五蠹》"世异则事异，事异则备变"的观点相似，无疑具有积极的意义。此外，本段为了说明"无方之传"与"应物而不穷"的道理，所杜撰的"桔槔俯仰随人"、"猿狙衣周公之服"、"丑人捧心而矉"等寓言故事，寓意隽永，形象鲜明，具有很高的艺术价值。

# 一

"天其运乎？地其处乎①？日月其争于所乎②？孰主张是③？孰维纲是④？孰居无事推而行是⑤？意者其有机缄而不得已邪⑥？意者其运转而不能自止邪？云者为雨乎？雨者为云乎？孰隆施是⑦？孰居无事淫乐而劝是⑧？风起北方，一西一东，在上彷徨⑨，孰嘘吸是⑩？孰居无事而披拂是⑪？敢问何故？"

巫咸招曰⑫："来，吾语女。天有六极五常⑬，帝王顺之则治，逆之则凶。九洛之事⑭，治成德备⑮，监照下土，天下戴之，此谓上皇⑯。"

【注释】

①"天其"二句：运，运转。处，止，静止。

②所：处所，轨道。

③孰：谁。主张：主宰而施行。是：此。

④维纲：维持纲纪。

⑤"孰居"句：此句针对"日月其争于所乎"而言。推而行，推动它们运行。

⑥"意者"句：此句针对"天其运乎"而言。意，估计，猜想，推测。机，机关。缄，闭。

⑦隆：兴起。施：降。是：此，指云雨。

⑧淫乐：过度的快乐。劝：助长。是：此，指云雨。

⑨在：通行本误作"有"，据陈碧虚《庄子阙误》引张君房本改。彷徨：回转、往来的样子。

⑩嘘吸：呼吸。嘘，吐气。

⑪披拂：摇荡，煽动。

⑫巫咸：神巫名咸。祒（shào）：借为"招"，招呼。

⑬六极：即"六合"，指四方和上下。五常：即"五行"，指金、木、水、火、土。

⑭九洛之事：有二解，一指九州聚落之事，一指《洛书》九畴之事。译文从前一说。

⑮治成德备：治定功成，道圆德备。

⑯上皇：指道德超过了三皇。

【译文】

"天是自己在运转吗？地是自己在静止不动吗？太阳和月亮是自己在争夺运行的轨道吗？是谁主宰着而如此安排呢？是谁维持着纲纪而使它们成为这个样子的呢？是谁闲居无事推动着它们如此运行呢？莫非有机关控制着它们而使它们不能停止吗？莫非它们自己运转而根本不会停止吗？是云造成的雨呢？还是雨造成的云呢？是谁在兴云降雨呢？是谁闲居无事，为了追求过度的快乐而助成这云兴雨施呢？风在北方兴起，忽西忽东，在空中不断地回旋飘荡，这是谁在大口地吸气吐气而造成如此之风呢？是谁闲居无事而煽起这样的大风呢？请问这究竟是怎么回事呢？"

巫咸招了招手，说："过来，我告诉你。天有六极五常，帝王顺着它便能太平安定，违逆它便生祸殃。顺着这自然之理，九州百姓安居的事情，就会大功告成而德性完备，光辉普照天下，天下百姓都会拥戴他，这样方能称得上超越三皇。"

二

孔子西游于卫<sup>①</sup>，颜渊问师金曰<sup>②</sup>："以夫子之行为奚如？"

师金曰："惜乎，而夫子其穷哉<sup>③</sup>！"

颜渊曰："何也？"

师金曰："夫刍狗之未陈也<sup>④</sup>，盛以箧衍<sup>⑤</sup>，巾以文绣<sup>⑥</sup>，尸祝齐戒以将之<sup>⑦</sup>。及其已陈也，行者践其首脊，苏者取而爨之而已<sup>⑧</sup>。将复取而盛以箧衍，巾以文绣，游居寝卧其下，彼不得梦<sup>⑨</sup>，必且数眯焉<sup>⑩</sup>。今而夫子亦取先王已陈刍狗<sup>⑪</sup>，聚弟子游居寝卧其下。故伐树于宋<sup>⑫</sup>，削迹于卫<sup>⑬</sup>，穷于商周<sup>⑭</sup>，是非其梦邪？围于陈蔡之间<sup>⑮</sup>，七日不火食，死生相与邻，是非其眯邪？夫水行莫如用舟，而陆行莫如用车。以舟之可行于水也，而求推之于陆，则没世不行寻常<sup>⑯</sup>。古今非水陆与？周鲁非舟车与？今蕲行周于鲁<sup>⑰</sup>，是犹推舟于陆也！劳而无功，身必有殃。彼未知夫无方之传<sup>⑱</sup>，应物而不穷者也。且子独不见夫桔槔者乎？引之则俯，舍之则仰。彼，人之所引，非引人者也。故俯仰而不得罪于人。故夫三皇五帝之礼义法度<sup>⑲</sup>，不矜于同而矜于治<sup>⑳</sup>。故譬三皇五帝之礼义法度，其犹柤梨橘柚邪！其味相反而皆可于口。故礼义法度者，应时而变者也。今取猨狙而衣以周公之服<sup>㉑</sup>，彼必龁啮挽裂<sup>㉒</sup>，尽去而后慊<sup>㉓</sup>。观古今之异，犹猿狙之异乎周公也。故西施病心而矉其里<sup>㉔</sup>，其里之丑人见之而美之，归亦捧心而矉其里。其里之富人见之，坚闭门而不出；贫人见之，挈妻子而去走。彼知矉美而不知矉之所以美。惜乎，而夫子其穷哉！"

【注释】

①游：游说。卫：春秋时卫国。

②颜渊：孔子最得意的学生。姓颜名回，字子渊。师金：鲁国太师，名金。

③"惜乎"二句：惜，可怜。而，通"尔"，你。穷，窘困。

④刍狗：用茅草扎成的狗，用于祭祀。

⑤箧（qiè）：箱子。衍：笥，小方竹箱。

⑥巾：用作动词，用巾帛包裹。文绣：刺有花纹的巾帛。

⑦尸祝：主祭的巫师。齐：通"斋"。将：送。

⑧苏者：取草烧饭的人。爨（cuàn）：烧火做饭。

⑨彼：指复取刍狗的人。

⑩且：将。数：屡次。眯（mì）：被妖魔惊吓。

⑪先王：指尧、舜、禹、汤、文王、武王等儒家推崇的帝王。已陈刍狗：比喻先王那一套政教礼法。

⑫伐树于宋：孔子与其弟子曾在宋国的一棵大树下讲习礼法。宋司马桓魋想杀孔子，孔子逃走后，桓魋一气之下，把那棵大树砍掉了。

⑬削迹于卫：决意不再去卫国。孔子曾到卫国做官，后怕被人谋害，于是转去陈国。在途经卫国匡地时，被拘捕。削迹，绝迹。

⑭穷于商周：指不得志于宋、卫二国。商周，指宋与卫。宋为商的后裔，卫开国国君为周武王同母少弟。

⑮围于陈蔡之间：孔子与其弟子曾经住在陈、蔡两地之间，与陈、蔡两地的士大夫主张不合。后来楚昭王派使臣聘孔子到楚国去做官。陈、蔡的士大夫怕孔子到楚国做官对自己不利，便发兵把孔子一行围住，围了七天，断粮七天，弟子们饿得不能起行。

⑯寻常：古代长度单位，八尺为寻，二寻为常。

⑰蕲（qí）：期求。

⑱彼：指孔子。无方之传：谓运转无常规。方，常。传，转，运动。

⑲三皇：指燧人、伏羲、神农（见《尚书大传》）。亦指伏羲、神农、黄帝（见孔安国《尚书序》）。五帝：有三种说法，一指黄帝、颛顼、帝喾、唐尧、虞舜（《世本》）；二指太皞、炎帝、黄帝、少皞、颛顼（《礼记·月令》）；三指少昊、颛顼、高辛、唐尧、虞舜（孔安国《尚书序》）。第三种说法与《庄子》所说同。

⑳矜：尚，崇尚。

㉑周公：姓姬，名旦，周武王之弟，周成王之叔父。武王崩，成王年幼，周公摄政，创制了周朝的礼乐制度。

㉒龁（hé）：啮。啮（niè）：咬。挽裂：扯裂。

㉓慊（qiè）：满意。

㉔矉（pín）：通"颦"，皱眉。其里：疑涉下句"其

里"二字而衍。下"归亦捧心而矉其里"之"其里"二字亦疑为衍文。

**【译文】**

孔子往西到卫国去游说，颜渊向师金问道："你认为我的老师此次出行将会怎么样？"

师金说："可怜啊，你的老师将要遭受困厄！"

颜渊说："为什么这样说呢？"

师金说："当茅草扎的刍狗还没有陈设在神位上的时候，把它放在竹筐里，用刺有花纹的巾帛包裹着，主祭的巫师斋戒沐浴后才可以把它护送到神位上行祭。等到陈列献祭完毕，刍狗被抛了出去，路人可以随便地践踏它的头和脊背，打柴的人把它捡去烧火做饭用了。若是有人把它捡来，重新放在竹筐里，重新用刺有花纹的巾帛包起来，游乐寝卧在它的旁边，那么即使他们不会做恶梦，也将屡屡受到妖魔的惊扰。现在你的老师不也是取用先王早已为祭神陈列过的政教礼法的刍狗，召集弟子游乐寝卧在它的旁边。所以在宋国遭遇到伐树的屈辱，在卫国被禁止居留，不得志于宋、卫等国，这些难道不是在做恶梦吗？再说师徒们被围困在陈、蔡之间，七天没有烧火做饭，与死亡相伴，这些难道不是妖魔的惊扰吗？走水路没有比使用船只更方便的了，而要在陆上行走，没有比使用车辆更为便利了。以为船只可以行于水上，便希望把它推行到陆地上来，那么就会终生走不了多远。古代与今天的不同，不就像河水与陆地的不同吗？西周时代与鲁国的不同，不就像船只与车辆的不同吗？现在期望把西周的典章制度搬到鲁国去实行，这就好比把船只推到陆地上去行走！只能徒劳无功，自身必定还要遭殃。孔子不懂得事物总是运动发展着，没有一成不变的事物，只能不断地顺应万物的变化。再说你偏偏没有看见过桔槔汲水的情形吗？人们牵引绳子，它便俯下；人们放开绳子，它便仰起。它是被人所牵引的，不是牵引人的，所以它任人俯仰，而不会得罪人。所以三皇五帝的礼义法度，不珍贵于相同，而珍贵于能够治理天下。因而三皇五帝的礼义法度，就好比是山楂、梨、橘、柚呀！味道全然不同而都可口。可见礼义法度，是随着时代变化而改变的。现在如果让猿猴穿上周公的衣服，它一定会连啃带咬，把衣服扯裂脱光，而后才痛快。观察古与今的不同，就像猿猴不同于周公一样。所以美女西施有心病而皱眉，邻里的丑女见了觉得很美，回家后也学起西施的样子，用手捂着胸口而皱起眉头。里巷中的富人见了她，赶紧关上房门，不敢出来；穷人见了她，带着妻子儿女急忙逃走。丑女只知道皱眉好看，却不知道皱眉好看的原因何在。可怜啊，你的老师将要遭受困厄！"

# 刻　意

　　这是一篇论述养神之道的短文。"刻意"，即磨砺心志，使之行为高尚的意思。本篇取篇首二字为题。作者认为，那些处处表现自己清高的、以教诲世人为己任的、致力于建功立业的、隐居山林而终日闲散无聊的，以及为了追求长寿而导引练气的，都有损于自然本性，只有"纯粹而不杂，静一而不变，惔而无为，动而以天行"才是真正的养神之道。反映了道家养生思想的精华。其中揭示的"形劳而不休则弊，精用而不已则劳，劳则竭"，以及用水性喻人性的"水之性不杂则清，莫动则平；郁闭而不流，亦不能清"等有关人的身心健康的观点，至今仍有宝贵的参考价值。我们就本篇的核心段落加以介绍。

　　故曰，夫恬惔寂漠<sup>①</sup>，虚无无为，此天地之平而道德之质也<sup>②</sup>。故曰，圣人休焉，休则平易矣<sup>③</sup>，平易则恬惔矣。平易恬惔，则忧患不能入，邪气不能袭，故其德全而神不亏<sup>④</sup>。

　　故曰，圣人之生也天行<sup>⑤</sup>，其死也物化<sup>⑥</sup>。静而与阴同德，动而与阳同波<sup>⑦</sup>。不为福先，不为祸始<sup>⑧</sup>。感而后应，迫而后动，不得已而后起。去知与故<sup>⑨</sup>，循天之理。故无天灾，无物累，无人非，无鬼责。不思虑，不豫谋<sup>⑩</sup>。光矣而不耀，信矣而不期<sup>⑪</sup>。其寝不梦，其觉无忧。其生若浮，其死若休<sup>⑫</sup>。其神纯粹，其魂不罢<sup>⑬</sup>。虚无恬惔，乃合天德<sup>⑭</sup>。

　　故曰，悲乐者，德之邪也；喜怒者，道之过也；好恶者，德之失也。故心不忧乐，德之至也；一而不变，静之至也；无所于忤，虚之至也；不与物交，惔之至也；无所于逆，粹之至也。

　　故曰，形劳而不休则弊，精用而不已则劳，劳则竭。水之性不杂则清，莫动则平；郁闭而不流，亦不能清，天德之象也。

　　故曰，纯粹而不杂，静一而不变，惔而无为，动而以天行，此养神之道也。

**【注释】**

①惔（dàn）：平静。

②平：准则。质：根本。

③圣人休焉，休则平易矣：通行本作"圣人休休焉则平易矣"，"焉休"二字误倒，今据陈碧虚《庄子阙误》引张君房本乙正。

④德：天性，本性。

⑤天行：随自然而运动。

⑥物化：随万物而变化。

⑦同波：合流，同运动。

⑧"不为"二句：福先，指行善，行善是得福的先兆。祸始，指作恶，作恶是遭祸的开始。

⑨知：同"智"，智慧。故：巧，伪诈。

⑩豫：预先。

⑪期：约。

⑫"其生"二句：原在"无鬼责"句下，据严灵峰说移正。

⑬魂：神，精神。罢：同"疲"。

⑭天德：自然本性。

【译文】

　　所以说，恬淡、寂漠、虚无、无为，这是天地的准则和道德的根本，所以说圣人息心于此。息心宽容便与外界无争，因而也就心平气和了。心平气和也就恬淡愉悦了。心平气和、恬淡愉悦，那么忧患就不会入心，邪气就不会袭身，于是他的自然天性完美而精神充实不亏。

　　所以说，圣人在生存时就会随着自然变化而行动，他在死亡后就会随着万物的变化而转化。他静时与地阴同默守，动时与天阳共流动。行善是福的先声，所以不求福报也不行善；作恶是祸的根源，所以不受祸害也不作恶。凡事有所感动而后才去应和，有所迫近而后才去行动，万不得已而后兴起。抛弃智巧伪诈，一切顺应自然的常理。所以没有天灾，没有事务的牵累，不会遭到别人的非议，不会受到鬼神的谴责。不须思虑，不必预谋。光照天下而不炫耀，坚守信用而不固守约定。他入睡不做梦，醒时无忧愁。他把生存视为浮云，把死亡视为休息。心神纯粹，不夹杂念；精神充沛，终不疲倦。虚无恬淡，契合自然的本性。

所以说，悲哀和欢乐，它是自然本性的扭曲；喜爱和愤怒，它是自然本性的失衡；偏好和厌恶，它是自然本性的缺失。所以内心没有忧虑和欢乐，乃是自然本性的极致；专守大道而不随外物变化，乃是清静的极致；顺应群生而无所抵触，乃是虚寂的极致；不与身外之物交往，乃是恬淡的极致；混同万物而无所违逆，乃是纯粹德性的极致。

所以说，形体过分劳累而得不到休息就会疲困，精力过分消耗而不止就会疲劳，过分疲劳就会枯竭。水的本性是，不混杂就清澈，不搅动就平静；倘若闭塞而不流动，也不能澄清，这就是自然本性的体现。

所以说，纯粹素朴而不混杂邪念，清静专一而不改变心志，恬淡无为，遵循自然运行的规律而行动，这就是养神的道理。

# 缮　性

　　这是一篇短小精悍的论文，通过批评"俗思"与"俗学"，宣扬了古代修道者"以恬养知"、"以知养恬"和"知与恬交相养"的方法。文中提到"不为轩冕肆志，不为穷约趋俗"，既抨击了追求荣华富贵者的"丧己于物"，也劝勉了不得志的穷困者坚守自己的情操。

　　本文取篇首二字为题，"缮性"，即修治性情的意思。全文可分三个段落，第一段"言古人以恬养知，故使天下之知，亦皆归于恬也"（林云铭语）。第二段指出"逮德下衰"，一代不如一代，批评当世"文灭质"、"博溺心"等不良现象。第三段提出了"乐全之谓得志"的命题，并总结全文道："丧己于物，失性于俗者，谓之倒置之民。"与文章开始提出的"谓之蔽蒙之民"相呼应。

# 一

缮性于俗学①，以求复其初；滑欲于俗思②，以求致其明：谓之蔽蒙之民③。

古之治道者，以恬养知④。知生而无以知为也⑤，谓之以知养恬。知与恬交相养，而和理出其性⑥。夫德，和也；道，理也。德无不容，仁也；道无不理，义也；义明而物亲，忠也；中纯实而反乎情，乐也；信行容体而顺乎文，礼也。礼乐偏行，则天下乱矣⑦。彼正而蒙己德⑧，德则不冒⑨，冒则物必失其性也。

古之人，在混芒之中⑩，与一世而得澹漠焉⑪。当是时也，阴阳和静，鬼神不扰，四时得节，万物不伤，群生不夭，人虽有知，无所用之，此之谓至一⑫。当是时也，莫之为而常自然⑬。

**【注释】**

①俗学：世俗之学。"俗"下原重"俗"字，据陈碧虚《庄子阙误》引张君房本删。

②滑（gǔ）：乱，治。俗思：世俗的思想。

③蔽蒙：闭塞昏昧。

④以恬养知：用恬静来养心智，指无为自然的意思。知，同"智"。

⑤知生而无以知为：谓心智生长却不用心智行事。

⑥和理：和顺。理，犹"顺"。

⑦夫德，和也……则天下乱矣：这十六句五十四字，

关锋说："这和庄子哲学大相背谬，而与宋尹学派一致。"（《庄子外杂篇初探》）可供参考。义，宜。反，同"返"，恢复。信行容体，刘凤苞云："信行，行之而昭其信。容体，体之而验于容。"顺乎文，依顺自然的节文。礼乐偏行，指世俗的礼乐偏于一方。

⑧蒙：晦，蔽，敛藏。

⑨冒：露，外露。

⑩混芒：混沌芒昧，混混茫茫。

⑪澹漠：即淡漠。

⑫至一：最纯粹自然的境界。

⑬莫之为：没有作为。常自然：常随自然。

**【译文】**

用世俗的学问来修养性情，想恢复人的本性；用世俗的思想来调治欲望，想得到人们思想的明澈：这就叫做闭塞昏昧的人。

古时修道的人，是用恬静来涵养心智。心智生成而却不用心智行事，这就叫做用心智涵养恬静。心智与恬静相互涵养，而和顺的性情就会从本性中生发出来。德就是和谐，道就是理顺。德和而无不包容，则无不兼爱；道理而无不随顺，则无不适宜。义理明彻而众人前来亲附，这就是忠；内心纯朴诚实而能恢复本性，这就是乐；行为讲究诚信，形貌反映心声，而又都能符合自然的节制，这就是礼。片面地推行礼乐，那么天下就要乱了。人们端正了就会敛藏自己的德性，这样德性就不会外露，德性一旦外露，那人们必定要丧失自然无为的本性。

古时候的人，在混沌芒昧的生活中，举世都是淡漠相处。在那时，阴阳和谐宁静，没有鬼神的干扰，四季合于节气，万物不受伤害，众生不死于非命，人们虽有心智，却无处可用，这就是最纯粹的自然境地。在那时，一切都无所作为而总是顺任自然。

二

逮德下衰①，及燧人、伏羲始为天下，是故顺而不一②。德又下衰，及神农、黄帝始为天下，是故安而不顺。德又下衰，及唐、虞始为天下，兴治化之流③，澆淳散朴④，离道以善，险德以行⑤，然后去性而从于心⑥。心与心识⑦，知而不足以定天下，然后附之以文⑧，益之以博⑨。文灭质⑩，博溺心，然后民始惑乱，无以反其性情而复其初。由是观之，世丧道矣，道丧世矣⑪，世与道交相丧也。道之人何由兴乎世？世亦何由兴乎道哉？道无以兴乎世，世无以兴乎道，虽圣人不在山林之中，其德隐矣。隐，故不自隐。

古之所谓隐士者，非伏其身而弗见也，非闭其言而不出也，非藏其知而不发也，时命大谬也⑫。当时命而大行乎天下，则反一无迹⑬；不当时命而大穷乎天下，则深根宁极而待⑭。此存身之道也。

古之行身者，不以辩饰知⑮，不以知穷天下，不以知穷德⑯，危然处其所而反其性⑰，己又何为哉！道固不小行，德固不小识⑱。小识伤德，小行伤道。故曰，正己而已矣。

## 【注释】

①逮：及。

②不一：不能保持人性的自然纯一。

③治化：教化。流：风气，风尚。

④澆（jiāo）淳：浇薄淳朴，破坏淳厚。澆，通"浇"。

⑤险德：危害德性。险，危，危害。

⑥去性：舍弃天性。从于心：顺从机心。

⑦识：识别，指窥测。

⑧文：礼文。也指文饰。

⑨博：博学，博识。

⑩质：天生的素质。

⑪道丧世：指假道伪道败坏了世风。

⑫时命大谬：指时运背离天道而言。

⑬反一：返一，返归大道。无迹：不留痕迹。按道家认为，道本自然，无为无迹。

⑭深根：扎根深深的，喻深隐以求宁静。宁极：安宁之极。待：指等待时机。

⑮不以辩饰知：不用善辩来装饰智慧。知，同"智"。

⑯不以知穷德：不用智慧来困惑自己的德性。知，同"智"。

⑰危然：独正的样子。危，独。处其所：指居无为之所。反其性：返归自然本性。反，同"返"。

⑱"道固"二句：郭象注："道固不小行：游于坦途。

德固不小识：块然大通。"

**【译文】**

等到德性不断衰落，到了燧人、伏羲时便开始治理天下，这时只能顺从民心而不能保持自然纯一的人性了。德性又往下衰落，到神农、黄帝开始治理天下，这时只能安定天下却不能顺从民心。德性又往下衰落，到唐尧、虞舜开始治理天下时，大兴教化之风，浇薄了淳厚之德，耗散了浑朴之性，脱离自然之道去求善，危害德性的完满而行事，然后舍弃纯一的天性而顺从世俗的人心。彼此互相窥测对方的用心，这时用智慧已经不足以安定天下了，然后便用世俗的礼文和渊博的知识作为统治的辅助。世俗的礼文会泯灭人们自然的素质，世俗的博识会淹溺人们纯真的心灵，而后百姓将会迷惑混乱，无法再恢复他们自然纯朴的性情。由此看来，是世俗世风破坏了自然之道，而虚假之道又败坏了世俗世风，于是世风与伪道相互破坏殆尽。世风破坏了自然之道，那么有道之人怎能在世间兴起呢？伪道败坏了世俗世风，那么世间又怎能恢复真正的纯真之道呢？伪道无法让世风恢复纯真之性，世风无法让自然之道兴起，就是圣人不去山林中归隐，而他的德性已被世风蒙蔽了。这德性的隐没，并非圣人自己主动的归隐。

古时所谓的隐士，并非是躲藏起来不去见人，并非是闭口不言而不发表意见，也不是潜藏自己的智慧不发挥，而是时运乖谬背道啊。当时逢有道之世，自然之道大行于天下，就恬淡自然，不见有为之迹；当时遭无道，德化不行而困厄天下，就深藏自然本性，保持极为宁静的心态，以待时运的到来。这就是保全自身的方法。

　　古时保全自身的人，不用善辩来装饰智慧，不用智慧来困厄天下人，不以智慧来困惑自己的德性，端正地独立于无为之境，返归自然的本性，除此我还有什么要做的呢！大道原本就不是仁义礼乐之类的小的行为，德性原本就不是是非善恶之类的小的见识。这些小的见识损害了德性纯和的完善，小的行为损伤了大道自然无为的修养。所以说，只要端正自己就够了。

三

　　乐全之谓得志①。古之所谓得志者，非轩冕之谓也②，谓其无以益其乐而已矣。今之所谓得志者，轩冕之谓也。轩冕在身，非性命也③，物之傥来④，寄者也。寄之，其来不可圉⑤，其去不可止。故不为轩冕肆志⑥，不为穷约趋俗⑦，其乐彼与此同⑧，故无忧而已矣！今寄去则不乐⑨。由是观之，虽乐，未尝不荒也⑩。故曰，丧己于物，失性于俗者，谓之倒置之民⑪。

**【注释】**

①"乐全"句：成玄英说："无顺无逆，忘哀忘乐，所造皆适，斯乐之全者也。至乐全矣，然后志性得焉。"刘凤苞说："乐全，惟不受伤，则全乎天乐也。"

②轩冕：古代贵人的车服。这里指高官厚禄。

③非性命也：此句陈碧虚《庄子阙误》引张君房本，

作"非性命之有也"，语意更为显著。

④傥：偶然。

⑤圉：通"御"，拒，抵挡。

⑥肆志：放纵情性，快意。

⑦穷约：穷困。趋俗：媚俗，趋炎附势。

⑧彼：指轩冕。此：指穷约。

⑨今：指今天的世俗之人。寄：指轩冕之类。

⑩荒：通"慌"，恐慌。

⑪倒置：本末轻重不分。

**【译文】**

无忧无虑，无所不适，可谓获得全乐了，乐全就可以说到自己的志性了。古人所说的得志，并非指高官厚禄，他们认为高官厚禄对自己的快乐并没有什么补益。现在世俗之人所说的得志，是专指高官厚禄而言。高官厚禄在身，并非是性命所固有的东西，它是偶然而来的外物，不过寄存在人身而已。像高官厚禄这类寄托之物，它来时不能阻挡，它去时不能挽留。所以修道之人不能因为高官厚禄的到来而放纵志性，也不能因为自己穷困潦倒就趋炎附势，在他们看来，处于高官厚禄与处于穷困潦倒都是一样的快乐，所以总是无忧无虑罢了！现在的世俗之人，他们一旦失去了寄存于身的利益就不快乐。由此看来，他们尽管在快乐的时候，未尝不担心丧失利益而心存恐慌啊！所以说，在物欲中丢掉自己本性的人，在世俗中丧失自己德性的人，叫做不知本末轻重的人。

# 秋　水

　　本篇是《庄子》书中倍受称道的篇章之一，其鲜明的思想特色和隽永的文字魅力都堪称精品。本篇取篇首二字命题，其主旨探讨了人对万事万物价值判断的无限相对性，表现了庄子哲学中颇有影响的相对论的观点。作者认为一切事物的大小、是非都是相对的，人生的贵贱、荣辱也是无常的，因而要求人们"无以人灭天，无以故灭命，无以得殉名，谨守而勿失，是谓反其真"，即不执着于人为得失而伤害自然本性，一切顺应自然而返归人生的真谛。

　　本篇全文分前后两大部分，前一部分描述海神与河神的对话，总共七问七答，分别就关于多与少的自我判断、时空的无穷性与事物变化的不定性、"言之所不能论"与"意之所不能察致"、大小贵贱的不同审视、自然之道的可贵性等作了精细而形象的讨论，最后以"无以人灭天"等三"无以"一"谨守"给全部对话作结。这也是全文的总论部分。

　　本篇的后一部分，也是分论部分，则是通过看似不相关联的六则寓言故事，分别对总论进行了进一步的形象化诠释。如"夔怜蚿"一则，意在阐发"无以人灭天"之旨；"孔子游于匡"一则，意在申明"无以故灭命"之旨；"公孙龙问于魏牟"一则，意在申发"无以得殉名"之旨；而"庄子钓于濮水"与"惠子相梁"二则，再次申发"无以得殉名"之旨；而"庄子与惠子游"一则，则是申发了"反其真"之旨。

# 一

秋水时至①，百川灌河。泾流之大②，两涘渚崖之间③，不辩牛马④。于是焉河伯欣然自喜⑤，以天下之美为尽在己。顺流而东行，至于北海，东面而视，不见水端。于是焉河伯始旋其面目⑥，望洋向若而叹曰⑦："野语有之曰：'闻道百，以为莫己若者。'我之谓也⑧。且夫我尝闻少仲尼之闻而轻伯夷之义者⑨，始吾弗信。今我睹子之难穷也，吾非至于子之门则殆矣，吾长见笑于大方之家⑩。"

北海若曰："井蛙不可以语于海者，拘于虚也⑪；夏虫不可以语于冰者，笃于时也⑫；曲士不可以语于道者，束于教也⑭。今尔出于崖涘⑮，观于大海，乃知尔丑，尔将可与语大理矣⑯。天下之水，莫大于海，万川归之，不知何时止而不盈，尾闾泄之⑰，不知何时已而不虚；春秋不变，水旱不知。此其过江河之流，不可为量数。而吾未尝以此自多者，自以比形于天地⑱，而受气于阴阳⑲，吾在于天地之间，犹小石小木之在大山也⑳。方存乎见小，又奚以自多！计四海之在天地之间也，不似礨空之在大泽乎㉑？计中国之在海内，不似稊米之在大仓乎㉒？号物之数谓之万㉓，人处一焉。人卒九州㉔，谷食之所生，舟车之所通，人处一焉㉕。此其比万物也，不似豪末之在于马体乎㉖？五帝之所连㉗，三王之所争，仁人之所忧，任士之所劳㉘，尽此矣㉙！伯夷辞之以为名，仲尼语之以为博，此其自多也，不似尔向之自多于水乎？"

【注释】

①秋水：秋雨。时至：按时而降。

②泾流：水流。泾，借为"巠"，水脉。

③涘（sì）：河岸。渚崖：水洲岸边。渚，小洲。崖，边。

④辩：通"辨"。

⑤焉：犹"乎"，句中语助词。河伯：黄河之神。

⑥旋：转。面目：脸面，指态度。

⑦望洋：仰视的样子。若：海神名，取其若有若无之意。

⑧"以为"二句：莫己若，即"莫若己"。我之谓，即"谓之我"。均为倒装句。

⑨少：以……为少。轻：轻视。伯夷：孤竹君之子，不受君位，不食周粟，饿死于首阳山。义：义气，气节。

⑩大方：大道。

⑪拘：局限。虚：同"墟"，居处。

⑫笃：固，浅陋不通，局限。

⑬曲士：一曲之士，浅陋偏执之人。

⑭束于教：束缚于世俗之学。

⑮尔：你。崖涘：指黄河岸边。

⑯大理：大道理，指大道。

⑰尾闾：指海水出口处。

⑱比：借为"庇"，寄托。

⑲气：元气。阴阳：指天地，自然。

⑳大山：即泰山。

㉑罍（lěi）空：小穴。罍，借作"罍"，酒器。

㉒稊（tí）米：稊的果实，与谷子相似。稊，形似稗的草。大仓：储粮的大库。

㉓号物：称呼物类。

㉔卒：通"萃"，聚。按"卒"如读为本字，"人卒"即指人众，亦通。

㉕人处一焉：此处是以个人对众人而言。

㉖豪：通"毫"。

㉗连：读为"禅"，禅让。

㉘任士：操劳务事之人。

㉙此：指如同毫末。

**【译文】**

秋雨按时而降，大小溪水都灌入了黄河。水流的浩大宽广，两岸及河中水洲之间，连牛马都不能分辨。于是乎河伯欣然自得，以为天下的盛美都集中在自己身上了。它顺着水流向东前进，到达了北海，面向东方望去，不见大海的尽头。于是乎河伯这才改变自得的态度，仰起头对着海神若感叹说："俗话说：'听了很多道理，总觉得都不如自己高明。'说的就是我这种人啊。而且我还曾经听说过认为孔子的见闻很少和轻视伯夷气节的话，当初我还不信。现在我目睹了你那望不到边的海水，难以穷尽，我若不是来到你的门前，那就危险了，我将永远被得道的人讥笑。"

北海若说："对于井中之蛙不能和它谈论大海，这是由于它局限在井中很小的地方；对于夏生秋死的昆虫不能和它谈论结冰的事情，这是由于它的生命局限在很短的时间；对于浅陋偏执的人士不能和他谈论大道，这是由于他被世俗之学所束缚。现在你从河岸走了出来，看到了大海，方知你自己的孤陋寡闻，这将可以同你谈论大道了。天下的水域，没有比海更广大了，千万条江河之水归入这里，不知何时休止，但大海从来未见满溢；海水从尾闾地方排出，不知道什么时候停止，然而大海不会空虚；不论春秋季节的更替，大海不会有所变化；不论水灾旱灾的降临，大海全然不受影响。它的蓄水之多远远超过江河的水流，根本无法计量。对此，我却从来没有感到自满，自认为寄托形体于天地，禀受元气于阴阳，我在天地之间，犹如一块小石头、一根小树枝放在泰山上一样。正存有自以为渺小的想法，哪里还会感到自大自满呢！计量四海在天地之间所占的分量，不就像在大泽中的一个蚁窝吗？计量中国在四海之内所占的分量，不就像在大粮仓中的一粒小米吗？物类名称的数目有万种之多，而人类只是其中的一种。人类聚居于九州，凡是粮食所生长的地方，舟车所通行的地方，都有人类，而个人只是人类中的一分子。这样说来，一个人与万物相比，不就像毫毛之末长在马身上那样微不足道吗？诸如五帝的相继禅位，三王的互相争位，仁人为天下安危而忧虑，实干家为治理天下而操劳，都如毫末一样微不足道。伯夷辞让王位以此取得声名，孔子到处游说以此显示渊博，他们的自满，不就像刚才你对于河水的自满一样吗？"

河伯曰："然则吾大天地而小毫末，可乎？"

北海若曰："否。夫物，量无穷<sup>①</sup>，时无止<sup>②</sup>，分无常<sup>③</sup>，终始无故<sup>④</sup>。是故大知观于远近<sup>⑤</sup>，故小而不寡，大而不多，知量无穷。证曏今故<sup>⑥</sup>，故遥而不闷<sup>⑦</sup>，掇而不跂<sup>⑧</sup>，知时无止。察乎盈虚，故得而不喜，失而不忧，知分之无常也。明乎坦涂<sup>⑨</sup>，故生而不说<sup>⑩</sup>，死而不祸，知终始之不可故也。计人之所知，不若其所不知；其生之时，不若未生之时；以其至小，求穷其至大之域，是故迷乱而不能自得也。由此观之，又何以知毫末之足以定至细之倪<sup>⑪</sup>，又何以知天地之足以穷至大之域！"

【注释】

①量：物体的量数。

②时无止：时间、时序的流逝是没有止境的。

③分：得与失的分际。无常：无定。

④故：通"固"，固定。

⑤大知：指得道的人。知，同"智"。观于远近：远近都能看到。

⑥曏（xiàng）：明，明察。今故：犹古今。故，读为"古"。

⑦闷：郁闷。

⑧掇（duō）：拾取。跂：向往，企求。

⑨涂：同"途"。

⑩说：同"悦"，欣喜。

⑪倪：通"仪"，尺度，标准。

河伯说："那么我以天地为大而以毫末为小，这样可以吗？"

北海若说："不可以。那物体，器量各不相同，千差万别，没有穷尽；时间的流逝也永无止境；贵贱贫富等等一切得与失的分际根本上就没有定准；一切都是变化不定的，没有所谓的开始，也没有所谓的终结。所以有大智慧的人能够观察到事物的远近，因而小的不以为小，大的不以为大，这是因为知道物量无穷的道理。验证和察明古今变化无穷的情况，所以对于流逝的遥远的过去并不感到郁闷，对于俯拾可得的未来并不心存企望，这是因为懂得时间的流逝永远不会停止的道理。明察自然万物盈亏的变化，所以得到什么并不欣然自喜，失掉什么并不忧愁烦恼，这是因为知道得与失是没有定准的道理。明白了生死不过是人生旅行中的一条平坦大路，所以生存时不特别欣喜，死亡时不以为祸害，这是因为懂得终始没有固定不变的道理。计算一下人所知道的事情，远不如人所不知道的事情多；计算一下人的生存时间，远比不上他没有生命时的时间长；想用极少的知识和极短的生命去追究无限发展变化的世界，因此只能导致心思迷乱而茫然若失。由此看来，又怎么知道用毫末就足以判定最小的尺度，又怎么知道用天地就足以穷尽最大的领域呢！"

河伯曰："世之议者皆曰：'至精无形①，至大不可围②。'是信情乎③？"

北海若曰："夫自细视大者不尽，自大视细者不明。夫精，小之微也；垺④，大之殷也⑤。故异便⑥，此势之有也。夫精粗者，期于有形者也⑦；无形者，数之所不能分也⑧；不可围者，数之所不能穷也。可以言论者，物之粗也；可以意致者⑨，物之精也；言之所不能论，意之所不能察致者，不期精粗焉⑩。是故大人之行⑪，不出乎害人，不多仁恩⑫；动不为利⑬，不贱门隶；货财弗争，不多辞让；事焉不借人⑭，不多食乎力⑮，不贱贪污；行殊乎俗，不多辟异⑯；为在从众，不贱佞谄；世之爵禄不足以为劝⑰，戮耻不足以为辱⑱；知是非之不可为分，细大之不可为倪⑲。闻曰：'道人不闻，至德不得，大人无己⑳。'约分之至也㉑。"

**【注释】**

①精：细小。

②围：范围。

③信情：实情。

④垺（fú）：大，宏大。

⑤殷：大。

⑥异便：谓物虽相异却各有自己的所宜。

⑦期：限，限于。

⑧数：度数。

⑨意致：意识到，意会。

⑩不期精粗：指不能用精细和粗大来限定的事物。期，

不限于。

⑪大人：指得道的人。行：行为。

⑫多：赞美。

⑬动不为利：举动做事并非为了私利。

⑭事焉不借人：做事不借助别人之力。

⑮不多食乎力：不赞美自食其力。

⑯辟：邪僻。异：乖异，怪异。

⑰劝：劝勉，勉励。

⑱戮耻：刑戮和罢官的耻辱。辱：羞辱。

⑲倪：限定，区别。

⑳“道人”三句：道人、至德、大人，均指体道之人。成玄英《疏》说：“体道圣人，和光韬晦，推功于物，无功名之可闻”；“造极之人，均得于丧，既无所丧，亦无所得”；“大圣之人，有感斯应，方圆任物，故无己也。”

㉑约分：依守本分。

## 【译文】

河伯说：“世俗中的议论者都说：‘最细小的东西是没有形状的，最大的东西是无法限定范围的。’这是真实情况吗？”

北海若说：“从小的方面去看大的东西，这是看不到尽头的；从大的方面去看小的东西，这是看不分明的。精细之物，这是小物中的小物；巨大之物，这是大物中的大物。所以各物大小不相同却有着自己的相宜之处，这是势态不同的必然现象。所谓精细与粗大，都是局限于有形的东西；

对于小到无形的东西，是无法用度数进行测量区分的；对于大到不可范围的东西，是无法用度数测量穷尽的。可以用言语谈论的事物，那是事物中比较粗大的；可以意识到却无法用言语表达的事物，那是事物中比较精微的；用言语无法谈论而用意识又不能沟通的，那是无法用精细和粗大来称谓的事物。因此，体道之人的行为，不做危害他人的事，但也不赞许对他人施恩行惠；行动做事不为获取利益，不轻贱家奴；不与他人争夺财物，也不赞许把财物辞让给人；遇事不借助他人之力，也不赞许自食其力的人，也没有轻贱贪污之人的念头；一举一动与世俗大为不同，却也不赞许乖僻邪僻的行径；凡有所为，不过随着众人而已；也不卑贱奉承谄媚的人，世间的高官厚禄不足以为劝勉，杀戮蒙耻也不足以为羞辱；知道是非的界限不可以确定，知道大小的标准也无法限定。我听说：'得道的人不扬名，至德的人不索取，体道的人不存己。'依守本分到了极致罢了。"

河伯曰："若物之外，若物之内，恶至而倪贵贱①？恶至而倪小大？"

北海若曰："以道观之，物无贵贱；以物观之，自贵而相贱；以俗观之，贵贱不在己。以差观之②，因其所大而大之，则万物莫不大；因其所小而小之，则万物莫不小。知天地之为稊米也，知毫末之为丘山也，则差数睹矣③。以功观之，因其所有而有之，则万物莫不有；因其所无而无之，则万物莫不无。知东西之相反而不可以相无，则功分定矣。以趣观之④，因其所然而然之，则万物莫不然；因其所非而非之，则万物莫不非。知尧、桀之自然而相非⑤，则趣操睹矣⑥。昔者尧、舜让而帝，之、哙让而绝⑦；汤、武争而王⑧，白公争而灭⑨。由此观之，争让之礼，尧、桀之行，贵贱有时，未可以为常也。梁丽可以冲城而不可以窒穴⑩，言殊器也；骐骥骅骝一日而驰千里⑪，捕鼠不如狸狌⑫，言殊技也；鸱鸺夜撮蚤⑬，察毫末，昼出瞋目而不见丘山，言殊性也。故曰：盖师是而无非⑭，师治而无乱乎？是未明天地之理、万物之情者也。是犹师天而无地，师阴而无阳，其不可行明矣！然且语而不舍，非愚则诬也！帝王殊禅，三代殊继。差其时⑮，逆其俗者，谓之篡夫；当其时，顺其俗者，谓之义之徒。默默乎河伯，女恶知贵贱之门、小大之家！"

**【注释】**

①倪：区分。

②差：指万物的大小差别。

③差数：数量的差别。

④趣：趋向，取向。

⑤尧、桀：唐尧和夏桀。尧为圣人，桀为暴君。自然：自是，自以为是。

⑥趣操：志趣和情操。

⑦之、哙让而绝：指燕王哙将王位禅让给子之，子之即位，国人不服。齐宣王兴师伐燕，杀死哙与子之，燕国几乎灭绝。让，禅让。

⑧汤、武争而王：指商汤伐桀，周武王伐纣，都因争战获胜而称王。

⑨白公争而灭：指白公胜因郑人杀其父，请兵报仇，不许，遂自起封邑之兵反楚。楚王派叶公子高伐而灭之。白公，名胜，楚王平之孙，太子建之子。

⑩梁丽：梁栋。丽，通"梠"，屋栋。冲城：冲击城防。窒穴：堵塞小洞。

⑪骐骥骅骝：四种良马，一般骐骥连称，骅骝连称。

⑫狸狌：野猫和黄鼠狼。

⑬鸱鸺（chīxiū）：猫头鹰。一说，"鸺"字为衍文。撮：抓取。蚤：跳蚤。

⑭盖：通"盍"，何不。师：效法。无：通"毋"，不要，抛弃。下同。

⑮差其时：不合时宜。

**【译文】**

河伯说："假若在物体的表面，假若在物体的内部，又怎样来区分贵贱，怎样来区别大小呢？"

北海若说："用自然之道来观察，万物原本没有贵贱之分；从万物自身的角度来看，都是自以为贵而彼此相贱；用世俗之人的眼光来看，贵贱的判定并非自己能够操控。按照万物的大小差别来考察，顺着大的角度来看而认为是大的，那么没有一物不是大的；顺着小的角度来看而认为是小的，那么没有一物不是小的。知道了像天地那么巨大的东西，比起更巨大的东西，也不过是一粒小米；知道了像毫末那么细小的东西，比起更细小的东西，就犹如一座大山；那么万物之间的数量差别也就看清了。从事物的功能来考察，从有功能的角度来看而认为它有功能，那么万物都有功能；从没有功能的角度来看而认为它没有功能，那么万物都没有功能。懂得了东与西两个方向相互对立，而又彼此不能相缺，那么事物的功能与分量就可以确定了。从人们对事物的取向来看，依着它可肯定的地方去肯定它，那么万物之中没有不可肯定的；依着它可否定的地方去否定它，那么万物之中没有不可否定的。知道了尧和桀各自为是而相互否定，那么人们的取向和情操便可以看清了。从前尧和舜因禅让而称帝，而燕王哙和燕相子之因禅让而灭绝；商汤和周武王因争战而称王，白公胜却因为争讨而灭亡。由此看来，争斗和禅让的礼制，唐尧和夏桀的行为，他们的高贵与卑贱是因时而异的，并没有一定的常规。梁栋之大可以用来冲撞城墙，但不能用来堵塞鼠穴，说明使用的器具不同；像骐骥骅骝一类的良马，它能一日奔驰千里，但让它捕鼠远不如野猫和黄鼠狼，说明各自的技能不同；猫头鹰夜间能够抓取跳蚤，明察秋毫，但白天出来，瞪着眼睛却看不见大山，说明各自的性能不同。人们总是说：为什么效法正确的而丢掉错误的，效法治理好的而抛弃混乱的呢？这是不明白天地间事物变化的道理，和万物发展的实际情况。这好比是说只师法天而抛弃地，只效法阴而抛弃阳一样，这种说法行不通是很明显的。然而有的人还在不停地游说，这种人不是愚昧就是在欺骗人！古代帝王的禅让情况各不相同，夏商周三代相继承的情况也各自相异。凡是不合时宜、违背民众意愿的，称他为篡夺之人；凡是合乎时宜、顺从民众意愿的，称他为高义之人。沉默住口吧，河伯，你哪里知道贵贱的分别、大小的真谛呢！"

河伯曰："然则我何为乎？何不为乎？吾辞受趣舍<sup>①</sup>，吾终奈何？"

北海若曰："以道观之，何贵何贱，是谓反衍<sup>②</sup>；无拘而志，与道大蹇<sup>③</sup>。何少何多，是谓谢施<sup>④</sup>；无一而行<sup>⑤</sup>，与道参差。严乎若国之有君<sup>⑥</sup>，其无私德；繇繇乎若祭之有社<sup>⑦</sup>，其无私福；泛泛乎其若四方之无穷<sup>⑧</sup>，其无所畛域<sup>⑨</sup>。兼怀万物，其孰承翼<sup>⑩</sup>？是谓无方<sup>⑪</sup>。万物一齐，孰短孰长？道无终始，物有死生，不恃其成。一虚一满，不位乎其形<sup>⑫</sup>。年不可举，时不可止。消息盈虚<sup>⑬</sup>，终则有始。是所以语大义之方<sup>⑭</sup>，论万物之理也。物之生也，若骤若驰，无动而不变，无时而不移。何为乎？何不为乎？夫固将自化。"

**【注释】**

①辞受趣舍：辞让、接受、趋就、舍弃。

②反衍：向相反的方向发展，犹转化。

③蹇（jiǎn）：阻塞，违碍。

④谢施：谓相互转化。施，移，转。

⑤无：通"毋"，不要。一：执一，固守。

⑥严：庄重威严。有：语助词，无义。下句"有"字同。

⑦繇繇（yóu）：即"悠悠"，悠然自得的样子。社：社神，即土地神。

⑧泛泛：广阔、周遍的样子。

⑨畛（zhěn）域：界限。

⑩孰：谁。承翼：得到庇护。承，受。翼，羽翼，庇护。

⑪无方：无所偏向。

⑫不位乎其形：形无定位，没有固定不变的形态。

⑬消息盈虚：消亡、生息、充盈、亏虚。

⑭大义：指大道。方：指精义、奥旨。

【译文】

河伯说："那么我在哪些事情上可以做，哪些事情上不可以做呢？我将如何辞让、接受、进取和舍弃呢？我到底怎样做好呢？"

北海若说："从道的观点来看，什么是贵什么是贱，可以说贵与贱是相互转化的；不要拘执你的心志，造成与大道背离。什么是少什么是多，可以说多少是相互转化的；不要固执偏见行事，造成与大道不合。像国君一样庄重威严，对谁都没有偏爱；像被祭祀的土地神一样悠然自得，对谁都没有偏私的福佑；像四方无限伸展的大地那样广阔无垠，没有什么东西可以界限。包容万物，谁受到庇护？可以说是无所偏向。万物都是一样的，谁是短的谁是长的呢？大道是没有开始与终止的，而万物却有死生的变化，即便一时有所成就，也是不足依赖的。大道在一虚一盈中变化着，没有固定不变的形态。往昔的岁月不可回转，逝去的时间无法挽留。万物在消亡、生息、充盈、亏虚之中，终而复始地变化着。明白了以上的道理，方能谈论大道的奥义，讨论万物变化的道理。万物的生长，犹如快马拉车奔腾驰骤一般，没有一个动作不在变化，没有一个时间不在移动。什么事可以去做，什么事不可以去做呢？万物原本就在自行变化着，无须有意去做什么。"

河伯曰："然则何贵于道邪？"

北海若曰："知道者必达于理，达于理者必明于权①，明于权者不以物害己。至德者，火弗能热，水弗能溺，寒暑弗能害，禽兽弗能贼。非谓其薄之也②，言察乎安危，宁于祸福③，谨于去就，莫之能害也。故曰：'天在内，人在外④，德在乎天。'知天人之行⑤，本乎天⑥，位乎得⑦，蹢躅而屈伸⑧，反要而语极⑨。"

曰："何谓天？何谓人？"

北海若曰："牛马四足，是谓天；落马首⑩，穿牛鼻，是谓人。故曰：'无以人灭天，无以故灭命⑪，无以得殉名⑫，谨守而勿失，是谓反其真。'"

【注释】

①权：权变，应变。

②薄：迫近，逼近。

③宁：安。祸福：指穷困和通达。

④"天在"二句：天，天性，自然本性。人，人事，人为。

⑤天人：自然与人。行：指活动规律。

⑥本乎天：以自然为根本。

⑦位乎得：处于自得的境地。

⑧蹢躅（zhízhú）：同"踯躅"，进退不定的样子。

⑨反要：返回道的枢要。语极：谈论万物的至理。

⑩落：通"络"，指套上马笼头。

⑪故：有心而为，造作。命：天理。

⑫殉名：为追求虚名而丧生。

**【译文】**

河伯说："那么为什么还要尊重大道呢？"

北海若说："明白大道的人必定通达万物之理，通达万物之理的人必然知道如何应变，知道如何应变的人就不会让外物伤害自己了。有最高修养的人，火不能让他感到灼热，水不能让他淹溺，寒冷和酷暑不能伤害他，禽兽也不能偷袭他。这些并非说他迫近它们而不会受到损害，而是说他能明察安危，安于祸福，能够谨慎对待进退，所以没有什么东西能够伤害他。所以说：'天性存于内心，人事显露于身外，道德本于自然。'懂得自然与人类活动的规律，方能以自然为根本，处于自得的境界，进退适宜而屈伸得当，返归道的枢要而谈论万物的至理。"

河伯说："什么叫做天然？什么叫做人为？"

北海若说:"像牛马长着四只脚,这就叫天然;像给马套上笼头,给牛鼻穿上缰绳,这就是人为。所以说:'不要用人为的东西来损害天性,不要有心造作而毁灭天理,不要为追求名利而丧生,谨慎守住这三句话而不失误,这就叫做返归纯真的本性。'"

二

夔怜蚿①,蚿怜蛇,蛇怜风,风怜目,目怜心。

夔谓蚿曰:"吾以一足趻踔而行②,予无如矣。今子之使万足,独奈何?"

蚿曰:"不然。子不见夫唾者乎?喷则大者如珠,小者如雾,杂而下者不可胜数也。今予动吾天机③,而不知其所以然。"

蚿谓蛇曰:"吾以众足行,而不及子之无足,何也?"

蛇曰:"夫天机之所动,何可易邪?吾安用足哉!"

蛇谓风曰:"予动吾脊胁而行,则有似也④。今子蓬蓬然起于北海⑤,蓬蓬然入于南海,而似无有,何也?"

风曰:"然,予蓬蓬然起于北海而入于南海也,然而指我则胜我,鳍我亦胜我⑥。虽然,夫折大木、蜚大屋者⑦,唯我能也。"

故以众小不胜为大胜也⑧。为大胜者,唯圣人能之。

【注释】

①夔（kuí）：传说中的野兽，形似牛，无角，一足。

怜：爱慕。蚿（xián）：马蚿，又名百足虫。

②趻踔（chěnchuō）：跳着走。

③天机：天然的本能。

④有似：谓像是有足行走的样子。

⑤蓬蓬然：风吹的声音。

⑥𧿒（qiū）：又作"蹄"，踢踏。

⑦蜚：通"飞"，指吹卷。

⑧以众小不胜：谓不与众小争胜。

【译文】

夔羡慕蚿，蚿羡慕蛇，蛇羡慕风，风羡慕眼睛，眼睛羡慕心思。

夔对蚿说："我只能用一只脚跳着行走，我不如你啊。现在你使用那么多的脚行走，究竟是怎么走法呢？"

蚿说："不是这样的，我并非有心用万足行走。你没见到过那唾沫吗？喷出来，大的如珠子，小的如水雾，夹杂着散下，不可胜数。现在我也像唾沫一样，只是动用我的自然本能，并不知道为什么这样。"

蚿对蛇说："我用众多的脚行走，却不及你没有脚走得快，这是为什么呢？"

蛇说："我依靠天然的机能而行走，怎么能够改变它呢？我哪里还要用脚呢！"

蛇对风说："我扭动着脊背和胁下而行走，还像是用脚行走的样子。现在你'呼'的一声从北海兴起，又'呼呼'

地吹入南海，而看起来好像什么也没有，这是为什么呢？"

风说："是的，我是'呼'地一声从北海兴起而又进入南海，然而有人用手指我，用脚踢我，就都能战胜我。尽管这样，像吹折大树、席卷大屋这样的事情，只有我最能干。"

所以说，只有任听自然天机，不与众小争胜，才能成就大胜。能够成就大胜的，只有圣人才能做到。

## 三

孔子游于匡①，宋人围之数匝②，而弦歌不惙③。子路入见，曰："何夫子之娱也？"

孔子曰："来，吾语女④。我讳穷久矣，而不免，命也！求通久矣，而不得，时也！当尧、舜而天下无穷人，非知得也⑥；当桀、纣而天下无通人，非知失也⑦：时势适然。夫水行不避蛟龙者，渔父之勇也；陆行不避兕虎者⑧，猎夫之勇也；白刃交于前，视死若生者，烈士之勇也；知穷之有命，知通之有时，临大难而不惧者，圣人之勇也。由，处矣⑨！吾命有所制矣⑩！"

无几何，将甲者进⑪，辞曰⑫："以为阳虎也，故围之。今非也，请辞而退。"

---

**【注释】**

①匡：卫国邑名。

②宋人：当作"卫人"。鲁国阳虎曾经暴虐匡人，孔

子游宦到此地，因长相颇像阳虎，所以匡人误会把孔子包围起来。匡：层，圈。

③惙：通"辍"，止，停。

④语女：告诉你。女，同"汝"，你。

⑤讳：忌讳，躲避。

⑥知得：指智慧高超。知，同"智"，智慧。

⑦知失：智慧丧失，智慧低下。

⑧兕（sì）：犀牛一类的野兽。

⑨由：即子路，名仲由。处矣：谓安然处之，安居。

⑩制：控制，管制。

⑪将甲者：率领士兵的人。甲，士兵。

⑫辞：转告，解说，含有道歉之意。

**【译文】**

孔子游宦到了卫国匡地，卫国人把他围了好几层，而孔子仍然抚琴歌吟，并不停止。子路进屋拜见孔子，说："先生为什么这样快乐呢？"

孔子说："过来，我告诉你。我力求避免穷厄的局面已经很久了，但还是不可摆脱，这是命运不好啊！我追求通达已经很久了，而却一直没有实现，这是时运不好啊！当时在尧、舜的时代，天下没有困窘失志的人，并非他们的智慧高明；当时在桀、纣的时代，天下没有通达得志的人，并非他们的智慧低下：这都是时代形势造成的。在水中行走而不躲避蛟龙，这是渔夫的勇敢；在陆地上行走而不躲避兕虎，这是猎人的勇敢；刀剑逼近眼前而无所畏惧，视死如归，这是壮士的勇敢；明白困窘是命运的安排，知道通达是由时运所决定，面临大灾大难而无所畏惧，这是圣人的勇敢。仲由，你安心待着吧！我的命运自有一定的限数。"

没过一会儿，一个带兵的人进来，表示歉意说："我们还以为您是阳虎呢，所以就围了起来。现在知道弄错了，请让我表示歉意，随后我们退去。"

## 四

公孙龙问于魏牟曰①："龙少学先王之道，长而明仁义之行；合同异，离坚白；然不然，可不可②；困百家之知，穷众口之辩，吾自以为至达已。今吾闻庄子之言，汒焉异之③，不知论之不及与④？知之弗若与？今吾无所开吾喙⑤，敢问其方。"

公子牟隐机大息⑥，仰天而笑曰："子独不闻夫坎井之蛙乎⑦？谓东海之鳖曰：'吾乐与！出跳梁乎井幹之上⑧，入休乎缺甃之崖⑨。赴水则接腋持颐，蹶泥则没足灭跗⑩。还虷蟹与科斗⑪，莫吾能若也⑫。且夫擅一壑之水，而跨跱坎井之乐⑬，此亦至矣。夫子奚不时来入观乎？'东海之鳖左足未入，而右膝已絷矣⑭。于是逡巡而却⑮，告之海曰：'夫千里之远，不足以举其大；千仞之高，不足以极其深。禹之时，十年九潦，而水弗为加益；汤之时，八年七旱，而崖不为加损⑯。夫不为顷久推移，不以多少进退者，此亦东海之大乐也。'于是坎井之蛙闻之，适适然惊⑰，规规然自失也⑱。且夫知不知是非之竟<sup>⑲</sup>，而犹欲观于庄子之言，是犹使蚊负山，商蚷驰河也<sup>⑳</sup>，必不胜任矣。且夫知不知论极妙之言，而自适一时之利者<sup>㉑</sup>，是非坎井之蛙与？且彼方跐黄泉而登大皇<sup>㉒</sup>，无南无北，奭然四解<sup>㉓</sup>，沦于不测；无东无西，始于玄冥<sup>㉔</sup>，反于大通<sup>㉕</sup>。子乃规规然而求之以察<sup>㉖</sup>，索之以辩，是直用管窥天，用锥指地也，不亦小乎？子往矣！且子独不闻夫寿陵馀子之学行于邯郸与<sup>㉗</sup>？未得国能，又失其故行矣，直匍匐而归耳<sup>㉘</sup>。今子不去，将忘子之故<sup>㉙</sup>，失子之业。"

公孙龙口呿而不合<sup>㉚</sup>，舌举而不下，乃逸而走。

**【注释】**

①公孙龙：姓公孙，名龙，字子秉，战国时期赵国人，著名的名家。著有《公孙龙子》，今存六篇。魏牟：魏国公子，名牟，故称公子牟。按，此借他人之名，编自家故事，不可用信史看待。

②"合同异"四句：这是公孙龙的著名论题。合同异，把事物的同与异合而为一。离坚白，把一物的坚硬与白色分出来。然不然，可不可，把不是说成是，把不可说成可。

③汒焉：自失的样子。汒，通"茫"。

④论：指辩论的水平。与，通"欤"。

⑤喙（huì）：鸟嘴，代指人嘴。

⑥隐机：依靠在几案上。机，通"几"，几案。大

（tài）息：叹息。

⑦坎（kǎn）井：浅井。

⑧跳梁：即"跳踉"，腾跳。井幹（hán）：井栏。

⑨甃（zhòu）：堆砌井壁的砖。崖：指破损的井壁边。

⑩蹶（jué）：踏。跗（fū）：脚背。

⑪还：回顾。虷（hán）：孑孓，蚊子幼虫。科斗：即"蝌蚪"，蛙的幼虫。

⑫莫吾能若：即"莫若吾能"的倒置。

⑬跨跱（zhì）：盘踞。

⑭絷（zhí）：绊住。

⑮逡（qūn）巡：小心退却的样子。

⑯崖：海岸，指水位。

⑰适适然：惊惧的样子。

⑱规规然：拘谨自失的样子。

⑲知（zhì）不知（zhī）：智慧不足以知道。竟：通"境"。

⑳商蚷（jù）：马蚿，俗称百足虫。

㉑自适：自以……为乐。

㉒彼：指庄子。跐（cǐ）：蹈，踏。大（tài）皇：皇天，苍天。

㉓奭（shì）然：释然，毫无阻碍的样子。四解：四面通达。

㉔玄冥：万物产生前的混沌状态。

㉕大通：无所不通的大道。

㉖规规然：经营的样子。

㉗寿陵：战国时燕国地名。馀子：少年人。邯郸：赵
　国国都，在今河北邯郸。

㉘直：只不过，只能。

㉙忘子之故：与下句"失子之业"互文见义，"忘"与
　"失"同义，"故"与"业"同义。

㉚呿（qù）：口张开的样子。

**【译文】**

　　公孙龙向魏牟问道："我少年时学习先王之道，长大后
通晓仁义道德的行为，提出了'合同异，离坚白'、'然不
然，可不可'的命题，使各家各派的智士感到困惑，让众
多的善辩之人理屈词穷，我自认为达到了最通达的境界。
现在我听说了庄子的言论，感到茫然怪异，无所适从，不
知道是我辩论的才能不及他呢？还是我的智慧赶不上他？
总之现在我是无法开口了，敢问这其中的道理。"

　　公子魏牟听了，靠在几案上长长叹了一口气，仰头笑
道："你就没有听说过浅井中青蛙的故事吗？它对东海的大
鳖说：'我好快乐呀！想出来玩耍，就在井栏上面跳来跳去，
想休息就回到破损的井壁边。跳入水中，水便托住我的腋
窝，撑起我的下巴；踏进泥浆里，烂泥就会淹没我的脚背。
回头看看那些孑孓、小蟹和蝌蚪，没有能像我这样的。而
且我独占一坑之水，盘踞浅井的快乐，这也是最大的幸福
了。先生你为什么不常过来看看呢？'东海的大鳖左脚还
没有伸进井里，而右膝已经被井口绊住了。于是小心地退
到原处，向浅井之蛙讲述大海的情况，说：'那大海辽阔深
邃啊，说有千里之远，不足以形容大海之大；说有八千尺

的高度，不足以量尽大海之深。大禹时代，十年就有九年闹水灾，可是海水并不曾增多；商汤时代，八年就有七年闹旱灾，可是海水并不曾减少。不因为时间的长短而有所变化，不因为雨量的多少而有所增减，这也是东海的最大快乐。'于是浅井之蛙听了，惊慌失措，若有所失。再说，你的智慧不足以了解是非的究竟，还想观察庄子的至理之言，这就好像让蚊子背山，让马蛇过河一样，必定不可能胜任。而且你的智慧尚且不能谈论精妙的理论，自己却满足于一时口舌上的胜利，这不就像浅井之蛙一样吗？况且庄子的学说正可以下蹈黄泉而上登苍天，不分南北，四通八达，进入到深不可测的境地；不分东西，原始于天地未分的混沌状态，返归于无所不通的大道。你却不断地用洞察的眼光去探讨它，用雄辩的口气去谈论它，这简直是用竹管窥视苍天，用锥尖测量大地，不也是太渺小了吗？你走吧！你就没有听说寿陵少年到邯郸学步的故事吗？他不但没有学会赵国走路的步法，而且连原来的步法也忘掉了，结果只好爬着回去。现在你还不快点走开，将会忘掉你原来的学业。"

公孙龙呆呆地张着嘴，翘起的舌头放不下来，心神恍惚，悄悄地溜走了。

## 五

庄子钓于濮水①。楚王使大夫二人往先焉②，曰："愿以境内累矣③！"

庄子持竿不顾，曰："吾闻楚有神龟，死已三千岁矣。王巾笥而藏之庙堂之上④。此龟者，宁其死为留骨而贵乎？宁其生而曳尾于涂中乎⑤？"

二大夫曰："宁生而曳尾涂中。"

庄子曰："往矣！吾将曳尾于涂中。"

**【注释】**

①濮水：在今山东濮县。

②楚王：楚威王。往先：往见之，先述其意。有试探的意思。

③境内：国内，指国家政务。

④巾笥（sì）：巾、笥皆用作动词。巾，即用巾包装。笥，装入竹箱里。

⑤曳：拖。涂：泥。

**【译文】**

庄子在濮水垂钓。楚威王派遣了两位大夫先去试探庄子的心意，说："大王愿意把国内的政务委托先生。"

庄子头也不回，仍然拿着鱼竿钓鱼，说："我听说楚国有一只神龟，已经死了三千年了。国王把它用丝巾包起来，安放在竹箱里，珍藏在庙堂中。请问这只龟，宁可死了留下一把骨头让人尊贵呢？还是愿意活着而拖着尾巴在泥巴里爬呢？"

两位大夫说："宁愿活着而拖着尾巴在泥巴里爬。"

庄子说："你们走吧！我也是愿意拖着尾巴在泥巴里爬。"

# 六

惠子相梁<sup>①</sup>，庄子往见之。或谓惠子曰："庄子来，欲代子相。"于是惠子恐，搜于国中三日三夜。

庄子往见之，曰："南方有鸟，其名为鹓鶵<sup>②</sup>，子知之乎？夫鹓鶵发于南海而飞于北海，非梧桐不止，非练实不食<sup>③</sup>，非醴泉不饮<sup>④</sup>。于是鸱得腐鼠<sup>⑤</sup>，鹓鶵过之，仰而视之曰：'吓！'今子欲以子之梁国而吓我邪？"

【注释】

①惠子：惠施。梁：魏国都城大梁，故址在今河南开封。这里代指魏国。按，因魏国以大梁为都，所以又称梁国。

②鹓鶵（yuānchú）：凤凰一类的鸟，喻庄子。

③练实：竹子的果实。

④醴（lǐ）泉：甜美的泉水。醴，甜酒。

⑤鸱（chī）：猫头鹰，喻惠子。腐鼠：喻相位。

【译文】

惠子做了梁国的宰相，庄子去看望他。有人对惠子说："庄子过来，是想取代你当宰相。"于是惠子十分恐惧，在国都中连续寻找了三天三夜。

庄子前往去见惠子，说："南方有一种鸟，名叫鹓鶵，你知道吗？这鹓鶵从南海起飞，一直飞到北海，不是梧桐树它不栖息，不是竹子的果实它不食用，不是甜美的泉水它不饮用。这时有一只猫头鹰得到了一只腐烂的老鼠，刚好鹓鸰从上空飞过。猫头鹰仰起头，望着鹓鸰，唯恐失掉腐鼠，大声怒斥道：'吓！'现在你想用你的梁国来怒斥我吧？"

# 七

庄子与惠子游于濠梁之上①。庄子曰："鲦鱼出游从容②，是鱼之乐也。"

惠子曰："子非鱼，安知鱼之乐？"

庄子曰："子非我，安知我不知鱼之乐？"

惠子曰："我非子，固不知子矣；子固非鱼也，子之不知鱼之乐，全矣③！"

庄子曰："请循其本④。子曰'汝安知鱼乐'云者，既已知吾知之而问我⑤。我知之濠上也。"

**【注释】**

①濠（háo）：濠水，在今安徽凤阳境内。梁：桥。

②鲦（tiáo）鱼：白条鱼。

③全矣：完全如此。

④循：顺，追溯。本：始。

⑤"子曰"二句：庄子把惠子"子非鱼，安知鱼之乐"的反诘句，改换成一般的问句，把否定的意思转换成肯定的意思，所以反驳说："既已知吾知之而问我。"

**【译文】**

庄子与惠子在濠水桥上游玩。庄子说："鲦鱼游来游去，从容自在，这是鱼的快乐。"

惠子说："你不是鱼，怎么会知道鱼的快乐？"

庄子说："你不是我，怎么会知道我不知道鱼的快乐？"

惠子说："我不是你，固然不知道你的想法；你原本也不是鱼，你也不知道鱼的快乐，这就完整准确了！"

庄子说："请追溯你原来问我的话，你说的'你怎么会知道鱼的快乐'这句话，说明你已经知道我知道鱼的快乐才来问我的。现在我来告诉你吧，我是在濠水桥上知道的。"

# 至 乐

　　本篇以义名篇，正如篇题所示，是讲人生快乐问题。作者认为人生最大的快乐可以养活性命，即提出了"至乐活身"的命题。什么叫"至乐活身"呢？作者就世俗之见展开了描述，并予以否定，最后提出自己的"无为诚乐"、"至乐无乐"的结论。这种观点在今天看来，虽有偏颇之处，但其内含的深层次的思考，对探讨养生养性还是很有价值的。

　　本篇由若干独立的文字段落组成，其中首段为论，阐明主旨，其他段落为寓言体，通过一个个寓言故事烘托主旨内容。其中的"颜渊东之齐"一则寓言，通过海鸟与鲁侯关系的描述，就"以己养鸟"还是"以鸟养鸟"命题的生发，说明了只有顺应自然的本性，各随其情，才能达到"至乐活身"的目的，相当精彩。我们选首段与此段予以介绍。

## 一

天下有至乐无有哉？有可以活身者无有哉①？今奚为奚据？奚避奚处？奚就奚去？奚乐奚恶②？

夫天下之所尊者，富贵寿善也；所乐者，身安厚味美服好色音声也；所下者，贫贱夭恶也；所苦者，身不得安逸，口不得厚味，形不得美服，目不得好色，耳不得音声。若不得者，则大忧以惧③，其为形也亦愚哉！夫富者，苦身疾作，多积财而不得尽用，其为形也亦外矣④！夫贵者，夜以继日，思虑善否⑤，其为形也亦疏矣！人之生也，与忧俱生。寿者惛惛⑥，久忧不死，何苦也！其为形也亦远矣⑦！烈士为天下见善矣⑧，未足以活身。吾未知善之诚善邪？诚不善邪？若以为善矣，不足活身；以为不善矣，足以活人⑨。故曰："忠谏不听，蹲循勿争⑩。"故夫子胥争之⑪，以残其形；不争，名亦不成。诚有善无有哉？

今俗之所为与其所乐，吾又未知乐之果乐邪？果不乐邪？吾观夫俗之所乐，举群趣者⑫，誙誙然如将不得已⑬，而皆曰乐者，吾未之乐也，亦未之不乐也。果有乐无有哉？吾以无为诚乐矣⑭，又俗之所大苦也。故曰："至乐无乐，至誉无誉。"

天下是非果未可定也。虽然，无为可以定是非。至乐活身，唯无为几存⑮。请尝试言之：天无为以之清，地无为以之宁。故两无为相合，万物皆化生⑯。芒乎芴乎⑰，而无从出乎！芴乎芒乎，而无有象乎⑱！万物职职⑲，皆从无为殖。故曰："天地无为也而无不为也⑳。"人也孰能得无为哉！

**【注释】**

①活身：养活身体，养身。

②乐：喜欢。恶（wù）：厌恶。

③以：而。

④外：外行，偏颇。

⑤善否：指官场上的亨通与困厄。

⑥惛惛（hūn）：昏昏沉沉，神志不清的样子。

⑦远：与"外""疏"同义，都含有不重视、爱护不够之意。

⑧为：被。见善：称善。

⑨活人：使他人生活。

⑩蹲循：通"逡巡"，退却的样子。

⑪子胥：伍子胥，名员，字子胥。吴王夫差接受越王勾践求和的要求，伍子胥极力谏言阻止，吴王不听，还赐剑让伍子胥自杀。

⑫举群：所有的人群。趣：趋，指竞相追逐。

⑬诇诇（jìng）然：追逐求乐的样子。已：止。

⑭诚乐：真正的快乐。

⑮几：近。

⑯生：原本无，据陈碧虚《庄子阙误》引江南古藏本补。

⑰芒、芴：即"恍""惚"。《老子》："道之为物，惟恍惟惚。惚兮恍兮，其中有物。""无为之象，是谓恍惚。"

⑱象：迹象。

⑲职职：繁多的样子。

⑳"天地"句：出于《老子》三十七章"道常无为而无
不为"。

**【译文】**

世界上有没有最大的快乐呢？有没有养活性命的方法
呢？现在要做什么？又有什么根据呢？要避免什么？要在
什么样的环境安身呢？要接近什么？又要舍弃什么呢？应
当喜欢什么？又应当厌恶什么呢？

世界上所尊贵的，是富有、高贵、长寿和美名；所快
乐的，是居处安逸、饮食丰美、服装华丽、颜色悦目和音
乐动听；所鄙视的，是贫苦、卑贱、夭折和恶名；所痛苦
的，是身体得不到安逸，口腹吃不到美味，外表穿不上美
服，眼睛看不到美色，耳朵听不到美声。如果得不到这些，
人们就会大大的忧虑和焦急，这样来对待身体，不是也太
愚昧了吗！那些富人们，劳累身体，辛勤操作，积蓄了许
多的钱财，却不能够全部享用，这样来对待身体，不是也
太不爱惜身体了吗！那些贵人们，夜以继日地思虑着如何
保住官运的亨通，避免危机的到来，这样来对待身体，不
是也太疏忽了吗！人初来世上，便与忧愁同生。长寿的人
整日昏昏沉沉，长久地伴随着忧愁而活着，这是多么的痛
苦！这样来对待身体，不也是太疏远了吗！壮烈之士被天
下的人所称善，却不能保养住自己的性命。我不知道这种
善是真的善呢？还是真的不善呢？如果以此为善，这"善"
却不能保住自己的性命；如果以此为不善，然而这"不善"

却足以保住他人的性命。所以说："忠言不被采纳，闭口退步不争。"所以伍子胥因谏诤而身遭残害，如果伍子胥不谏诤，也不会成名。如此看来，到底有没有真正的完善呢？

现在世俗间所追求的和所认为快乐的，我并不知道这种快乐是果真快乐呢？还是果真不快乐呢？我看世俗之人所认为快乐的，大家竞相追逐，那种兴致高亢的样子，好像无法平静下来，他们都认可的快乐，我不知道有什么快乐，也不知道有什么不快乐。到底有没有快乐呢？我认为无为才是真正的快乐，而世俗之人却认为那是最大的痛苦。所以说："最大的快乐是忘掉快乐，最大的荣誉是忘掉荣誉。"

天下的是非果真是无法确定的，虽然如此，无为虚寂的态度还是可以解决是非的问题。至乐能够养活性命，只有无为能够让至乐存留。请让我说说这个道理：天因其无为而清明，地因其无为而宁静。天与地两个无为相和合，万物皆能化育生长。恍恍惚惚，不知从什么地方而出；惚惚恍恍，没有留下一点迹象！万物繁多，皆从无为的自然中生息。所以说："天地无为而无不为。"世俗之人谁能够做到无为呢！

二

颜渊东之齐<sup>①</sup>，孔子有忧色。子贡下席而问曰<sup>②</sup>："小子敢问：回东之齐，夫子有忧色，何邪？"

孔子曰："善哉汝问。昔者管子有言<sup>③</sup>，丘甚善之，曰：'褚小者不可以怀大<sup>④</sup>，绠短者不可以汲深<sup>⑤</sup>。'

夫若是者，以为命有所成而形有所适也，夫不可损益。吾恐回与齐侯言尧、舜、黄帝之道，而重以燧人、神农之言⑥。彼将内求于己而不得⑦，不得则惑，人惑则死。且女独不闻邪？昔者海鸟止于鲁郊，鲁侯御而觞之于庙⑧，奏《九韶》以为乐⑨，具太牢以为膳⑩。鸟乃眩视忧悲⑪，不敢食一脔⑫，不敢饮一杯，三日而死。此以己养养鸟也，非以鸟养养鸟也。夫以鸟养养鸟者，宜栖之深林，游之坛陆⑬，浮之江湖，食之鳅鲦⑭，随行列而止，委蛇而处⑮。彼唯人言之恶闻⑯，奚以夫诡诡为乎⑰？《咸池》《九韶》之乐⑱，张之洞庭之野⑲，鸟闻之而飞，兽闻之而走，鱼闻之而下入，人卒闻之，相与还而观之⑳。鱼处水而生，人处水而死。彼必相与异，其好恶故异也。故先圣不一其能，不同其事。名止于实，义设于适，是之谓条达而福持㉑。"

**【注释】**

①颜渊：颜回，字子渊，鲁国人。孔子最得意的门生。

东之齐：向东到齐国去。

②子贡：姓端木，名赐，字子贡，卫国人。孔子弟子。

下席：离席，离开座位。

③管子：管仲，齐国人，曾辅助齐桓公称霸诸侯。

④褚（zhǔ）：装衣服的袋子。怀：包。

⑤绠（gěng）：吊水用的绳子。

⑥重：重视，推崇。

⑦彼：指齐侯。内求于己：指用三皇五帝的言论主张来要求自己。

⑧御：迎。觞（shāng）：酒杯，用作动词，谓以酒招待。

⑨《九韶》：舜时乐曲，往往在庆典国宴中演奏。

⑩太牢：古代帝王祭祀时，牛、羊、猪三牲都具备的称为太牢。

⑪眩视：指眼花缭乱。

⑫脔（luán）：切成小块的肉。

⑬坛陆：沙洲。

⑭鲦：同"鳅"，泥鳅。鲦：即"鲦"，白条鱼。

⑮委蛇：从容自得的样子。

⑯彼：指海鸟。人言：人说话的声音。

⑰诙诙（náo）：指嘈杂的音乐。

⑱《咸池》：黄帝时的乐曲。

⑲张：铺张，陈设，指演奏。洞庭之野：即广漠之野。

⑳还：通"环"，环绕。

㉑条达：条理通达。福持：福分持久。

**【译文】**

颜渊向东到齐国去，孔子脸上流露出忧愁的样子。子贡离开座位，向前问道："学生大胆地问一问：颜回东往齐国，而先生面有忧色，这是什么原因呢？"

孔子说："你问得很好。从前管子说过一句话，我很欣赏，他说：'小袋子装不下大东西，短井绳提不来深井水。'这种说法，正是认为性命各有它形成的道理，而形体各有它相适宜的地方，都是不可以随意改变的。我担心颜回向齐侯宣讲尧、舜、黄帝的主张，又推崇燧人氏和神农氏的言论。而齐侯将会用三皇五帝的做法要求自己，但又办不到，办不到便会产生怀疑，被怀疑的人就要面临死亡的危险了。再说你就没有听说过这个故事吗？从前有一只海鸟飞到了鲁国都城郊外栖息，鲁侯为了欢迎它，还在宗庙里摆酒款待它，演奏舜帝时的《九韶》作为宴会音乐，准备了古代帝王祭祀时才使用的牛、羊、猪作为宴会的食品。这时海鸟眼花缭乱，心怀忧悲，不敢吃一片肉，不敢喝一口酒，过了三天就死了。这是用养护自己的方式去养鸟，不是用养鸟的方法去养鸟。用有利于鸟的养护的方法去养鸟的话，就应当让海鸟栖息在深林之中，游荡在沙洲之上，飘浮在江湖之中，吃的是泥鳅和小鱼，随着鸟群的行列而息止，从容自在地生活安处。海鸟就怕听到人的说话声，为什么还要那喧哗嘈杂的音乐呢？像《咸池》《九韶》这样的帝王音乐，在广漠的原野上演奏，鸟儿听到了便腾飞，野兽听到了便逃走，鱼儿听到了便潜入水中，众人听到了，便一起围绕过来欣赏。鱼儿待在水里就能生存，人待在水里便会淹死。他们必定是相互不同的，他们的喜好和厌恶也因之不同。所以先代的圣人不求才能的划一，不求都做相同的事情。名称要符合实际，义理的设置要适合人们的生活习性，这就叫做道理通达，福分持久。"

# 达　生

　　本篇取篇首二字为篇名。本篇由十一则寓言故事与篇首一段短论组成。篇首一段论述了养形与养神的重要性，在肯定了养形的作用上，更加强调了养神的意义，提出了"形全精复，与天为一"的观点，反映了作者对养生较为全面、辩证的认识。这也是本篇的中心思想。其余十一则寓言故事，则是从不同的角度，或明或暗，或远或近，说明"守气全神"的道理和作用。如本书所选的"仲尼适楚"一段，就赞扬了痀偻丈人因其"用志不分，乃凝于神"，便在承蜩技艺上达到了出神入化的境界。又如所选的"纪渻子为王养斗鸡"一段，作者一反常人的常理思维，写纪渻子驯养斗鸡，非但不培养它的斗性，恰恰要消磨它的斗性，从养神全性的角度把它培养成不战而胜的形似呆若木鸡的"守气全神"之鸡。作者从反现实生活现象中，让读者体悟养生的真谛。

# 一

达生之情者①，不务生之所无以为②；达命之情者，不务命之所无奈何③。养形必先之以物④，物有余而形不养者有之矣；有生必先无离形，形不离而生亡者有之矣。生之来不能却，其去不能止。悲夫！世之人以为养形足以存生，而养形果不足以存生，则世奚足为哉！虽不足为而不可不为者，其为不免矣！

夫欲免为形者，莫如弃世⑤。弃世则无累，无累则正平⑥，正平则与彼更生⑦，更生则几矣⑧！事奚足弃而生奚足遗？弃事则形不劳，遗生则精不亏。夫形全精复⑨，与天为一⑩。天地者，万物之父母也；合则成体，散则成始⑪。形精不亏，是谓能移⑫。精而又精，反以相天。

**【注释】**

①达：通达，通晓。情：实，实情。

②务：求，务求。无以为：无以为用，无所用。

③命：原误作"知"，依武延绪、马叙伦、刘文典诸家之说及本文文义改。无奈何：指无能为力。

④形：形体，身体。物：物质，如衣食住行等物质条件。

⑤弃世：谓抛弃世间繁杂之事而心超世外（刘凤苞《南华雪心编》）。

⑥正平：心正气平。

⑦彼：指大自然，造化。

⑧几：庶几，近，差不多。这里指大道。

⑨精复：精神康复不亏。

⑩天：指天然。为一：融为一体。

⑪"合则"二句：谓天地阴阳二气相结合就会生成某
　　一物体，如若阴阳二气离散就会复归于无物之初。
　　体，物体。始，初始。

⑫能移：能够与自然一起变化迁移。

**【译文】**

　　通达生命实情的人，不去追求生命所不必要的东西；通晓寿命实情的人，不去做对寿命无能为力的事情。保养身体，一定先要具备物质条件，物资有余而不能保养身体的人也是有的；保住生命，必须先让形体不要离去，形体不离而生命已经死亡的人也是有的。生命的降临是无法拒绝的，它的离去也无法阻止。可悲啊！世俗之人认为保养身体就完全可以保存生命，然而保养身体果真不足以保存生命，那么世人还有什么事情可做呢！虽然不值得去做，却也不得不去做，这样的作为便不免于操劳了！

　　要想避免为了身体而操劳，便不如抛弃世俗之事。抛弃世俗之事就没有拖累，没有拖累就会心正气平，心正气平就能和大自然一同发展变化而生生不息，生生不息就接近大道了！世事为什么值得抛弃，而生命值得遗忘呢？因为抛弃世事就能让身体不操劳，遗忘生命就能让精神不亏损。形体得到保全，精神复归凝聚，就能与自然融合一体。天地，是万物的父母；阴阳二气的相合就形成万物之体，阴阳二气的离散就又复归于无物的始初。形体与精神都不亏损，这叫做能够随着自然变化而更新。精神修养到了极高处，反过来可以辅助大自然的化育。

二

仲尼适楚，出于林中<sup>①</sup>，见痀偻者承蜩<sup>②</sup>，犹掇之也<sup>③</sup>。

仲尼曰："子巧乎，有道邪？"

曰："我有道也。五六月累丸二而不坠，则失者锱铢<sup>④</sup>；累三而不坠，则失者十一；累五而不坠，犹掇之也。吾处身也，若厥株拘<sup>⑤</sup>；吾执臂也，若槁木之枝。虽天地之大，万物之多，而唯蜩翼之知。吾不反不侧<sup>⑥</sup>，不以万物易蜩之翼<sup>⑦</sup>，何为而不得！"

孔子顾谓弟子曰："用志不分，乃凝于神<sup>⑧</sup>。其痀偻丈人之谓乎！"

**【注释】**

①出：经过。

②痀偻（jūlǔ）：驼背。承：用杆去粘。蜩（tiáo）：蝉。

③掇（duō）：拾取。

④失：失误。锱铢（zīzhū）：古代重量单位，六铢为一锱，四锱为一两。此喻极少。

⑤厥：通"橛"，竖。株拘：即"株枸"，树根盘错处。

⑥不反不侧：指身心都不变化。反、侧，均指活动。

⑦易：改变。

⑧凝于神：精神凝聚专一。

**【译文】**

孔子到楚国去，经过树林中，看见一位驼背老人用竹竿粘蝉，就像用手拾取那样容易。

孔子说：“你真灵巧啊，这里有什么门道吗？”

驼背老人回答说：“是的，我有门道。我在竹竿上垒放两个弹丸，经过五六个月的练习就不会掉下来，那么粘蝉失手的次数就很少了；如果练到垒放三个弹丸也掉不下来，那么粘蝉失误的概率也就是十分之一了；如果再继续练习到垒放五个弹丸也掉不下来，那么粘蝉就如拾取那样容易了。当我粘蝉时，身体站在那里一动不动，就像一个竖立的木桩；我伸臂执竿，如同枯槁的树枝。虽然天地无限广大，万物纷纭繁多，而我眼中心中只有蝉翼。我身心不变不动，不因纷杂的万物改变我对蝉翼的关注，为什么得不到蝉呢！”

孔子回头对弟子们说：“用心不分散，精神凝聚专一，不就是说的这位驼背老人嘛！”

三

纪渻子为王养斗鸡①。

十日而问：“鸡已乎②？”曰：“未也，方虚憍而恃气③。”

十日又问，曰：“未也，犹应向景④。”

十日又问，曰：“未也，犹疾视而盛气⑤。”

十日又问，曰：“几矣，鸡虽有鸣者，已无变矣，望之似木鸡矣，其德全矣⑥。异鸡无敢应者，反走矣⑦。"

**【注释】**

①纪渻（shěng）子：姓纪，名渻子。王：据《列子·黄帝》篇所载，指周宣王。

②已：已经，可以，指可以竞斗。

③愪：通"骄"，骄矜。恃气：自恃意气。

④应：反应。向：通"响"，指鸡的叫声。景：同"影"，影子，指鸡的身影。

⑤疾视：目光犀利。盛气：指斗志旺盛。

⑥德全：德性完备。

⑦反走：转身逃跑。反，同"返"。

**【译文】**

纪渻子给周宣王驯养斗鸡。

十天后，周宣王问道："这鸡可以斗了吗？"纪渻子回答说："不行，正虚浮骄矜，自恃意气呢。"

过了十天，周宣王又问，纪渻子回答说："不行，它听到了鸡的声音，见到了鸡的影子，还是有反应。"

过了十天，周宣王又问，纪渻子回答说："不行，目光还是锐利，心气还是旺盛。"

过了十天，周宣王又问，纪渻子回答说："差不多了，虽然有的鸡鸣叫，它也没有一点变化，看上去就像一只木头雕成的鸡，它的德性已经完备了。别的鸡没有敢于应战的，见到它转身就跑了。"

# 山　木

　　本篇由各自独立的九则寓言故事组成，每则寓言故事的主旨不尽相同，但大体上反映了社会生活中的种种体验和感悟，不乏深邃的人生哲理和对社会问题的深刻认识。诸如我们所选的四则：其一，"庄子行于山中"一则，先写山中大树，因其不材而终享天年，再写不会鸣叫的鹅，因其不材而被宰杀，折射处世之艰难，由此阐发只有通往大道，与时变化，才能避灾远祸。其二，"庄子衣大布而补之"一则，以猿猴生存环境的优劣不同而遭遇大异为喻，揭露了昏君乱臣给社会带来的灾难，对当时的黑暗政治给予了尖锐的批判，表现了庄子学派对社会与人生的关注。其三，"庄子游于雕陵之樊"一则，描写了一个由蝉、螳螂、异鹊、庄周、虞人组成的利害得失的连环圈，无奈地提出"物固相累，二类相召"的认识判断，令人警醒。正如刘凤苞指出的，"此段极写世途之危险，见得而忘其形，见利而忘其真，说透病根"。此则寓言故事构思奇妙，行文一波三折，正如刘凤苞所评，"文心矫变不测，正如惊涛骇浪之中，忽逢峭石，叠嶂层峦之外，突起奇峰，真非常意境"。其四，"阳子之宋"一则，通过逆旅小子"其美者自美，吾不知其美也；其恶者自恶，吾不知其恶也"的一番话语，道出了人生一大道理，即有才之人不可自矜取过，"行贤而去自贤之行"，就可远离祸患，永远受人尊敬。

　　本篇因首段以"山木"为喻，故取之为篇名。

# 一

庄子行于山中，见大木，枝叶盛茂，伐木者止其旁而不取也。问其故，曰："无所可用。"庄子曰："此木以不材得终其天年。"

夫子出于山①，舍于故人之家。故人喜，命竖子杀雁而烹之②。竖子请曰③："其一能鸣，其一不能鸣，请奚杀？"主人曰："杀不能鸣者。"

明日，弟子问于庄子曰："昨日山中之木，以不材得终其天年；今主人之雁，以不材死。先生将何处？"

庄子笑曰："周将处乎材与不材之间。材与不材之间，似之而非也，故未免乎累。若夫乘道德而浮游则不然④。无誉无訾⑤，一龙一蛇⑥，与时俱化，而无肯专为。一上一下，以和为量⑦，浮游乎万物之祖⑧。物物而不物于物⑨，则胡可得而累邪！此神农、黄帝之法则也。若夫万物之情，人伦之传则不然⑩，合则离，成则毁，廉则挫⑪，尊则议⑫，有为则亏，贤则谋，不肖则欺。胡可得而必乎哉！悲夫，弟子志之⑬，其唯道德之乡乎！"

**【注释】**

①夫子：庄子。

②竖子：童仆。雁：鹅。烹：同"享"，进献，款待。
　按，古"亨""享""烹"三字同，往往混用。

③请：问。

④乘：因循。道德：自然之道。浮游：指游于虚无之中。

⑤訾（zǐ）：诋毁。

⑥龙、蛇：言其屈伸不定，随时变化。

⑦和：和顺。量：度，则。

⑧万物之祖：未始有物之先。

⑨物物：主宰万物。前一"物"字作动词用。不物于物：不役使于外物。

⑩伦：类。传：习俗，习惯。

⑪廉：指锋利。

⑫议：非议。

⑬志：记。

**【译文】**

庄子在山中行走，看见一棵大树，它的枝叶非常茂盛，伐木人停在树旁却不去砍伐。问他为什么不去砍伐，他说："没有什么用处。"庄子说："这棵大树因为不够良木的材质，所以才能享尽天赋的寿命。"

庄子走出山区，在老朋友家歇息。老朋友很高兴，便叫童仆杀鹅来款待庄子。童仆问道："有一只鹅会叫，另一只鹅不会叫，请问杀哪一只？"主人说："杀不能叫的。"

第二天，弟子向庄子问道："昨天遇见的山中之树，因为材质不好而能够终享天年；现在主人家的鹅，却因为没有才能而被杀。先生将要处于哪种情境呢？"

庄子笑着说："我庄周将要处于有材和无材之间。不过处于有材和无材之间似乎妥当，其实不然，所以不能免于拖累。若是顺应自然之道而游于虚无之境，那就大不一样了。那时，既没有美誉也没有毁谤，时隐时现犹如龙蛇一般，随时变化，而不偏执一端。上上下下随意飞腾与潜伏，以顺应自然为法则，游心于万物产生之前的浑沌境界。主宰万物而不被外物所役使，怎么还会受到外物的拖累呢！这是神农和黄帝的处世法则。若是万物的情况和人类的习俗就不是这样了，有了汇合就有分离，有了成功就有毁坏，锐利的将被挫折，尊贵的将被非议，有作为的人将要遭受亏损，有贤能的人将要遭人谋算，没出息的人就会遭受欺侮。谁又得知荣辱福祸必然来临的缘由呢！可悲啊，弟子们要记住，想要免于拖累，只有进入清静无为的大道境界了。"

## 二

庄子衣大布而补之①，正緳系履而过魏王②。魏王曰："何先生之惫邪③？"

庄子曰："贫也，非惫也。士有道德不能行，惫也；衣弊履穿④，贫也，非惫也，此所谓非遭时也。王独不见夫腾猿乎？其得楠、梓、豫章也⑤，揽蔓其枝而王长其间⑥，虽羿、蓬蒙不能眄睨也⑦。及其得柘棘枳枸之间也⑧，危行侧视⑨，振动悼栗⑩，此筋骨非有加急而不柔也⑪，处势不便，未足以逞其能也！今处昏上乱相之间而欲无惫，奚可得邪？此比干之见剖心⑫，征也夫！"

**【注释】**

①衣：穿。大布：粗布。

②正緳（xié）系履：谓用麻绳捆绑破鞋。正，借为"整"，整理。緳，带子。履，鞋。

③惫：疲惫，困乏。

④弊：破。穿：穿孔。

⑤楠、梓、豫章：三种端直良木。

⑥王长其间：在其间称王称长。

⑦羿：即后羿，古代善射之人。蓬蒙：即"逢蒙"，羿的弟子。眄睨（miǎnnì）：斜视。

⑧柘（zhè）棘枳（zhǐ）枸（gǒu）：四种有刺的小树。

⑨危行：小心行走，行动谨慎。

⑩振动：发抖。悼栗：因惧怕而战栗。悼，惧。

⑪急：紧。柔：灵便。

⑫比干：殷纣王的叔父，因忠谏被纣王剖心而死。

**【译文】**

庄子穿着一件带补丁的粗布衣服，脚上穿的破鞋用麻绳绑着，去见魏王。魏王说："先生如何这样的疲惫呢？"

庄子说："是贫穷，不是疲惫。士人有道德不能实行，这是疲惫；衣服破旧，鞋子穿孔，这是贫穷，不是疲惫，这就是所谓的生不逢时啊。你就没有见过那跳踯的猴子吗？当它们生活在楠、梓、豫章等大树之中的时候，攀援着树枝，心悦气盛，可以说是称王天下，即使善射的后羿、逢蒙也不敢小看它们。等到它们落到了柘、棘、枳、枸等带刺的树丛中时，尽管小心谨慎，目不斜视，走起路来还是胆战心惊，这并不是因为筋骨受到了束缚而不灵活，这是因为所处情势不利，不能施展自己的才能啊！现在正处于昏君乱臣的治理下，想要不疲惫，怎么可能呢？在此社会中，像比干那样被剖心，不就是明证吗？"

<h1 style="text-align:center">三</h1>

庄周游于雕陵之樊①，睹一异鹊自南方来者。翼广七尺，目大运寸②，感周之颡③，而集于栗林。庄周曰："此何鸟哉！翼殷不逝④，目大不睹。"蹇裳躩步⑤，执弹而留之⑥。睹一蝉方得美荫而忘其身。螳螂执翳而搏之⑦，见得而忘其形。异鹊从而利之，见利而忘其真⑧。庄周怵然曰⑨："噫！物固相累，二类相召也！"捐弹而反走⑩，虞人逐而谇之⑪。

庄周反入，三日不庭⑫。蔺且从而问之⑬："夫子何为顷间甚不庭乎？"庄周曰："吾守形而忘身⑭，观于浊水而迷于清渊⑮。且吾闻诸夫子曰：'入其俗，从其俗。'今吾游于雕陵而忘吾身，异鹊感吾颡，游于栗林而忘真，栗林虞人以吾为戮⑯，吾所以不庭也。"

**【注释】**

①雕陵：陵名。樊：圃。

②运：圆。

③感：触。颡：额。

④殷：大，广。

⑤蹇裳：提起衣裳。蹇，通"褰（qiān）"，提起。躩（jué）步：疾步，快步。

⑥留：伺机。

⑦翳（yì）：障蔽。这里指树叶。一说指螳螂之斧。

⑧真：真性，性命。

⑨怵（chù）然：惊恐警醒的样子。

⑩捐弹：丢弃弹弓。捐，弃。反走：回头跑去。反，同"返"。

⑪虞人：守园子的人。诤（suì）：责骂。

⑫三日：原误作"三月"，据王念孙说及文义改。不庭：不出门庭。

⑬蔺且：庄子弟子。

⑭守形：指看守异鹊之形。

⑮浊水：喻异鹊等外物。清渊：喻自己内在的真性。

⑯戮：侮辱。

**【译文】**

庄周到雕陵之圃游玩，看见一只异鹊从南方飞来。异鹊双翼宽广有七尺多长，眼睛又圆又大足有一寸，触到了庄周的额头后，停在了栗林中。庄周说："这是什么鸟啊！翅膀宽大却不能远飞，眼睛大却看不清东西。"于是提起衣裳快步走去，手拿弹弓，准备伺机射杀异鹊。这时，看见有一只蝉因为找到了一块浓荫，正在得意而忘记了自身的安全。而螳螂正在利用树叶做遮蔽，准备攻击这只蝉，因为见到猎物可得而忘记了自己的形体。异鹊见螳螂有利可图便跟了过去，因贪利而忘掉了自身的性命。此情此景使庄周惊恐，他警惕地说："哎！万物原本就是相互牵累，彼此两两相互招引呀！"想到此，便扔掉弹弓，急忙返身往回走，而守园子的人发现后，一边责骂着一边追过去。

　　庄周回到住所后，三天没有出门。弟子蔺且便问道："先生为什么近来不出门呢？"庄周说："我只知看守外物，却忘记了自身的安危；观看混浊之水，却冷淡了珍贵的清渊。我听先生说过：'到一个地方去，就要随从那里的风俗。'现在我到雕陵游玩却忘了自身的安危，让异鹊碰到了我的前额；走到栗林里却忘掉了自己的本性，让守园子的人侮辱了一顿，所以我三日不出门户。"

## 四

　　阳子之宋①，宿于逆旅②。逆旅人有妾二人，其一人美，其一人恶。恶者贵而美者贱。阳子问其故，逆旅小子对曰③："其美者自美，吾不知其美也；其恶者自恶，吾不知其恶也。"

　　阳子曰："弟子记之：行贤而去自贤之行④，安往而不爱哉！"

**【注释】**

①阳子：《韩非子·说林上》所载同一故事，作"杨子"；《列子·黄帝》篇作"杨朱"。之：往。宋：宋国。

②逆旅：旅店。

③逆旅小子：即逆旅人，均指旅店主人。

④行贤：德行美好。

**【译文】**

阳子到宋国去，住在一家旅店里。店主人有两个小妾，一个相貌美丽，一个相貌丑陋。然而貌丑的受到店主人的宠爱，貌美的却受到店主人的轻视。阳子询问其中的缘故，店主人说："那个貌美的女人自以为美而骄矜，我并不认为她有多美；那个貌丑的女人自以为丑而安分守己，我并不认为她有多丑。"

阳子对弟子们说："弟子们要记住，品德美好而能忘掉自己美好品德的人，走到哪里不会受到人们的敬爱呢！"

# 田子方

　　本篇以篇首三字为篇名，"田子方"为人名，也可以说以人名名篇。

　　本篇由十一则寓言故事组成，各则寓言故事虽然各有主旨，但大体都是围绕一个"真"字生发。我们选了三则。其一，"田子方侍坐于魏文侯"一则，通过对田子方之师的侧面描写，赞扬了保持真性的"全德君子"，讽刺了"圣知之言、仁义之行"不过是"土埂"而已。其二，"肩吾问于孙叔敖"一则，通过孔子之口，赞扬像孙叔敖这样的真人，能够纯气自守，保持真性，不为世俗的美人、爵禄、生死所动心，成为悟道的象征。其三，"楚王与凡君坐"一则，不足百字的短文，却说明一个大道理，即天下万物何为贵，真性最贵。真性存，一切皆存；真性亡，一切皆亡。

# 一

田子方侍坐于魏文侯<sup>①</sup>，数称谿工<sup>②</sup>。

文侯曰："谿工，子之师邪？"

子方曰："非也，无择之里人也。称道数当<sup>③</sup>，故无择称之。"

文侯曰："然则子无师邪？"

子方曰："有。"

曰："子之师谁邪？"

子方曰："东郭顺子<sup>④</sup>。"

文侯曰："然则夫子何故未尝称之？"

子方曰："其为人也真，人貌而天虚<sup>⑤</sup>，缘而葆真<sup>⑥</sup>，清而容物。物无道，正容以悟之<sup>⑦</sup>，使人之意也消。无择何足以称之！"

子方出，文侯傥然<sup>⑧</sup>，终日不言，召前立臣而语之曰："远矣，全德之君子！始吾以圣知之言、仁义之行为至矣。吾闻子方之师，吾形解而不欲动<sup>⑨</sup>，口钳而不欲言。吾所学者，直土梗耳<sup>⑩</sup>！夫魏真为我累耳！"

【注释】

①田子方：姓田，名无择，字子方，魏国人。魏文侯：魏国国君。

②数称：多次称赞。谿（xī）工：姓谿，名工，魏国贤人。

③称道：言谈说理。数当：往往恰当。

④东郭顺子：虚拟人物。

⑤人貌：外表如同常人。天虚：天心，内心与自然契合。虚，心。

⑥缘：顺。葆真：保持真性。

⑦正容：自正容仪，端正自己。

⑧傥（tǎng）然：自失的样子。

⑨形解：犹言身体散了架子。

⑩土梗：土偶人，喻粗陋无用。

【译文】

田子方陪坐在魏文侯的旁边，多次称赞谿工。

魏文侯说："谿工，他是你的老师吗？"

田子方说："不是，他是我的同乡。言论见解往往很中肯，所以我常称赞他。"

魏文侯说："那么你没有老师吗？"

田子方说："有。"

魏文侯说："你的老师是谁呢？"

田子方说："东郭顺子。"

魏文侯说："那么先生为什么不曾称赞过他？"

田子方说："他为人纯真，外貌虽如常人，而内心却如自然一样清虚，一切随顺自然而保持真性，心境清静而能包容万物。世人无道，他便首先端正自己，以此让人开悟，使别人的邪念自然消除。我又能用怎样的言辞来称赞他呢？"

田子方走后，魏文侯恍然自失，整天不说话，把站在面前的臣子召来，告诉他们说："真是深远啊，一个道德完备的君子！起初我以为圣智的言论、仁义的行为，算是最高的层次了。当我听到了田子方老师的情况，我的身体就像瓦解了一样不想动，嘴巴就像被钳住一样不想开口。我原来所学的东西，简直像土偶人一样粗陋啊！那魏国真成了我的累赘啊！"

## 二

肩吾问于孙叔敖曰①："子三为令尹而不荣华②，三去之而无忧色。吾始也疑子，今视子之鼻间栩栩然③，子之用心独奈何？"

孙叔敖曰："吾何以过人哉！吾以其来不可却也④，其去不可止也。吾以为得失之非我也，而无忧色而已矣。我何以过人哉！且不知其在彼乎⑤，其在我乎？其在彼邪，亡乎我⑥；在我邪，亡乎彼。方将踌躇⑦，方将四顾⑧，何暇至乎人贵人贱哉！"

仲尼闻之曰："古之真人，知者不得说⑨，美人不得滥⑩，盗人不得劫⑪，伏戏、黄帝不得友。死生亦大矣，而无变乎己，况爵禄乎！若然者，其神经乎大山而无介⑫，入乎渊泉而不濡⑬，处卑细而不惫。充满天地，既以与人，己愈有⑭。"

---

【注释】

①肩吾：虚拟人物。孙叔敖：曾任楚庄王相。

②令尹：在楚国掌握国家军政大权的官职，相当于宰相。

③栩栩然：舒缓悠长的样子。

④以：以为。其：指令尹官职。却：推却。

⑤其：指荣华。彼：指令尹之职。

⑥亡乎我：与我无关。亡，无。

⑦蹒蹒：悠闲自得的样子。

⑧四顾：向四方张望，高视八方。

⑨知：同"智"。说（shuì）：游说。

⑩滥：淫乱。

⑪劫：劫持。

⑫大山：即泰山。介：碍，阻碍。

⑬濡（rú）：湿。

⑭"既以"二句：出自《老子》："既以为人，己愈有；
既以与人，己愈多。"既，尽。

**【译文】**

肩吾向孙叔敖问道："你曾经三次出任令尹一职而没有
感到荣耀和华贵，你三次被免除令尹一职而没有丝毫的忧
虑。我起初还怀疑你是装出来的，现在看你鼻息出入舒缓
悠长的样子，果真不假，你的内心究竟是怎么想的呢？"

孙叔敖说："我哪有过人的地方啊！我只是认为这令尹
一职，它来了你不可以推却，它走了你不可以阻止。我认
为得与失都不是我所能决定的，我所做的只是无忧无虑罢
了。我哪有过人的地方啊！而且不知道所谓的荣耀和华贵
是在令尹一职上呢？还是在我身上呢？如果它在令尹一职
上，那么就与我无关；如果它在我的身上，那么就与令尹
一职无关。我正在从容自得，四顾遐想，哪有时间去考虑
人的高贵与卑贱呢！"

孔子听到后说："古时候的真人，智者不能说服他，美

女不能淫乱他，强盗不能劫持他，伏羲、黄帝不能与他交朋友。就是生死这样的大事，也不能使他的本性发生变化，何况爵位和俸禄呢！像这样的人，他的精神遨游泰山也不会遇上阻碍，潜入深渊也不会沾湿衣裳，身处卑微的地位也不会疲惫。他的精神充满天地，越是尽力济人，越是感到更加富有。"

## 三

楚王与凡君坐<sup>①</sup>，少焉，楚王左右曰"凡亡"者三<sup>②</sup>。凡君曰："凡之亡也，不足以丧吾存<sup>③</sup>。"夫"凡之亡不足以丧吾存"，则楚之存，不足以存存<sup>④</sup>。由是观之，则凡未始亡，而楚未始存也。

**【注释】**

①楚王：楚文王。凡君：凡国的国君。楚国强大，凡国弱小，楚王有吞并之心。

②三：指三人。

③存：指所存真性。

④存存：保存这种存在。

**【译文】**

楚王与凡君坐在一起，不一会儿，楚王左右的近臣就有三个人相继传说"凡国灭亡了"。凡君说："凡国的灭亡，也不能让我丧失真性的存在。"那么"凡国的灭亡也不能让我丧失真性的存在"这句话，是说楚国的存在也不能保存他的存在。由真性的观点看来，凡国不曾灭亡而楚国不曾存在。

# 知北游

　　本篇以篇首三字命题，由十一则寓言故事和一段议论组成，其主题在于论道。我们选了两则寓言故事予以介绍。其一，"知北游于玄水之上"，这则寓言先写道体虚无，纯任自然，不可言传，得出"知者不言，言者不知"的论断。次写人的生死问题，指出"人之生，气之聚也。聚则为生，散则为死"，并断言包括人之生死在内的万物的发展变化，都源于"通天下一气"的元气的变化。这种认识，反映了道家可贵的唯物思想和卓越的思辨能力。其二，"东郭子问于庄子"，这则寓言主要说明了主宰万物的道是无处不在的，大至天地，小至瓦甓和屎尿，鲜明地阐述了作为自然规律的道的普遍性。

# 一

知北游于玄水之上①，登隐弅之丘②，而适遭无为谓焉③。知谓无为谓曰："予欲有问乎若④：何思何虑则知道？何处何服则安道⑤？何从何道则得道⑥？"三问而无为谓不答也。非不答，不知答也。

知不得问，反于白水之南⑦，登狐阕之上⑧，而睹狂屈焉⑨。知以之言也，问乎狂屈。狂屈曰："唉！予知之，将语若。"中欲言而忘其所欲言⑩。

知不得问，反于帝宫，见黄帝而问焉。黄帝曰："无思无虑始知道，无处无服始安道，无从无道始得道。"

知问黄帝曰："我与若知之，彼与彼不知也⑪，其孰是邪？"

黄帝曰："彼无为谓真是也，狂屈似之，我与汝终不近也。夫知者不言，言者不知，故圣人行不言之教⑫。道不可致，德不可至⑬。仁可为也，义可亏也，礼相伪也。故曰⑭：'失道而后德，失德而后仁，失仁而后义，失义而后礼。'礼者，道之华而乱之首也⑮。故曰⑯：'为道者日损，损之又损之，以至于无为。无为而无不为也。'今已为物也，欲复归根，不亦难乎！其易也，其唯大人乎⑰！生也死之徒，死也生之始，孰知其纪⑱！人之生，气之聚也⑲。聚则为生，散则为死。若死生为徒，吾又何患！故万物一也⑳。是其所美者为神奇，其所恶者为臭腐。臭腐复化为神奇，神奇复化为臭腐。故曰：'通天下一气耳㉑。'圣人故贵一㉒。"

知谓黄帝曰："吾问无为谓，无为谓不应我，非不我应，不知应我也；吾问狂屈，狂屈中欲告我而不我告，非不我告，中欲告而忘之也；今予问乎若，若知之，奚故不近㉓？"

黄帝曰："彼其真是也㉔，以其不知也；此其似之也㉕，以其忘之也；予与若终不近也，以其知之也。"

狂屈闻之，以黄帝为知言㉖。

## 【注释】

①知：虚拟人物。玄水：虚拟水名。玄，黑，深奥的意思。

②隐弅（fèn）：虚拟丘名。弅，突起。

③无为谓：虚拟人名。取其无所为、无所谓的意思。

④若：你。

⑤处：居。服：行，事。安：守，符合。

⑥何道：何由。

⑦反：同"返"。白水：虚拟水名。

⑧狐阕：虚拟丘名，取其阕疑的意思。

⑨狂屈：虚拟人物，取其狂放屈伸之意。

⑩中：心中。

⑪彼与彼：指无为谓和狂屈。

⑫"夫知者"三句：夫，发语词。知者不言，言者不知，出于《老子》第五十六章。圣人，指老子。

⑬"道不"二句：致，得。至，达。郭象《庄子注》

云："道在自然，非可言致也。不失德故称德，称德而不至也。"

⑭"故曰"以下四句：出于《老子》第三十八章。

⑮华：装饰，引申为假象。

⑯"故曰"以下四句：出于《老子》第四十八章。

⑰大人：指自然无为的得道之人。

⑱纪：始末，终结。

⑲气：指元气。

⑳一：同一，指一气。

㉑通：贯通。一气：谓一气为之。

㉒贵：看重。一：指生死的同一性。

㉓不近：指不接近大道。

㉔彼：指无为谓。真是：指真正知道大道。

㉕此：指狂屈。似之：指近似于知道大道。

㉖知言：明白道理的言论，中肯之言。

**【译文】**

知到北方的玄水边游览，登上了隐弅之丘，恰巧遇上了无为谓。知对无为谓说："我想问你一些问题：怎样思索怎样考虑才能懂得道？怎样生活怎样做事才能符合道？依从什么采用什么途径才能得到道？"知三问而无为谓皆不回答。不是不回答，而是不知道回答。

知得不到解答，返回白水的南边，登上了狐阕之丘，看见了狂屈。知便把问无为谓的话，转问于狂屈。狂屈说："唉，我知道这些问题，等一会儿我告诉你。"狂屈心中想说，却突然忘记了想要说的话。

　　知又没有得到解答，便返回帝宫，见到了黄帝便问他。黄帝说："无所思考、无所顾虑方能知道道，无所处身、无所行事方能符合道，无所依从、无所选择方能得到道。"

　　知问黄帝说："我和你知道了这些说法，可无为谓和狂屈却不知道，那么谁是对的呢？"

　　黄帝说："那无为谓是真正对的，狂屈差不多，我和你始终没有能够接近大道。知道的人不说出来，说出来的人不知道，所以圣人实行的是不用言传的教育。道本于自然，不能依靠言传获得；德根于修养，不能凭着称述达到。仁爱是有作为的，义理是有缺欠的，礼仪是有虚伪的。所以说：'丧失道而后才有德，丧失德而后才有仁，丧失仁而后才有义，丧失义而后才有礼。'礼，是道的假象，祸乱的开始。所以说：'修道的人要天天减损华伪的形迹，减损了再继续减损，一直达到无所作为的程度。无所作为也就是无所不作为了。'现在世人已经被物化而丧失了真性，想要复归大道，不是很难了嘛！如果说容易的话，那只有悟道的大人了！生是死的伴侣，死是生的开始，谁能知道生死的始末呢！人的出生，是元气的聚合。元气聚合，人便有了生命；元气散失，人便走向死亡。若是死生相为伴侣的话，我又有什么可忧患的呢！所以说万物是一体的，并无差别。只是世人把自己所喜欢的所欣赏的事物称为神奇，把自己所厌恶的所痛恨的事物称为臭腐。就像死生相伴随一样，臭腐的东西将会重新转化为神奇的东西，而神奇的东西也将会转化成臭腐的东西。所以说：'贯通天下生死的，是一气为之而已。'因此，圣人所重视的是生死的同一性。"

知对黄帝说："我问无为谓，无为谓不回答我，不是不回答我，而是不知道回答我；我问狂屈，狂屈心中想告诉我却没有告诉我，不是不告诉我，而是心中想告诉我而忘记了；现在我来问你，你知道，是什么原因不能接近大道呢？"

黄帝说："说无为谓是真正知道大道，就是因为他不知道什么是大道；说狂屈好像明白大道，就是因为他忘记了什么是大道；说我和你始终没有接近大道，就是因为我们知道了什么是大道。"

狂屈听说后，认为黄帝的这番话算是对大道理解比较深刻的话。

## 二

东郭子问于庄子曰①："所谓道，恶乎在？"

庄子曰："无所不在。"

东郭子曰："期而后可②。"

庄子曰："在蝼蚁③。"

曰："何其下邪④？"

曰："在稊稗⑤。"

曰："何其愈下邪？"

曰："在瓦甓⑥。"

曰："何其愈甚邪？"

曰："在屎溺⑦。"

东郭子不应。

庄子曰："夫子之问也，固不及质。正、获之问于监市履狶也⑧，‘每下愈况⑨’。汝唯莫必⑩，无乎逃物。至道若是，大言亦然⑪。周遍咸三者，异名同实，其指一也。尝相与游乎无何有之宫，同合而论，无所终穷乎⑫！尝相与无为乎！澹而静乎！漠而清乎！调而闲乎！寥已吾志⑬。无往焉而不知其所至⑭，去而来而不知其所止。吾已往来焉而不知其所终。彷徨乎冯闳⑮，大知入焉而不知其所穷。物物者与物无际⑯，而物有际者，所谓物际者也。不际之际，际之不际者也⑰。谓盈虚衰杀⑱，彼为盈虚非盈虚，彼为衰杀非衰杀，彼为本末非本末，彼为积散非积散也。”

【注释】

①东郭子：因住在东郭而取以为名。

②期：限，谓要求确指。

③蝼蚁：蝼蛄和蚂蚁。

④下：低下。

⑤稊（tí）、稗（bài）：两种相似的杂草。

⑥甓（pì）：砖。

⑦溺（niào）：通“尿”。

⑧正、获：主管饮射的官名。监市：管理市场的官。履狶（xī）：用脚踩猪。狶，同“豨”，大猪。按，买猪时要挑肥的，踩一下猪腿就可以辨别猪的肥瘦了。因为猪腿的下部最难肥，如果猪腿肥了，那么整只猪是肥的就没问题了。

⑨每下愈况：这是监市回答如何检查猪的肥瘦的方法。以此比喻检验大道也是如此。

⑩汝唯莫必：谓你不要限定道在何处。必，拘限，限定。

⑪大言：大的言辞，大话。

⑫"尝相与"三句：林云铭云："十九字作一句读，言试与游于虚无之中，合万为一，而论无所底止学乎！"尝，试。无何有之宫，指虚无的境界。

⑬寥已吾志：即"吾志寥已"的倒装。寥，虚。已，矣。

⑭无：疑为"吾"字音误，马叙伦谓"无"为衍文。

⑮彷徨：徜徉。冯闳（hóng）：空虚开阔的样子。

⑯物物：主宰万物，指道。际：边际，界限。

⑰"不际"二句：王先谦云："道本不际，而见于物际；见于物际，而仍是无际也。"

⑱盈：满。虚：亏。衰：败。杀：降。

【译文】

东郭子问庄子说："所谓道，在什么地方？"

庄子说："无所不在。"

东郭子说："必须指出一个地方来才可以。"

庄子说："在蝼蛄和蚂蚁中。"

东郭子说："怎么这样卑下呢？"

庄子说："在稊稗这类的杂草中。"

东郭子说："怎么越说越低下了呢？"

庄子说："在砖瓦中。"

东郭子说："怎么更加低下了呢？"

庄子说："在屎尿中。"

东郭子不再说话。

庄子说："先生所问的，原本就没有问到实质上。司正和司获向市场管理员询问踩猪验肥的方法，市场管理员便说'每下愈况'，猪的下腿肥了，猪的全身还能不肥吗？你不要限定道在何处，没有脱离物外的道。大道原本就是无处不在的，使用再大的言辞来说明它，也是一样。'周'、'遍'、'咸'这三种称谓，名称不同而实质是相同的，它们所指的是同样的意思。试让我们一起游于虚无的境界，合万物为一，见道之同源，所论之大道是无法穷尽的！试让我们一起率性无为吧！若能如此，便能恬淡而平静！寂寞而清澄！调和而悠闲！这样一来，我的心志也就虚寂了。我随着自然前往，却不知要到什么地方去；去而复回，而又不知在什么地方停止。我来回往返，却从来没有想到归于何处。徜徉于虚旷之中，虽有大智之人进入其中，也不能得知大道的止境。主宰万物的大道，与万物融为一体，是没有边际的，就一物而言是有边际的，即所谓某一物的边际而已。没有边际的边际，乃是边际中没有边际。说到盈虚衰杀，大道能使万物盈虚，而大道并不盈虚；大道能使万物衰杀，而大道并不衰杀；大道能使万物有始终，而大道并非有始终；大道能使万物有积散，而大道并非有积散。"

# 杂　篇

## 庚桑楚

　　本篇取首句人名为篇名，由十二段文字杂纂而成，每段文字所表现的主题不尽相同，文字风格也不尽相同，其中有的文字艰涩破碎，与《庄子》一书整体上的流美风格大异。我们选录此篇的首段予以介绍。

　　首段主旨是论道，通过体道者庚桑楚的待人处事来表现：辞退炫智矜仁的弟子，只与拙笨、不重外表的弟子相处；坚决反对当地百姓把自己当成圣贤来敬奉。作者还通过庚桑楚之口，说明"春气发而百草生，正得秋而万宝成"，一切事物的发展变化都是大道无为而自然运行的结果。作者还借庚桑楚之口，对尧、舜所倡导的举贤任智，从而诱导人们对私利的过分追逐，因而造成的恶果，作出了惊世骇俗的判断："大乱之本，必生于尧、舜之间，其末存乎千世之后。千世之后，其必有人与人相食者也。"人类私欲的无限膨胀，确实酿造了无数的战争、瘟疫，我们应当从历史悲剧中汲取方方面面的教训。

　　老聃之役有庚桑楚者①，偏得老聃之道②，以北居畏垒之山③。其臣之画然知者去之，其妾之挈然仁者远之④。拥肿之与居⑤，鞅掌之为使⑥。居三年，畏垒大壤⑦。畏垒之民相与言曰："庚桑子之始来，吾洒然异之⑧。今吾日计之而不足，岁计之而有余。庶几其圣人乎！子胡不相与尸而祝之，社而稷之乎⑨？"

　　庚桑子闻之，南面而不释然⑩。弟子异之，庚桑子曰："弟子何异于予？夫春气发而百草生，正得秋而万宝成⑪。夫春与秋，岂无得而然哉⑫？天道已行矣。吾闻至人，尸居环堵之室⑬，而百姓猖狂不知所如往⑭。今以畏垒之细民，而窃窃焉欲俎豆予于贤人之间⑮，我其杓之人邪⑯？吾是以不释于老聃之言。"

　　弟子曰："不然。夫寻常之沟⑰，巨鱼无所还其体，而鲵鳅为之制⑱；步仞之丘陵⑲，巨兽无所隐其躯，而孽狐为之祥⑳。且夫尊贤授能，先善与利，自古尧、舜以然，而况畏垒之民乎！夫子亦听矣！"

　　庚桑子曰："小子来！夫函车之兽㉑，介而离山㉒，则不免于网罟之患；吞舟之鱼，砀而失水㉓，则蚁能苦之。故鸟兽不厌高，鱼鳖不厌深。夫全其形生之人㉔，藏其身也，不厌深眇而已矣㉕。且夫二子者，又何足以称扬哉！是其于辩也㉖，将妄凿垣墙而殖蓬蒿也，简发而栉㉗，数米而炊，窃窃乎又何足以济世哉<sup>㉘</sup>！举贤则民相轧，任知则民相盗。之数物者<sup>㉙</sup>，不足以厚民。民之于利甚勤，子有杀父，臣有杀君，正昼为盗，日中穴阫<sup>㉚</sup>。吾语女<sup>㉛</sup>：大乱之本，必生于尧、舜之间，其末存乎千世之后。千世之后，其必有人与人相食者也。"

**【注释】**

①役：门徒。古代做门徒的要为师父服杂役，故称役。庚桑楚：老聃的弟子，姓庚桑，名楚。

②偏得：独得。

③畏垒：虚拟山名。

④"其臣"二句：臣、妾，指随从。画然，明察的样子。知，同"智"。挈（qiè）然，显示，标举。

⑤拥肿：指呆笨无知的人。

⑥鞅掌：指不修仪容的人。

⑦壤：通"穰"，丰收。

⑧洒然：惊异的样子。

⑨"子胡"二句：尸、祝、社、稷皆作为动词用。尸，主，牌位。祝，祝祷，赞颂。为他设立牌位而祝颂。社，土神。稷，谷神。为他建立社稷。

⑩释：通"怿"，悦，高兴。

⑪万宝：各种果实。宝，指果实，唐写本正作"实"。

⑫得：德。

⑬尸居：像尸主一样静寂而居。环堵：一方丈大的小屋。堵，一丈。

⑭猖狂：任性放纵。如：往。

⑮窃窃：私下议论的样子。俎、豆：皆为祭祀所用的器皿。这里作动词，奉祀的意思。

⑯其：岂。杓（dí）之人：即"人之杓"的倒装句，谓人们的榜样。杓，标准，榜样。

⑰寻常：八尺为寻，两寻为常。

⑱鲵鳅（qiū）：小鱼。鳅，泥鳅。制：折，曲折。

⑲步仞：六尺为步，七尺或八尺为仞。

⑳孽（niè）：妖，妖孽。祥：善。

㉑函：通"含"，吞。

㉒介：独。

㉓砀（dàng）：流荡，流出。

㉔生：通"性"，本性。

㉕眇：远。

㉖辩：通"辨"，辨别，分别。

㉗简：择，选择。栉（zhì）：梳理头发。

㉘窃窃乎：小心计较的样子。

㉙数物：数事，指尊贤授能等事。

㉚穴阫（péi）：挖墙。穴，挖。阫，墙。

㉛女：同"汝"，你。

【译文】

老聃的弟子中，有一个叫庚桑楚的，独得老聃之道，往北去住在畏垒山中。在他左右服役的徒仆，凡是耍小聪明和标举仁义的都让他们远离自己。却与朴拙的住在一起，留下不修饰外表的使用。住了三年，畏垒大丰收。畏垒的百姓相互说道："庚桑子初来时，我对他的行为颇感惊异。现在我按天来计算收益虽感不足，但按一年下来计算，却富富有裕。他大概就是个圣人吧！我们为什么不为他设立神位，来祝颂他的德政，为他建立社稷，把他当作国君来敬奉呢？"

庚桑子听说要面南为君，很不高兴。弟子们对庚桑子的反应感到诧异，庚桑子说："弟子们对我的态度有什么可诧异的呢？春气勃发而百草繁盛，时逢秋天而百果收成。那春与秋，难道就没有功德可言吗？这一切不过是大道自然运行的结果罢了。我听说得道的至人，像木头人一样住在方丈大的陋室之中，而百姓任性放纵，随心所欲，不知所往。如今畏垒的小民私下议论，想把我当作贤人来奉侍，我难道是人们推崇的榜样吗？想起老聃的教诲，所以我不痛快。"

弟子说："不是这样的。那小水沟里，大鱼不能转身，而小鱼可以曲折回旋；那小丘陵上，巨兽没有地方隐蔽身体，而对于妖狐却是藏匿的好地方。再说尊重贤人，重用能人，赏善施利，自古尧、舜就是这样，何况畏垒的百姓呢！先生还是听任他们的做法吧！"

庚桑子说："小子们过来！你们没有听说过，那吞车的野兽，一旦独自出山，就难免遭到网罗的灾患；吞舟的大鱼，一旦流荡出水，连蚂蚁都能伤害它。所以说鸟兽不嫌山高，鱼鳖不嫌水深。为了保存自己的身体和本性的人，要敛藏自己，也不嫌深远幽邃罢了。至于像尧和舜两人，又有什么好称颂的呢！像他们那样的分别善恶贤愚，就像妄想凿开垣墙来种蓬蒿那样愚昧；像他们那样，挑着一根根头发来梳理，数着一粒粒米来下锅，斤斤计较着又怎么能够救世呢！推举贤能之人，就会使百姓相互倾轧；任用智能之人，就会使百姓相互欺诈。这些方法，不足以使百姓淳厚。百姓对于私利一旦过于勤勉用心，就难免有子杀父，臣杀君，白天抢劫，晌午挖墙打洞的现象发生。我告诉你们：天下大乱的根源，必定生于尧、舜之间，而流弊将会存留于千载之后。千载之后，其社会必有人吃人的现象发生。"

# 徐无鬼

本篇取其篇首人名为篇名，全篇由十四则寓言故事和一段议论所组成，内容虽稍嫌庞杂，然大体还是宣扬道家自然无为的思想，只是少了些玄虚的阔论，多了些现实生活的体验。在艺术表现上，除了以往的犀利潇洒的风格外，更增添了讽刺的笔触。

本书选录了三个段落。其一，"知士无思虑之变则不乐"，此段文字历数十九种人，皆因执著于才能、个性、爱好、事业、功名、利禄，而追逐竞争，终生不能自拔。正如宣颖所评："一笔写出十九种人情，溺于所向，各不自禁，披靡一生，无由拔脚，真觉可哂可涕！"（《南华经解》）其二，"庄子送葬"，这则寓言故事表现了庄子对亡友的深情追念，说明了辩论的对手观点上的对立，并不妨碍真挚的友情。其三，"管仲有病"，这则寓言故事否定了为政廉洁而斤斤计较的鲍叔牙，肯定了有所不闻、有所不见而上不逆君、下不违民的隰朋，其个中的消息，无非在于鲍叔牙离自然之道太远，而隰朋离自然之道稍近而已。

# 一

知士无思虑之变则不乐①，辩士无谈说之序则不乐②，察士无凌谇之事则不乐③，皆囿于物者也④。

招世之士兴朝，中民之士荣官，筋力之士矜难，勇敢之士奋患，兵革之士乐战，枯槁之士宿名⑤，法律之士广治，礼教之士敬容，仁义之士贵际。

农夫无草莱之事则不比⑥，商贾无市井之事则不比，庶人有旦暮之业则劝，百工有器械之巧则壮。

钱财不积则贪者忧，权势不尤则夸者悲⑦。势物之徒乐变⑧，遭时有所用，不能无为也。此皆顺比于岁⑨，不物于易者也⑩。驰其形性，潜之万物，终身不反，悲夫！

【注释】

①知：同"智"。变：指机变之事。

②序：条理，逻辑。

③凌谇（suì）：凌辱和责问。

④囿（yòu）：拘限。

⑤宿：守。

⑥草莱：杂草，指耕耘等农事。比：和乐。

⑦尤：出众。

⑧势物：权利。

⑨顺比：随顺。

⑩不物于易：即"不易于物"的倒装句，谓各自拘守一物而不能变通。

## 【译文】

智谋之士如果没有提供思虑的机变之事是不快乐的，口辩之士如果没有谈论的话题与程序是不快乐的，好察之士如果没有欺凌与责难事情的发生是不快乐的，他们都是被外物所拘限的人。

招摇于世的人好在朝廷中炫耀自己，中等资质的人以做官为荣，体格强健的人以排险解难自夸，勇敢无畏的人喜欢挺身排除祸患，披甲戴盔的人以参战为快乐，隐居清修的人留意自己的名声，注重法律的人大力推广法治，讲究礼教的人重视外表的修饰，崇尚仁义的人看重人与人之间的交际。

农夫如果没有耕田除草的事情就不会和乐，商人如果没有商业买卖的事情就不会和乐，百姓如果早晚都有事做就会很勤勉，工匠如果有了灵巧的工具就会气壮。

钱财积累不多而好贪图的人就会忧愁，权势不够强大而好夸耀的人就会悲哀。追逐权利的人们喜欢变乱，遇到时机来临，就要铤而走险，不能清静无为。这些人都是随时竞逐，拘限于一事一物而不能脱身的人。他们身心驰骛，沉溺外物，终生不能自拔，岂不悲哀！

## 二

庄子送葬，过惠子之墓，顾谓从者曰："郢人垩慢其鼻端若蝇翼①，使匠石斫之②。匠石运斤成风③，听而斫之④，尽垩而鼻不伤，郢人立不失容。宋元君闻之⑤，召匠石曰：'尝试为寡人为之。'匠石曰：

‘臣则尝能斫之，虽然，臣之质死久矣⑥！’自夫子之死也⑦，吾无以为质矣，吾无与言之矣！”

**【注释】**

①郢：楚国都城，今湖北江陵。垩（è）：白土，可用于涂饰。墁：通"墁"，涂。

②匠石：名叫石的工匠。斫：砍削。

③运：挥动。斤：斧。

④听：任，听任。

⑤宋元君：即宋元公，宋平公之子。

⑥质：对手，指施展技艺的对象。

⑦夫子：指惠施。

**【译文】**

庄子送葬，经过惠施的坟墓，回头对随从说道："郢都有一个人，不小心让一星点白灰粘在鼻子上，这点白灰就像苍蝇的翅膀那样又薄又小，他让匠石替他削掉。匠石挥起斧子，随斧而起的风声呼呼作响，任凭斧子向白灰点削去，灰点尽除而鼻子安然不伤，郢都人站立不动，神色不变。宋元君听说此事后，把匠石召去，说道：'试着替我再做一遍。'匠石说道：'臣下确实曾经砍削过鼻尖上的灰点，不过现在我的对手已经死了很久了！'自从先生去世，我也没有对手了，我再也找不到辩论的对象了！"

# 三

管仲有病①，桓公问之曰："仲父之病病矣②，可不讳云③，至于大病，则寡人恶乎属国而可④？"

管仲曰："公谁欲与⑤？"

公曰："鲍叔牙⑥。"

曰："不可。其为人洁廉，善士也；其于不己若者不比之⑦；又一闻人之过，终身不忘。使之治国，上且钩乎君⑧，下且逆乎民。其得罪于君也，将弗久矣！"

公曰："然则孰可？"

对曰："勿已，则隰朋可⑨。其为人也，上忘而下不畔⑩，愧不若黄帝，而哀不己若者。以德分人谓之圣，以财分人谓之贤。以贤临人，未有得人者也；以贤下人，未有不得人者也。其于国有不闻也，其于家有不见也。勿已，则隰朋可。"

**【注释】**

①管仲：管子，姓管，名仲，字夷吾，曾任齐相，齐桓公尊之为仲父。

②病矣：病危了。

③讳：原误作"谓"，江南古藏本作"讳"，《列子·力命》篇亦作"讳"，据以改正。

④恶：何。属：嘱托，托付。

⑤公谁欲与：即"公欲与谁"。

⑥鲍叔牙：姓鲍，字叔牙，齐国大夫。

⑦不己若：即"不若己"。不比：不亲近。

⑧钩：逆，触犯。

⑨隰（xí）朋：姓隰，名朋，齐国贤人。

⑩不：原脱，据《列子·力命》篇补。畔：界岸。

【译文】

管仲生了病，齐桓公问他说："仲父的病已经很危险了，还可以忌讳不说么？一旦病危，我将把国家托付给谁才好呢？"

管仲说："你想托付给谁呢？"

齐桓公说："鲍叔牙。"

管仲说："不可以。他为人处事廉洁，是个好人。但是他对于不如自己的人不够亲近，又听说了人家的过错就终身不忘。如果让他治理国家，对上会触犯君威，对下会违背民意。他将得罪于国君，不会太久了。"

齐桓公说："那么谁可以呢？"

管仲回答说："不得已的话，隰朋还可以。他为人处事，对上能够忘记权贵的荣位，对下能够不区分地位的卑贱，自愧不如黄帝，而又怜悯不如自己的人。以道德来感化人，称得上是个圣人；以钱财来分给人，称得上是个贤人。以贤人的身份凌驾于众人之上，没有能够获得人心的；以贤人的身份礼遇众人，没有不能够获得人心的。他对于国事有所不闻，他对于家事有所不见。如果不得已的话，隰朋还可以。"

# 则 阳

　　本篇取首句人名为篇名，全篇由十几则寓言故事汇编而成，内容较杂，大体还是说明道体的特征及其作用。本篇值得关注的是，有些并非直接谈道或侧重谈道的寓言故事写得极为深刻，极为精彩，给人耳目一新的感觉。如下面所选的"魏莹与田侯牟约"一段，写魏惠王因田侯牟背约，一怒之下就要派人去刺杀他。起笔就勾勒出一个鲜活的人物。以下就此事分别描绘了作为好战将军的态度、反对挑起战争而危害百姓的人物的态度、把主张攻打与反对攻打的争论都视为兴乱的人物的态度，直至引出悟道者戴晋人，通过戴晋人之口叙述蜗角之战，才渐近主题，开始阐述主旨，层层递进，如剥竹笋，层层深入，极有说服力。又如"柏矩学于老聃"一段，老聃弟子出游齐国，看见街上一具受刑示众的死尸，由此感慨一通。所感何事，是哀其不幸，还是怒其犯罪？是痛恨刑法严酷，还是责备立法不公？然而都不是。作者锐利的眼光，扫过常人常理的层面，触及到案件的本源，揭示了社会的根源。作者通过柏矩之口，历数上层统治者种种盘剥欺诈百姓的招数后，道出了案件的因果关系，即"民知力竭，则以伪继之"，"力不足则伪，知不足则欺，财不足则盗"，并挺身为民请命，说："盗窃之行，于谁责而可乎？"这一责问，于千载之后，今天读来，仍令人震撼。

## 一

魏莹与田侯牟约<sup>①</sup>，田侯牟背之。魏莹怒，将使人刺之。

犀首公孙衍闻而耻之<sup>②</sup>，曰："君为万乘之君也，而以匹夫从仇<sup>③</sup>。衍请受甲二十万，为君攻之，虏其人民，系其牛马，使其君内热发于背，然后拔其国。忌也出走<sup>④</sup>，然后抶其背<sup>⑤</sup>，折其脊。"

季子闻而耻之<sup>⑥</sup>，曰："筑十仞之城<sup>⑦</sup>，城者既十仞矣，则又坏之，此胥靡之所苦也<sup>⑧</sup>。今兵不起七年矣，此王之基也。衍，乱人也，不可听也。"

华子闻而丑之<sup>⑨</sup>，曰："善言伐齐者，乱人也；善言勿伐者，亦乱人也；谓伐之与不伐乱人也者，又乱人也。"

君曰："然则若何？"

曰："君求其道而已矣。"

惠子闻之，而见戴晋人<sup>⑩</sup>。戴晋人曰："有所谓蜗者，君知之乎？"

曰："然。"

"有国于蜗之左角者，曰触氏；有国于蜗之右角者，曰蛮氏<sup>⑪</sup>。时相与争地而战，伏尸数万，逐北旬有五日而后反<sup>⑫</sup>。"

君曰："噫！其虚言与？"

曰："臣请为君实之<sup>⑬</sup>。君以意在四方上下有穷乎<sup>⑭</sup>？"

君曰："无穷。"

曰："知游心于无穷，而反在通达之国⑮，若存若亡乎？"

君曰："然。"

曰："通达之中有魏，于魏中有梁⑯，于梁中有王，王与蛮氏有辩乎⑰？"

君曰："无辩。"

客出而君惝然若有亡也⑱。

客出，惠子见⑲。君曰："客，大人也，圣人不足以当之。"

惠子曰："夫吹管也，犹有嗃也⑳；吹剑首者㉑，吷而已矣㉒。尧、舜，人之所誉也。道尧、舜于戴晋人之前，譬犹一吷也。"

【注释】

①魏莹：魏惠王，名莹。按，《史记·六国年表》载魏惠王名罃。田侯牟：疑指齐桓公。齐桓公名午，"牟"大概为"午"之讹。然齐桓公与魏惠王又不同时。此类当作寓言看待，不必究其所指。

②犀首：官名，相当于后世的虎牙将军。

③匹夫：无官职的一般百姓。从仇：报仇。

④忌：齐将田忌。一说"忌"为"亡"字之讹。

⑤抶（chì）：鞭打。

⑥季子：魏国贤臣。

⑦仞：七尺或八尺为一仞。

⑧胥靡：服役的犯人。

⑨华子：魏国贤臣。

⑩见：引见。戴晋人：得道者。

⑪蛮氏：与前"触氏"，皆为虚拟国名。"触氏"喻争，"蛮氏"喻蠢。

⑫逐北：追逐败逃之人。逐，追逐。北，败北，败逃。

⑬实之：证实此话。

⑭在：察。

⑮反在：反察，反观。通达之国：指人马舟车所能到达的地方。

⑯梁：魏国都城，今河南开封。

⑰辩：通"辨"，区别。

⑱惝然：恍惚不定的样子。

⑲见：指拜见魏君。

⑳嗃（xiāo）：洪亮而悠长的声音。

㉑剑首：指剑鼻环的小孔。

㉒映（xuè）：细微的声音。

**【译文】**

魏莹与田侯牟订有盟约，而田侯牟却违背了盟约。魏莹十分愤怒，准备派人去刺杀他。

公孙衍将军听说后，感到这种做法很可耻，便对魏莹说："君主您是万乘大国的国君，却用老百姓的方法去报仇。我恳请受命率领二十万披甲士兵，为您攻打齐国，俘虏他的人民，牵走他的牛马，让他焦热烧心，疽疮发背，然后占领他的国家。等齐将田忌出逃，然后抓住他，鞭打他的后背，折断他的脊梁。这才是大国的风度，光明正大的做法。"

季子听了公孙衍的议论感到可耻，他说："譬如要修筑十仞高的城池，已经修筑了十仞之高，却又去把它毁掉，这可是服役之人的辛苦劳动啊！现在不用兵打仗已经七年了，这是王业的基础啊。公孙衍，是个挑起战乱的人，他的话不能听。"

华子听了这些议论后，感到这些观点都很鄙陋，便说："鼓动攻打齐国的人，是好乱的人；鼓动不要攻打齐国的人，也是好乱的人；讨论攻打与不攻打来搅乱人心的，又是一个好乱的人。"

君主说："那么怎么办呢？"

华子回答说："君主但求自然之道就是了。"

惠子听说了这件事，把戴晋人引荐给了魏莹。戴晋人说："有一种小动物叫蜗牛的，君主知道吗？"

魏莹说："知道。"

戴晋人接着说："有个国家建在蜗牛的左角上，人称触氏；还有一个国家建在蜗牛的右角上，人称蛮氏。它们时常为争夺地盘而挑起战争，战斗中倒伏在地上的尸首就有数万之多，战胜者追逐战败者往往十天半月才返回。"

魏莹说："唉！这不是虚话吗？"

戴晋人说："我请求为君主把话说实。君主以意推测宇宙的四方上下有穷尽吗？"

魏莹说："没有穷尽。"

戴晋人接着说："知道自己游心于无穷的境地，再返回人烟存在的地方，是不是感到若有若无呢？"

魏莹说："是的。"

戴晋人又说："在这人烟存在的地方中有个魏国，在魏国之中有个梁都，在梁都之中有个君王，这君王和蛮氏有分别吗？"

魏莹说："没有分别。"

戴晋人离开后，魏莹心中恍惚，若有所失。

客人走后，惠子进见。魏莹说："这个客人，真是个伟大的得道者，像尧、舜这样的圣人也比不上他。"

惠子说："吹那管箫，尚能发出宏大的声音；吹那剑鼻孔，只能发出细微的声音罢了。尧、舜，是人们所赞誉的圣人。但在戴晋人面前提起他，犹如吹一下剑鼻孔而已。"

二

柏矩学于老聃①，曰："请之天下游②。"

老聃曰："已矣！天下犹是也。"

又请之，老聃曰："汝将何始？"

曰："始于齐。"

至齐，见辜人焉③，推而强之④，解朝服而幕之⑤，号天而哭之，曰："子乎！子乎！天下有大菑⑥，子独先离之⑦。曰'莫为盗，莫为杀人'。荣辱立，然后睹所病；货财聚，然后睹所争。今立人之所病，聚人之所争，穷困人之身⑧，使无休时。欲无至此得乎？古之君人者，以得为在民，以失为在己；以正为在民，以枉为在己⑨。故一形有失其形者⑩，退而自责。今则不然，匿为物而愚不识⑪，大为难而罪不敢，重为任而罚不胜，远其涂而诛不至。民知力竭，则以伪继之。日出多伪，士民安取不伪。夫力不足则伪，知不足则欺，财不足则盗。盗窃之行，于谁责而可乎？"

**【注释】**

①柏矩：姓柏，名矩，老子门徒。

②之：往。游：游说。

③辜人：受刑后被丢在街上的死尸。

④强：借为"僵"，僵卧。

⑤幕：覆盖。

⑥菑：通"灾"，患害，灾祸。

⑦离：通"罹"，遭难。

⑧穷困：困扰。

⑨枉：错误。

⑩一形：一人。失其形：失掉生存条件。

⑪匿：藏匿。愚：愚弄。

**【译文】**

柏矩在老聃那里学道，说："请求到各诸侯国去游说。"

老聃说："算了吧，天下的地方和这里一个样。"

柏矩再次请求，老聃说："你先要去哪里？"

柏矩说："从齐国开始。"

柏矩到了齐国，看见了受刑后示众的死尸，把僵化的死尸摆正，解下朝服盖上，仰天哭号，说："先生啊！先生啊！天下将有大祸降临，你却先遭遇上了。说'不去偷盗，不去杀人'，为什么又去做了呢？荣耀和屈辱的观念确立，然后才发现它所带来的弊病；钱财和货物过分集中，然后才发现它所带来的竞争。现在正是树立了人们所诟病的，积聚了人们所竞争的，困扰着人们的身心，使人们永远不能安于本分。要想不让人们遭受刑戮，这能做到吗？古代的君主都是把功劳归于人民，把过失归于自己；以为正道在人民一边，以为错误在自己一边。所以一旦有人遭受了伤害，就会辞职退让，自责其过。现在却不是这样，他们隐藏事物的真相而愚弄不懂的人，增加事情的难度而把不敢去做的人定为罪犯，加重任务的分量而处罚不能胜任的人，增加路程的距离而责罚限期不到的人。这样一来，百姓的智慧和气力就都用尽了，接下来只好用虚假来对付。上层的统治者们天天做出弄虚作假的事情来，不能不让下层的士民不利用虚伪来应付。能力不足而被逼无奈就会做假，智力不足而被逼无奈就会欺骗，财力不足而被逼无奈就会去偷盗。请问盗窃的风行，要责备谁更合理呢？"

# 外　物

　　本篇取篇首二字为篇名，全篇由十几段文字组成，反映社会生活及其处世养性经验，尤其对外来的没有定准的、防不胜防的祸端患害给予了特别的关注。

　　本篇中有些寓言小品写得极为精彩，我们选录了三则。如"庄周家贫"一段，有人从道的角度体会，认为说明了"道不可离，犹鱼之于水"（刘凤苞《南华雪心编》）；而从直观体验上，更多地感到了世间人情的虚伪，以及庄子文笔的锋利辛辣。又如"儒以《诗》《礼》发冢"一段，不足百字，却对打着儒者旗号、拖着饱学腔调而干着盗墓劣行的大贼小贼，作出了惟妙惟肖、活灵活现的描述。正如宣颖所评，此则寓言摹写师徒两人相为谋利，"以贪鄙行残忍，以残忍成贪鄙，读之使人喷饭"（《南华经解》）。再如"宋元君夜半而梦"一段，通过神龟虽神，却遭遇网捕和刳肠的遭遇，说明"知有所困，神有所不及"，只有保持天性，顺应自然，才有可能避免意外祸害。

## 一

庄周家贫，故往贷粟于监河侯①。监河侯曰："诺。我将得邑金②，将贷子三百金，可乎？"

庄周忿然作色曰："周昨来，有中道而呼者③。周顾视车辙，中有鲋鱼焉④。周问之曰：'鲋鱼来⑤，子何为者耶？'对曰：'我，东海之波臣也⑥。君岂有斗升之水而活我哉！'周曰：'诺，我且南游吴越之王，激西江之水而迎子⑦，可乎？'鲋鱼忿然作色曰：'吾失我常与⑧，我无所处。我得斗升之水然活耳⑨，君乃言此，曾不如早索我于枯鱼之肆⑩。'"

【注释】

①监河侯：监管河工之官。

②邑金：封地的赋税。

③中道：半路。

④鲋（fù）鱼：鲫鱼。

⑤来：语助词，无义。

⑥波臣：水波中的臣子，即水族中的一员。

⑦激：引发。

⑧常与：经常相依存的，指水。

⑨然：则。

⑩曾：竟，还。肆：市场。

【译文】

庄周家境贫穷，所以前往向监河侯借贷粮食。监河侯说："好吧。等我收到封地的赋税，我就借给你三百金，可以吗？"

庄周气得脸色都变了，说："我昨天来时，半路上听到呼叫声。我回头看了看车辙沟，里面有只鲫鱼。我向它问道：'小鲫鱼啊，你在这里做什么？'它回答说：'我是东海水族中的一个臣子，你能用斗升之水来救我吗？'我说：'好的。等我去南方游说吴、越两国的国王，再引出西江的水流来迎接你，可以吗？'鲫鱼气得脸色大变，生气地说：'我丧失了时常伴随我的水，已经无处存身。我只要有斗升多的水就可以存活，你却如此说话，还不如早点到干鱼市场里找我。'"

## 二

儒以《诗》《礼》发冢①，大儒胪传曰②："东方作矣③，事之何若？"

小儒曰："未解裙襦④，口中有珠。《诗》固有之曰：'青青之麦，生于陵陂。生不布施，死何含珠为⑤？'"

"接其鬓⑥，压其颊⑦，而以金椎控其颐⑧，徐别其颊，无伤口中珠。"

**【注释】**

①发冢：盗发坟墓。

②大儒：有声望的儒者，或指带头的儒者。胪（lú）传：传话。

③作：指太阳将要升起，东方将要发亮。

④襦（rú）：短衣。

⑤"青青"四句：《诗》中文字，不见今本《诗经》，或
　为逸诗，或为作者自撰。

⑥接：揪。

⑦压其颒（huì）：按住死人的胡须。颒，胡须。

⑧而：原误作"儒"，据王念孙说及文义改。控：敲。
　颐：下巴。

**【译文】**

儒士用《诗》《礼》中的话来盗掘坟墓。大儒传话说：
"太阳快出来了，事情做得怎么样？"

小儒说："衣裙没有脱下，发现口中含珠。《诗》中原本
就有这样的话：'青青的麦穗，长在山坡上。生来不施舍，
死去含珠做什么？'"

大儒说："揪住他的鬓发，按住他的胡须，再用金椎敲
打他的下巴，慢慢地分开他的两颊，千万不要弄坏他口中
的珠子。"

# 三

宋元君夜半而梦人被发窥阿门①，曰："予自
宰路之渊②，予为清江使河伯之所③，渔者余且得
予④。"

元君觉，使人占之⑤，曰："此神龟也。"

君曰："渔者有余且乎？"

左右曰："有。"

君曰："令余且会朝。"

明日，余且朝。君曰："渔何得？"

对曰："且之网得白龟焉，其圆五尺。"

君曰："献若之龟⑥。"

龟至，君再欲杀之，再欲活之，心疑，卜之。曰："杀龟以卜吉。"乃刳龟⑦，七十二钻而无遗筴⑧。

仲尼曰："神龟能见梦于元君⑨，而不能避余且之网；知能七十二钻而无遗筴⑩，不能避刳肠之患。如是则知有所困，神有所不及也。虽有至知，万人谋之。鱼不畏网而畏鹈鹕⑪。去小知而大知明，去善而自善矣。婴儿生，无硕师而能言，与能言者处也。"

<br>

**【注释】**

①宋元君：即宋元公，宋平公之子。阿门：旁门。

②宰路：渊名。

③使：出使。河伯：黄河水神。

④余且：渔夫名。

⑤占：占卜，占梦。

⑥若：你。

⑦刳（kū）：挖空。

⑧钻：每次占卜时需让占卜者以所卜之事来灼龟背。

遗筴：失策，失算。筴，同"策"。

⑨见梦：托梦。见，同"现"。

⑩知：同"智"，智慧，智力。下四"知"字同。

⑪鹈鹕（tíhú）：捕鱼吃的水鸟。

**【译文】**

宋元君半夜里梦见有个披头散发的人在侧门窥视，还说："我来自宰路之渊，为清江出使河伯那里，被渔夫余且捕获。"

宋元君醒来，让人占卜，占卜结果说："这是神龟托梦。"

宋元君说："渔夫中有叫余且的吗？"

左右随从说："有。"

宋元君说："叫余且来朝见我。"

第二天，余且来朝。宋元君说："你捕到了什么？"

余且回答说："我用网捕获了一只白龟，周边有五尺多长。"

宋元君说："把你的白龟献出来。"

白龟送来，宋元君又想杀掉它，又想放掉它，心里犹豫不定，于是让人占卜测问，结果是："杀龟，用此龟占卜，大吉。"于是把龟剖开挖空，用它占卜了七十二次，没有一次不灵验的。

孔子说："神龟能够给宋元君托梦，却不能逃避余且的渔网；它的智力能够占卜七十二次而不失算，却不能逃避剖肠的患害。如此看来，智者也有困惑的时候，神灵也有考虑不到的地方。虽然有极高的智慧，也敌不过万人的谋算。鱼不知道畏惧渔网，却知道畏惧鹈鹕。只有抛弃小智慧，才能发挥大智慧；只有去掉自以为善的心理，才能体现真正自善的本性。婴儿生来没有大师的教导便能说话，这是他与会说话的人在一起。"

# 寓　言

　　本篇取篇首二字为篇名，全篇由六段文字组成。其中第一段说明《庄子》一书的写作手法和语言特色，申明"寓言"、"重言"、"卮言"的各自含义，及其在文章中所起的作用，相当于全书的序例，对了解该书的风格特色，具有重要的作用。正如刘凤苞所指出的，"此篇是庄子揭明立言之意。寓言、重言、卮言，括尽一部《南华》，读者急须着眼，方不致刻舟求剑，买椟还珠"（《南华雪心编》）。我们予以选录，请读者务必明了。

　　其余则为五则寓言故事，委婉而曲折地反映了学道中的问题。如下面所选的"曾子再仕而心再化"一则寓言故事，指出像曾子那样虽然已经淡漠了俸禄，但尚未做到哀乐不入于胸次，距离真正脱离世俗之念的体道之人还差得很远。又如所选"众罔两问于景"一则寓言故事，通过罔两有待影子，影子有待形体，形体势必也要有待什么的思考，说明只有领悟大道，才能无所依赖，逍遥于绝对自由的境界。

## 一

　　寓言十九①，重言十七②，卮言日出③，和以天倪④。

　　寓言十九，藉外论之，亲父不为其子媒。亲父誉之，不若非其父者也。非吾罪也，人之罪也⑤。与己同则应，不与己同则反。同于己为是之，异于己为非之。

　　重言十七，所以已言也⑥，是为耆艾⑦。年先矣，而无经纬本末以期来者⑧，是非先也。人而无以先人，无人道也⑨。人而无人道，是之谓陈人⑩。

　　卮言日出，和以天倪，因以曼衍⑪，所以穷年⑫。不言则齐⑬，齐与言不齐，言与齐不齐也，故曰"言无言"⑭。言无言，终身言，未尝言；终身不言，未尝不言。有自也而可⑮，有自也而不可；有自也而然⑯，有自也而不然。恶乎然？然于然；恶乎不然；不然于不然。恶乎可？可于可；恶乎不可？不可于不可。物固有所然，物固有所可。无物不然，无物不可。非卮言日出，和以天倪，孰得其久！万物皆种也，以不同形相禅⑰，始卒若环⑱，莫得其伦⑲，是谓天均⑳。天均者，天倪也。

### 【注释】

①寓：寄托。"意在此而言寄于彼。"（王先谦《庄子集解》）十九：十分之九。

②重言："借古人之名以自重，如黄帝、神农、孔子是

也。"（林希逸《南华真经口义》）一说庄重之言。

按：寓言占全书的十分之九，与重言占全书的十分之七并不矛盾，因《庄子》书中许多文字既属寓言，又属重言，二言往往并用。

③卮（zhī）言："卮满则倾，卮空则仰，空满任物，倾仰随人，无心之言，即卮言也。"（成玄英《庄子疏》）"指事类情，如卮泻水，谓来则应之，不豫先拟议。"（刘凤苞《南华雪心编》）一说，支离之言。卮，酒器。日出：日新。

④和：合。天倪：自然的分际，自然。

⑤"非吾"二句：谓不是父亲称誉儿子有过错，而是听者往往怀疑不实，致使不信的过错。

⑥已言：止人争辩之言（王夫之《庄子解》）。已，止。

⑦耆（qí）艾：长老，对老人的尊称。

⑧经纬本末：指真才实学。期：待。

⑨人道：为人之道。

⑩陈人：老朽无用之人。

⑪曼衍：随事物引申发挥。

⑫穷年：尽年，指消磨岁月而穷尽天年。

⑬齐：齐同。

⑭言无言：原作"无言"，脱一"言"字，据高山寺本补。

⑮自：根由，缘故。

⑯然：是，正确。

⑰禅：传续，传承。

⑱始卒：始终。

⑲伦：端绪，结果。

⑳天均：自然均衡。

**【译文】**

寓言占了十分之九，重言占了十分之七，卮言日新，合于自然的变化。

寓言所占的十分之九，借外人外物来说明，就像父亲不为亲生儿子作媒一样。父亲称赞亲生儿子，不如外人称赞更好。这并非我的过错，这是人家怀疑不信的过错。与自己看法相同的便响应，不与自己相同的便反对。同于自己看法的便认为是正确的，异于自己看法的便认为是错误的。

重言所占的十分之七，为的是止住别人的争辩之言，这些都是长老的话，可师可信还有什么可争辩呢？如果仅是年岁大于别人，而没有道德才智令后来人期待，这算不上是先辈长老。这样的人在道德才智上不能居人之先，也就丧失了为人之道。人若是没有为人之道，只能称为老朽之人。

卮言日新，合乎自然的变化，随着事物变化而不断引申生发，所以可以消磨岁月而享尽天年。不说话而事理自然是齐同的，齐同的事理与分辩事理的言论是不齐同的，由于分辩之言与齐同的事理不是齐同的，所以"要说没有分辩的话"。说些没有分辩的话，虽然终身在说，实际上从来也没有说；虽然终身不曾说，但是未尝没有说。有理由可以认可，有理由也可以不认可；有理由可以说是，有理由也可以不说是。什么叫是？是就是是；什么叫不是？

不是就是不是。什么叫可以？可以就是可以；什么叫不可以？不可以就是不可以。万物本来就有可称为是的，万物本来就有可以认可的。没有事物不可以称是的，也没有事物不可以认可的。不是卮言日新，符合自然的分际，什么言论可以传之久远呢！万物都是种类的延续，以不同的形体相继承，开始和终端如同圆环那样循环往复，永远看不到端绪，这就叫做自然的均衡。自然的均衡，也就是自然的分际。

## 二

曾子再仕而心再化[1]，曰："吾及亲仕，三釜而心乐[2]；后仕，三千钟而不洎[3]，吾心悲。"

弟子问于仲尼曰："若参者，可谓无所县其罪乎[4]？"

曰："既已县矣！夫无所县者，可以有哀乎？彼视三釜、三千钟[5]，如观雀蚊虻相过乎前也。"

**【注释】**

①曾子：曾参，孔子弟子。化：指心境的变化。

②釜：古代量器，六斗四升为一釜。

③钟：古代量器，六斛四斗为一钟。洎（jì）：及。

④县：同"悬"，系。

⑤彼：指无所悬挂的人。

**【译文】**

曾子再次做官时，他的心境又有了变化，说："我当双亲在世时做官，俸禄只有三釜而心里非常快乐；后来做官，俸禄虽有三千钟，却不及奉养双亲，我心里非常悲伤。"

弟子问孔子说："像曾参这样的人，可以说没有利禄的牵累之罪了吧？"

孔子说："他已经受到牵累了！要是心中没有牵累，能够心怀悲哀吗？对于那心无所系的人来说，他们看到三釜或三千钟的俸禄，就像看到鸟雀、蚊虻从眼前飞过一样。"

### 三

众罔两问于景曰①："若向也俯而今也仰②，向也括撮而今也被发③，向也坐而今也起，向也行而今也止，何也？"

景曰："搜搜也④，奚稍问也⑤！予有而不知其所以⑥。予，蜩甲也⑦，蛇蜕也，似之而非也。火与日，吾屯也；阴与夜，吾代也⑧。彼⑨，吾所以有待邪？而况乎以无有待者乎！彼来则我与之来，彼往则我与之往，彼强阳则我与之强阳⑩。强阳者，又何以有问乎？"

【注释】

①罔两：影外微阴。景：同"影"。

②若：你。向：从前。

③括撮：束结头发。被：同"披"。

④搜搜：犹言"区区"。

⑤奚稍问：何足问。奚，何。稍，用同"屑"。

⑥有：指俯仰行止等行为。

⑦蜩甲：蝉蜕的皮壳。

⑧代：谢，消失。

⑨彼：指形体。

⑩强阳：徜徉，运动的样子。

【译文】

影外微阴们问影子说："刚才你俯身而现在又仰头，刚才你还束结着头发而现在又披起发来，刚才你还坐着而现在站了起来，刚才你还走路而现在又止步不动，这是什么原因呢？"

影子说："区区小事，何须问呢！我是有那些举止，但不知道其中的缘故。我，像那蝉壳，像那蛇皮，有点像却又不是。火光和太阳一旦出现，我就聚起显现；阴天和夜晚一旦到来，我就被取代而消亡。那有形的东西真是我所依赖的吗？何况那没有任何可依赖的事物呢！它来我就随之而来，它去我就随之而去，它活动我就随之而活动。我不过是个活动的影子，你们有什么好问的呢？"

# 让 王

本篇由十五则寓言故事组成，主要表现了轻物重生的思想。篇中多有借辞让王位以体现"存身全生"的可贵，因取"让王"为篇名，属于"以事名篇"。本篇有多段文字复见于《吕氏春秋》，又主旨境界与《庄子》内篇的主旨精神差异较大，浅白通俗了很多，因此苏轼等人认为《让王》《说剑》等篇"浅陋不入于道"，疑为赝品。因无实证，仅供参考。

所选"鲁君闻颜阖得道之人"一段，借鲁君礼聘颜阖，而颜阖厌恶富贵伤生而逃匿的故事，批评了"今世俗之君子，多危身弃生以殉物"，并把舍命求财的做法，形象地喻为"以随侯之珠，弹千仞之雀"，令人警醒。所选"楚昭王失国"一段，作者绘声绘色地塑造出一个安分守己、安贫乐道的小人物而高见识的人物形象。读之令人倍感真实亲切，教益良多。

　　鲁君闻颜阖得道之人也①，使人以币先焉②。颜阖守陋闾，苴布之衣③，而自饭牛。鲁君之使者至，颜阖自对之。使者曰："此颜阖之家与？"颜阖对曰："此阖之家也。"使者致币。颜阖对曰："恐听谬而遗使者罪，不若审之。"使者还，反审之，复来求之，则不得已！故若颜阖者，真恶富贵也。

　　故曰：道之真以治身④，其绪余以为国家⑤，其土苴以治天下⑥。由此观之，帝王之功，圣人之余事也，非所以完身养生也。今世俗之君子，多危身弃生以殉物，岂不悲哉！凡圣人之动作也，必察其所以之与其所以为⑦。今且有人于此，以随侯之珠⑧，弹千仞之雀，世必笑之。是何也？则其所用者重而所要者轻也。夫生者岂特随侯之重哉⑨！

【注释】

①颜阖：鲁国隐者。

②币：币帛。先：先表明敬意。

③苴（jū）布：麻布，粗布。

④道之真：道的精华。

⑤绪余：残余。

⑥土：粪。苴：草。

⑦所以之：所追求的目的。之，往。所以为：所以这
　　样做的原因。

⑧随侯之珠：古代名珠，随侯得于濮水。

⑨随侯之重：即指"随侯之珠重"，脱一"珠"字。

【译文】

鲁君听说颜阖是个得道的人，便派人带着币帛先去致意。颜阖居住在陋巷里，穿着粗布衣服，亲自在喂牛。鲁君的使者来到这里，颜阖亲自出来招待他。使者说："这是颜阖家吗？"颜阖回答说："这正是我的家。"使者送上礼物币帛，颜阖回答说："恐怕误听而给使者造成过错，不如回去再审核一遍。"使者返回，反复审核无误，又来找颜阖，这时却找不到他了！所以说，像颜阖这样的人，真正是厌恶富贵的人。

所以说：道的精华可以修心养性，它的残余可以用来治理国家，它的粪草可以用来治理天下。由此看来，帝王的功业，只不过是圣人多余的小事，不能用来保存性命、修养心性的。现在世俗中的君子，很多危害身体、舍弃生命去追逐外物的享受的，岂不是可悲的事情！凡是圣人的一举一动，必定要察明所以这样做的原因和目的。现在如果有这样的人，他用随侯之珠去弹射在高空飞翔的麻雀，世人恐怕都会耻笑他。这是什么原因呢？这是因为他所用的东西贵重，而所要得到的东西轻贱。说到生命，岂止像随侯之珠那般贵重呢！

## 二

楚昭王失国①，屠羊说走而从于昭王②。昭王反国，将赏从者。及屠羊说③。屠羊说曰："大王失国，说失屠羊。大王反国，说亦反屠羊。臣之爵禄已复矣，又何赏之有？"

王曰："强之。"

屠羊说曰："大王失国，非臣之罪，故不敢伏其诛；大王反国，非臣之功，故不敢当其赏。"

王曰："见之④。"

屠羊说曰："楚国之法，必有重赏大功而后得见。今臣之知不足以存国，而勇不足以死寇。吴军入郢，说畏难而避寇，非故随大王也⑤。今大王欲废法毁约而见说，此非臣之所以闻于天下也。"

王谓司马子綦曰⑥："屠羊说居处卑贱而陈义甚高，子其为我延之以三旌之位⑦。"

屠羊说曰："夫三旌之位，吾知其贵于屠羊之肆也⑧；万钟之禄，吾知其富于屠羊之利也。然岂可以贪爵禄而使吾君有妄施之名乎？说不敢当，愿复反吾屠羊之肆。"遂不受也。

**【注释】**

①楚昭王：名轸，楚平王之子。失国：丧失国家。

②屠羊说（yuè）：屠羊者名说，因从事屠羊之业，故名。走：逃。

③及：赏到。

④见之：召见他。

⑤故：有心。

⑥司马：官名。子綦：人名。

⑦其：原误作"綦"，据《道藏》本《南华真经章句音

义》诸本改。延：请。三旌：三公。

⑧肆：店铺。引申为屠羊之业。

**【译文】**

　　楚昭王丧失了国土，屠羊说跟着楚昭王逃亡。后来楚昭王返回国家，准备奖赏随从逃亡的人。赏到屠羊说时，屠羊说说："大王丧失国土，我丧失了屠羊之业。大王返回国家，我也恢复了屠羊之业。我的爵禄已经恢复了，又有什么好奖赏的呢？"

　　楚昭王说："强迫他接受。"

　　屠羊说说："大王丧失国土，不是我的罪过，所以不敢接受惩处；大王返回国家，不是我的功劳，所以不敢接受奖赏。"

　　楚昭王说："召见他。"

　　屠羊说说："按楚国的法令，必须有重赏大功的人而后才能得见。现在我的智慧不足以保存国家，而我的勇力不足以杀死敌寇。吴军攻入郢都时，我害怕灾难才躲避敌寇，并非有意追随大王的。如今大王想废弃法令、毁掉约定来召见我，这不是我愿意传闻天下的事。"

　　楚昭王对司马子綦说："屠羊说身处卑微的职位而陈述道义却非常深刻，你替我把他请来，担任三公的职位。"

　　屠羊说说："要说三公之位，我知道它比屠羊的事业高贵多了；要说万钟的俸禄，我知道它比屠羊的利益丰厚多了。然而怎么能贪求爵禄而让我的国君得到滥施恩惠的骂名呢？我不敢担当此职，愿意重新回到我屠羊的场所。"终于没有接受爵禄。

# 盗　跖

　　本篇由三个篇幅较长的寓言体故事组成，其主旨在于抨击儒家所推崇的尧、舜以至汤、武等古圣贤的作为，批评儒家提倡的礼教规范，讽刺世俗儒士对荣华富贵的追逐，主张尊重人的自然本性，提倡顺天之理，轻利全生。第一个故事是写盗跖的，便以盗跖这个人名作为篇名。跖是起义军领袖，因反对当时的政权，劫富济贫，所以冠之以"盗"字。盗跖的故事，以盗跖与孔子的对话为纲目，然而就在这几个回合的对话中，盗跖慷慨陈词，痛斥孔子的虚伪和尧、舜、汤、武的罪行，可谓酣畅淋漓。而至圣孔子却在盗跖的强辩之下，只能心灰意冷地溜走，"出门上车，执辔三失"，"色若死灰"，"不能出气"。可以说，这段大盗与至圣的对话，是一篇杰出的古代文言小说，开启了后代小说的先河，特别是小说中蕴含的"愤俗之情"，成为了后代小说反映现实生活的积极要素。我们选录了故事的开篇部分，予以介绍，以见一斑。

孔子与柳下季为友①，柳下季之弟名曰盗跖。盗跖从卒九千人，横行天下，侵暴诸侯。穴室枢户②，驱人牛马，取人妇女。贪得忘亲，不顾父母兄弟，不祭先祖。所过之邑，大国守城，小国入保③，万民苦之。

孔子谓柳下季曰："夫为人父者，必能诏其子④；为人兄者，必能教其弟。若父不能诏其子，兄不能教其弟，则无贵父子兄弟之亲矣。今先生，世之才士也，弟为盗跖，为天下害，而弗能教也，丘窃为先生羞之。丘请为先生往说之。"

柳下季曰："先生言为人父者必能诏其子，为人兄者必能教其弟，若子不听父之诏，弟不受兄之教，虽今先生之辩，将奈之何哉？且跖之为人也，心如涌泉，意如飘风，强足以距敌，辩足以饰非⑤。顺其心则喜，逆其心则怒，易辱人以言⑥。先生必无往。"

孔子不听，颜回为驭，子贡为右⑦，往见盗跖。

盗跖乃方休卒徒大山之阳⑧，脍人肝而铺之⑨。孔子下车而前，见谒者曰⑩："鲁人孔丘，闻将军高义，敬再拜谒者。"

谒者入通⑪。盗跖闻之大怒，目如明星，发上指冠，曰："此夫鲁国之巧伪人孔丘非邪？为我告之：尔作言造语，妄称文、武，冠枝木之冠⑫，带死牛之胁⑬，多辞缪说，不耕而食，不织而衣，摇唇鼓舌，擅生是非⑭，以迷天下之主，使天下学士不反其本⑮，妄作孝弟⑯，而侥幸于封侯富贵者也。子之罪大极重，疾走归⑰！不然，我将以子肝益昼铺之膳。"

孔子复通曰："丘得幸于季，愿望履幕下⑱。"

谒者复通。盗跖曰："使来前！"

孔子趋而进，避席反走⑲，再拜盗跖。盗跖大怒，两展其足，案剑瞋目，声如乳虎⑳，曰："丘来前！若所言顺吾意则生，逆吾心则死！"

【注释】

①柳下季：姓展，名获，字季禽，鲁国人。他年长孔子八十多岁，不可能与孔子为友，当作为虚构故事来读。

②枢：当作"抠"，挖。

③保：同"堡"，小城。

④诏：教，教育。

⑤饰非：掩饰错误。

⑥易辱人以言：即"易以言辱人"。易，轻意。

⑦右：指在车右边陪乘的人。

⑧大山：即泰山。阳：山南水北谓阳。

⑨铺（bū）：食。

⑩谒者：指接待人员。

⑪入通：进去通报。

⑫冠：戴。枝木之冠：谓修饰华丽繁多如枝叶的帽子。

⑬带：系。死牛之胁：死牛皮做的大革带。

⑭擅：专。

⑮反：同"返"。本：自然本性。

⑯弟：同"悌"。

⑰走：快速行走，犹"跑"。

⑱履：登。

⑲避席：让开所到席位。反走：退行几步。

⑳乳虎：哺乳的母虎。

**【译文】**

孔子和柳下季交为朋友，柳下季的弟弟就是盗跖。盗跖手下的士卒有九千人，横行天下，侵犯诸侯，穿墙入室，牵走牛马，抢人妇女，无所不为。贪求财物，不顾亲戚，丢下父母兄弟不管，不祭祀祖先。他们经过的地方，大的国家死守城池，小的国家就躲进城堡，成千上万的人饱受着盗跖掠夺的痛苦。

孔子对柳下季说："做父亲的，必定能教育他的儿子；做兄长的，必定能教导他的弟弟。如果做父亲的不能教育好自己的儿子，做兄长的不能教导好自己的兄弟，那么父子兄弟之间的亲情就无珍贵可言了。现在先生你，是当世的贤能之人，而弟弟盗跖正为害天下，你却不能教导他，我私下为先生感到羞耻。我希望为先生去说服他。"

柳下季说："先生说为人父亲必能教育其子，为人兄长必能教导其弟，倘若儿子不听父亲的教育，弟弟不接受兄长的教导，尽管先生能言善辩，又能怎么样呢？而且跖的为人处事，往往心如涌泉，意如飘风，强悍足以抗拒敌人，巧辩足以掩饰错误。别人顺着他心意去做，他就高兴；别人逆着他的心意去做，他就发怒，轻易地用言语去侮辱人。先生一定不要去。"

孔子不听柳下季的劝告，颜回驾车，子贡在车右边陪着孔子，一起去见盗跖。

盗跖带着士卒正在泰山南边休息，把人肝切细了食用。孔子下了车，向前走，对接待传达的人说："鲁国人孔丘，听说将军道义高尚，恭敬地前来拜见。"

管接待传达的人进去通报。盗跖听了大怒，双目闪烁犹如明星，头发竖立向上冲冠，说："这个人莫非就是鲁国的巧伪之人孔丘吗？替我转告他：你花言巧语，假托文、武，戴着树枝般的哗众取宠的帽子，系着用死牛皮做的带子，满口废话歪理，不耕而食，不织而衣，摇唇鼓舌，无端制造是非，以此迷惑天下的君主，使得天下的读书人不能返归自然的本性，虚伪地宣传孝悌理念，妄想侥幸地得到封侯富贵。你的罪行极为严重，还是快点回去吧！否则，我将用你的心肝添补我们的午餐。"

孔子再次请求通报，说："我有幸结识了柳下季，希望能亲到你的帐幕之下。"

管接待通报的人于是再次通报。盗跖说："让他进来！"

孔子快步走进去，让开坐席，又退了几步，再拜盗跖。盗跖大怒，又开两脚，按剑瞪眼，声如母虎，说："孔丘过来！你的话我听着顺耳就让你活着出去，如若违逆我的心意就让你死在脚下！"

# 说　剑

　　这是一篇结构完整、情节曲折、故事性较强的文言小说，描述赵文王沉溺剑术而荒废国事，而庄子作为说客挺身而出，进行游说，予以化解。从内容到风格酷似纵横家游说的写照，与《庄子》一书的思想与文风大异。正如罗根泽《诸子考索》所论，"这明是纵横家托之庄子而造出故事，编《庄子》书的只见是庄子的故事，遂拉来了"。下面节略选录，以观庄子在好纵横之术的作者心中的形象。

昔赵文王喜剑①，剑士夹门而客三千余人②。日夜相击于前，死伤者岁百余人。好之不厌。如是三年，国衰，诸侯谋之③。

　　太子悝患之④，募左右曰："孰能说王之意止剑士者，赐之千金。"

　　左右曰："庄子当能。"

　　太子乃使人以千金奉庄子。庄子弗受，与使者俱，往见太子，曰："太子何以教周，赐周千金？"

　　太子曰："闻夫子明圣，谨奉千金以币从者⑤。夫子弗受，悝尚何敢言？"

　　庄子曰："闻太子所欲用周者，欲绝王之喜好也。使臣上说大王而逆王意，下不当太子⑥，则身刑而死，周尚安所事金乎⑦？使臣上说大王，下当太子，赵国何求而不得也！"

　　太子曰："然。吾王所见，唯剑士也。"

　　庄子曰："诺。周善为剑。"

　　太子曰："然吾王所见剑士，皆蓬头突鬓⑧，垂冠，曼胡之缨⑨，短后之衣，瞋目而语难，王乃说之⑩。今夫子必儒服而见王，事必大逆。"

　　庄子曰："请治剑服。"治剑服三日，乃见太子。太子乃与见王。王脱白刃待之⑪。

　　庄子入殿门不趋，见王不拜。王曰："子欲何以教寡人，使太子先⑫？"

　　曰："臣闻大王喜剑，故以剑见王。"

　　王曰："子之剑何能禁制？"

曰：“臣之剑十步一人，千里不留行⑬。”

王大悦之，曰：“天下无敌矣。”

庄子曰：“夫为剑者，示之以虚，开之以利，后之以发，先之以至。愿得试之。”

王曰：“夫子休，就舍待命，令设戏⑭，请夫子。”

王乃校剑士七日⑮，死伤者六十余人，得五六人，使奉剑于殿下，乃召庄子。王曰：“今日试使士敦剑⑯。”

庄子曰：“望之久矣！”

王曰：“夫子所御杖⑰，长短何如？”

曰：“臣之所奉皆可。然臣有三剑，唯王所用。请先言而后试。”

王曰：“愿闻三剑。”

曰：“有天子剑，有诸侯剑，有庶人剑。”

（中略“天子剑”与“诸侯剑”之问答。）王曰：“庶人之剑何如？”

曰：“庶人之剑，蓬头突鬓，垂冠，曼胡之缨，短后之衣，瞋目而语难，相击于前，上斩颈领，下决肝肺。此庶人之剑，无异于斗鸡，一旦命已绝矣，无所用于国事。今大王有天子之位而好庶人之剑，臣窃为大王薄之⑱。”

王乃牵而上殿，宰人上食⑲，王三环之。庄子曰：“大王安坐定气，剑事已毕奏矣！”

于是文王不出宫三月，剑士皆服毙其处也⑳。

①赵文王：即赵惠文王，赵武灵王之子。

②夹门：拥门，聚于门。

③谋之：图谋攻打它。

④太子悝（kuī）：虚构的赵文王之子。

⑤币从者：犒劳随从。

⑥不当：不符合。

⑦事：使用。

⑧突鬓：鬓毛突出。

⑨曼胡之缨：粗实的帽缨。曼，通"缦"，粗布无纹
　理。胡，粗。

⑩说：同"悦"。

⑪脱白刃：把雪白的利剑拔出来。

⑫先：指先作介绍。

⑬千里不留行：指所向无敌，行千里而不被阻留。

⑭设戏：安排比剑活动。

⑮校：较量。

⑯敦：借为"对"，比。

⑰御：用。杖：指剑。

⑱薄：鄙视。

⑲宰人：负责国君膳食的官。

⑳服毙：自杀。服，借为"伏"，高山寺本作"伏"。

【译文】

　　从前赵文王喜好剑术，剑士们聚在门下为客人的就有
三千多人。这些剑士们日夜不停地斗剑，一年就有一百多

人死伤，但是赵文王仍是酷爱不厌。如此过了三年，国家衰落，其他诸侯国就想攻占赵国。

太子悝对此事很是担忧，便招募左右的随从说："谁能说服国王让他抛弃让剑士不断比剑这一嗜好的，我赐给他千金。"

左右随从说："庄子应当能行。"

太子便派人带着千金奉送庄子。庄子不接受，和使者一起，前去见太子，说："太子有什么指教，为什么要送我千金之重的礼物呢？"

太子说："听说先生圣明，谨奉送千金给先生犒劳随从。先生不接受，我哪里还敢多言呢？"

庄子说："听说太子想使用我，为的是想杜绝君王的喜好。倘若我向上说服大王而违逆了大王的心意，下面又不符合太子的旨意，就会遭刑戮而死亡，我还要千金有什么用呢？假使我能够向上说服大王，向下合乎太子的旨意，那么我向赵国要什么会得不到呢！"

太子说："好吧。我的父王所接见的，只有剑士。"

庄子说："是的。我善于用剑。"

太子说："不过我父王所见的剑士，都是蓬头垢面，鬓毛突出，帽檐低垂，粗实的帽缨，短后的上衣，瞪着眼珠子，说话很不流利，这样子父王才高兴。现在先生如果穿着儒服去见父王，事情就必然不能成功。"

庄子说："那么就准备剑士服装吧。"三天后剑士服装备齐，这才去见太子。太子和庄子一起去见赵文王。赵文王亮出雪白的剑锋来接见庄子。

庄子进殿并不按着礼节快步上去，见着赵文王也不跪拜。赵文王说："你打算说些什么来指教寡人，让太子先行推荐呢？"

　　庄子说："我听说大王喜欢剑术，所以用剑术来拜见大王。"

　　赵文王说："你的剑术怎样阻遏和战胜对手呢？"

　　庄子说："我的剑术可以十步之内取人首级，千里之途无人敢挡。"

　　赵文王大悦，说："我找到天下无敌之剑了。"

　　庄子说："用剑之道，先示人以玄妙，开剑展现锋利，后发制人，剑光先至。希望能够让我比试比试。"

　　赵文王说："先生先去休息，返回馆舍中待命，等我安排好击剑比赛，再去请先生。"

　　赵文王让剑士们较量了七天，死伤者有六十多人，选出了五六个人，让他们捧着剑侍立在殿下。于是召庄子过来，说："今天请尝试与剑士们对剑。"

　　庄子说："盼望很久了！"

　　赵文王说："先生所用之剑，长短如何？"

　　庄子说："我所用的剑长短皆可。不过我有三剑，任凭君王选用。请先让我说明一下，然后再试。"

　　赵文王说："愿听三剑之说。"

　　庄子说："有天子之剑，有诸侯之剑，有庶人之剑。"

　　（中略"天子剑"与"诸侯剑"的有关问答文字。）赵文王说："庶人之剑怎么样？"

　　庄子说："庶人之剑，蓬头垢面，鬓毛突出，帽檐低垂，粗实的帽缨，短后的上衣，瞪着眼珠子，说话不流利，彼此上前相击，上斩脖颈，下穿肝肺。这就是庶人之剑，与斗鸡没有区别，一旦小命呜呼，对于国事毫无补益。现在大王拥有天子之位，却喜好庶人之剑，我私下替大王鄙视这种做法。"

赵文王于是拉着他上殿，厨师端上饭菜，赵文王围着餐桌绕了三圈，还没有坐下。庄子说："请大王安定地就座，平心静气，我的剑术已经呈奏完毕。"

于是赵文王三个月不出宫殿，剑士们在原先居所里，都气愤地自杀了。

# 渔　父

　　这也是一篇结构完整的小说，通篇塑造了一个须眉交白的得道隐士的渔父形象，通过他的视角，指出孔子"苦心劳形，以危其真"，教导孔子要"谨修而身，慎守其真"，把身外之物归还社会，这样才可能免除祸害，鲜明地表现了道家"法天贵真"、崇尚自然的主张。这种观点与《逍遥游》等篇中"真人"的精神境界相比，虽然显得层次不高，但正是它的世俗气息，给予普通人更多的裨益。下面节略本文，予以介绍。

　　孔子游乎缁帷之林①，休坐乎杏坛之上②。弟子读书，孔子弦歌鼓琴。奏曲未半，有渔父者，下船而来，须眉交白③，被发揄袂④，行原以上，距陆而止，左手据膝，右手持颐以听。曲终而招子贡、子路，二人俱对。

　　客指孔子曰："彼何为者也？"

　　子路对曰："鲁之君子也。"

　　客问其族。子路对曰："族孔氏。"

　　客曰："孔氏者何治也？"

　　子路未应，子贡对曰："孔氏者，性服忠信，身行仁义，饰礼乐，选人伦⑤。上以忠于世主，下以化于齐民⑥，将以利天下。此孔氏之所治也。"

　　又问曰："有土之君与？"

　　子贡曰："非也。"

　　"侯王之佐与？"

　　子贡曰："非也。"

　　客乃笑而还行，言曰："仁则仁矣，恐不免其身。苦心劳形，以危其真⑦。呜呼！远哉，其分于道也。"

　　子贡还，报孔子。孔子推琴而起，曰："其圣人与？"乃下求之，至于泽畔，方将杖拏而引其船⑧，顾见孔子，还乡而立⑨。孔子反走⑩，再拜而进。

　　客曰："子将何求？"

　　孔子曰："曩者先生有绪言而去⑪，丘不肖，未知所谓，窃待于下风⑫，幸闻咳唾之音，以卒相丘也。"

客曰："嘻！甚矣，子之好学也！"

......

孔子愀然曰："请问何谓真？"

客曰："真者，精诚之至也。不精不诚，不能动人。故强哭者，虽悲不哀；强怒者，虽严不威；强亲者，虽笑不和。真悲无声而哀，真怒未发而威，真亲未笑而和。真在内者，神动于外，是所以贵真也。其用于人理也⑬，事亲则慈孝，事君则忠贞，饮酒则欢乐，处丧则悲哀。忠贞以功为主，饮酒以乐为主，处丧以哀为主，事亲以适为主。功成之美，无一其迹矣⑭；事亲以适，不论所以矣；饮酒以乐，不选其具矣；处丧以哀，无问其礼矣。礼者，世俗之所为也；真者，所以受于天也，自然不可易也。故圣人法天贵真，不拘于俗。愚者反此，不能法天而恤于人⑮，不知贵真，禄禄而受变于俗⑯，故不足。惜哉，子之蚤湛于人伪而晚闻大道也⑰！"

孔子又再拜而起曰："今者丘得遇也，若天幸然⑱。先生不羞而比之服役⑲，而身教之。敢问舍所在，请因受业而卒学大道。"

客曰："吾闻之，可与往者与之⑳，至于妙道；不可与往者，不知其道，慎勿与之，身乃无咎。子勉之，吾去子矣，吾去子矣！"乃刺船而去㉑，延缘苇间㉒。

【注释】

①缁（zī）帷：虚拟地名。缁，黑色。

②杏坛：传说孔子聚徒讲学处。坛，高台。

③交：皆。

④揄袂（mèi）：挥袖。

⑤选：序。

⑥齐民：齐等之民，平民。

⑦真：天然的本性。

⑧杖拏（náo）：持篙。引：撑。

⑨乡：通"向"。

⑩反走：后退。

⑪曩（nǎng）者：刚才。绪言：不尽之言。

⑫下风：风的下方，表示谦卑。

⑬人理：人伦。

⑭迹：形迹，指形式、方法。

⑮恤于人：忧心于人事。恤，忧。

⑯禄禄：用同"碌碌"。

⑰蚤：通"早"。湛：沉溺。

⑱幸：宠幸。

⑲服役：仆役，指弟子。

⑳往：指能够迷途知返的人。与：交往。

㉑刺：撑，划。

㉒延：缓，慢行。缘：顺，沿。

【译文】

孔子在缁帷之林游玩，坐在杏坛之上休息。弟子读书，孔子弹琴吟唱。曲子还没有弹到一半，有一个渔父从船上下来，胡须眉毛都是白的，披着头发，挥着袖子，沿着河岸上来，到了陆地便停住了，左手按着膝盖，右手托着下巴，听着那曲子。曲子奏完，渔父便招子贡、子路过去，子贡两人便回答了渔父的问话。

渔父指着孔子说："他是干什么的？"

子路回答说："他是鲁国的君子。"

渔父问他的姓氏。子路说："他姓孔。"

渔父说："姓孔的做什么事呢？"

子路没有回应。子贡回答说："孔氏这人，思想上信守忠信，行为上推行仁义，修治礼乐，确定人伦关系。对上效忠于世主，对下教化平民，将会给天下带来利益。这就是孔氏所做的事业。"

渔父又问道："他是据有土地的君主吗？"

子贡说："不是。"

"那么他是侯王的辅佐吗？"

子贡说："不是。"

于是渔父笑着往回走，边走边说："说他是仁吗？还算是仁，不过恐怕难以避免自身的祸害了。他内心愁苦，形体劳累，因此就要危害他的真性了。唉！他离开大道，实在太远了！"

子贡回来，报告了孔子。孔子连忙放下琴，起身说："这不是个圣人吗？"于是下了杏坛去寻找，到了河岸，渔父正拿着船篙撑船，回头看见孔子，便转过身来面向孔子站着。孔子退了几步，拜了又拜，这才向前靠近。

渔父说："你有什么事相求吗？"

孔子说："刚才先生说话，没有说完就走了，我很愚笨，不知什么意思，我私下在此恭候先生，希望有幸听到先生的高论，以便终能有助于我。"

渔父说："好哇，你谦虚好学竟然到了这样的程度！"

……

孔子惶恐惭愧地问道："请问什么叫真？"

渔父说："所谓的真，就是精诚到了极高境界。如果不精纯、不诚实，就不能感化人。所以勉强哭泣的人，虽然悲啼却不哀伤；勉强发怒的人，虽然严厉却没有威力；勉强亲爱的人，虽然笑容满面却不和美。真的伤悲，就是不出声也让人哀恸；真的愤怒，就在没有发作前就已经令人畏惧；真的亲爱，用不着笑就已经和美。真性存于内心，精神就会显露在外，这就是贵真的原因。把真运用到人伦关系上，侍养双亲就会孝慈，侍奉君主就会忠贞，饮酒时便会欢乐，处理丧事时就会悲哀。对君主的忠贞以建立功绩为主，饮酒时以欢乐为主，处丧时以悲哀为主，侍奉双亲以安适为主。功业的完满建立，没有一定途径；侍奉双亲使他们安适，不讲究用什么方法；饮酒达到快乐，不在于选择什么器具；处理丧事体现悲哀，不管使用什么礼节。礼节是世俗之人设计出来的，真性是禀受于自然的，是自然而然而不可改变的。所以圣人取法于自然，贵重纯真，不受世俗的拘束。愚昧的人却与此相反，不能取法自然而体恤人，不明白贵真的道理，匆匆碌碌随着世俗而变化，所以永远不能感到满足。可惜啊，你早就沉溺于世俗的虚伪之中，听到大道太晚了！"

　　孔子又拜了两次而起身说："现在我能够遇见先生，好像天赐良机。先生不以为羞辱，把我当做门徒，亲自教导我。敢问居所何处，让我跟着受业而最终能够学到大道。"

　　渔父说："我听说，可以和迷途知返的人交往，直至传授他玄妙之道。不能迷途知返的人，不会懂得大道，慎勿与他交往，这样自己才可以免于祸害。你好自为之吧，我要离你而去了，我要离你而去了！"于是撑船而走，慢慢地顺着芦苇丛划向远处。

# 列御寇

本篇以篇首人名为篇名，全篇由十来段文字编纂而成，其中多为寓言故事。大抵阐述去智养神，葆光存真，安贫乐道，纯任自然。

本篇为《庄子》书的倒数第二篇，由于列于最后一篇的《天下》篇实为全书的"序例"，或称之为"总结"，颇有独立于全书结构之外的意味，因此可以把本篇视为《庄子》书的末篇。而末篇中的末段"庄子将死"一段又恰恰为我们提供了曲终言尽的联想与信息，正如陆西星所指出的，"此篇的为庄子著述将毕之语，观末段自见"（《南华经副墨》）。

"庄子将死"一段，表面看似是反对厚葬，其实根本精神是张扬庄子超脱生死而顺应自然的旷达思想。这种顶天立地的旷达思想，并非夜郎自大的张狂，也非泯灭个性丧失自我的无奈，而是"我"对自然母亲的认可。我伟大是因之自然母亲伟大而伟大，我愉悦是因之自然母亲的仁慈胸怀而愉悦，我回归自然母亲的怀抱犹如从自然母亲怀抱中出来旅行一样自然而然。明白了这个道理，也就明白了庄子旷达思想的真谛。这段寓言故事还阐明了"以不平平，其平也不平；以不征征，其征也不征"这一深刻的哲理，从自然本性的角度即自然均衡的规律，揭示了人类社会频仍的战争、动乱、对立的根源。

与庄子有关的故事，我们还选了"宋人有曹商者"、"人有见宋王者"两则寓言故事。这两段写的内容都是属于得宠获利的小人恬不知耻地在庄子面前炫耀，却让庄子不冷不热地捅破了这层虚伪的功利网，揭示了内在的本质，给迷途者敲起了警钟。此外，还选录了"孔子曰"一段，此段作者借孔子之口表达了对当时社会人际关系的复杂，"人心险于山川，难于知天"的感慨和痛心，为此还提出了"九征"，即九种考察人心的方法。这种关于如何鉴别和分辨人的问题研究，在先秦时代相当发达，如在《六韬》中，姜太公在回答周武王关于如何解决人的"外貌不与中情相应"的问题，提出了"八征"的考察方法（内容与本段大同小异）；又如《吕氏春秋·论人》提出了根据当事人的处境、行止、情绪等方面进行"八观六验"的考察方法。而纵横家书《鬼谷子》更是专就谋略诸方面问题进行了论述。可见，如何识别人的问题，在先秦时代是普遍受到关注的问题，这种现象在《庄子》书中有所反映，也是可以理解的。

# 一

宋人有曹商者，为宋王使秦①。其往也，得车数乘。王说之，益车百乘。反于宋，见庄子曰："夫处穷闾厄巷②，困窘织屦，槁项黄馘者③，商之所短也；一悟万乘之主而从车百乘者，商之所长也。"

庄子曰："秦王有病召医，破痈溃痤者得车一乘④，舐痔者得车五乘，所治愈下，得车愈多。子岂治其痔邪？何得车之多也？子行矣！"

【注释】

①使秦：出使秦国。

②厄：通"隘"，狭窄。

③槁项：脖颈瘦细无肉。黄馘（xù）：面孔黄瘦。

④痈（yōng）、痤（cuó）：皆为脓疮、毒疮一类病。

⑤舐（shì）：舔，用舌舔物。

【译文】

宋国有个叫曹商的人，为宋王出使秦国。他出发时，得到了好几辆车。秦王喜欢他，又赠送他一百辆车。曹商回到宋国，见了庄子，说道："像有人那样，住在穷街窄巷，窘困地编织草鞋度日，一副面黄肌瘦的样子，这是我所不及的；一夜之间说服万乘君主，从而获取一百辆车的恩赐，这是我的特长啊。"

庄子说道："秦王得了病召集大夫来医治，凡是能破除毒疮的人就可以获得一辆车，愿意用舌舔治痔疮的就可以获得五辆车，所治疗的病越是卑污，获得的车辆就越多，莫非你给秦王治疗痔疮了吗？为什么获得这么多的车辆呢？你还是走远点吧！"

## 二

孔子曰："凡人心险于山川，难于知天。天犹有春秋冬夏旦暮之期，人者厚貌深情①。故有貌愿而益②，有长若不肖③，有顺懁而达④，有坚而缦⑤，有缓而釬⑥。故其就义若渴者⑦，其去义若热。故君子远使之而观其忠，近使之而观其敬，烦使之而观其能，卒然问焉而观其知⑧，急与之期而观其信，委之以财而观其仁，告之以危而观其节，醉之以酒而观其侧⑨，杂之以处而观其色⑩。九征至⑪，不肖人得矣。"

【注释】

①厚貌：指貌相多样难识。深情：情性深藏不露。

②愿：谨慎。益：通"溢"，骄溢。

③长：长者，尊长。不肖：不才，不贤。

④懁（xuān）：急。

⑤缦：绵弱。

⑥釬（hàn）：通"悍"，强悍。

⑦就义：追求仁义。

⑧卒：同"猝"，突然。知：同"智"，智慧。

⑨侧：当作"则"，仪则。按，《释文》云："侧，不正也。"又云："侧，或作则。"

⑩杂之以处：指男女混杂在一起。

⑪九征：九种验证方法。

**【译文】**

孔子说："人心比山川还要险恶，比了解天气变化还要困难。天象犹有春夏秋冬日夜周期的变化规律，而人却面貌多样难测，情性深藏不露。所以有外貌谨慎而行为骄横，有貌似长者而品行不端，有表面急躁而内心通情达理，有貌似坚强而内心绵弱，有貌似和缓而内心强悍。所以有追求仁义如饥似渴的，一旦抛弃仁义就像逃避热火一样急速。所以考察君子，把他派到远方去来观察他是否忠诚，把他安排在眼前工作来观察他是否恭敬，给他繁难的工作考察他是否有能力，突然间让他回答问题来观察他的智慧高低，给他急促的期限来观察他是否讲信用，把钱财委托他来保管观察他是否廉洁，告诉他所面临的危险观察他是否有节操，让他喝醉酒来观察他是否有仪则，把他安排在男女杂处的地方来观察他是否好色。这九种征验都能得到，那么不肖之人就可以大白于天下了。"

三

人有见宋王者，锡车十乘①。以其十乘骄稚庄子②。庄子曰："河上有家贫恃纬萧而食者③，其子没于渊④，得千金之珠。其父谓其子曰：'取石来锻之⑤！夫千金之珠，必在九重之渊而骊龙颔下⑥。子能得珠者，必遭其睡也。使骊龙而寤，子尚奚微之有哉！'今宋国之深，非直九重之渊也⑦；宋王之

猛，非直骊龙也。子能得车者，必遭其睡也；使宋
王而寤，子为鳖粉夫⑧！"

**【译文】**

　　有个人因拜见宋王而得到赏车十辆。这个人便用这十辆车向庄子炫耀。庄子说："河边有户贫穷的人家，依靠编织芦苇来生活。他的儿子潜入深渊之中，获得了一枚价值千金的宝珠。他的父亲对这个儿子说：'把石头拿来，砸碎它！这个千金之价的宝珠，必定在极深的九重之渊中的骊龙颌下。你之所以能够得到它，必定是遇到骊龙在睡觉。假使骊龙醒着，你哪里有些微的机会呢！'现在宋国的水深，不止于九重的深渊；宋王的凶猛，不止于骊龙。你能得到车子，必定是在宋王的昏睡中，假使他一旦醒过来，你就要粉身碎骨了！"

# 四

庄子将死，弟子欲厚葬之。庄子曰："吾以天地为棺椁，以日月为连璧<sup>①</sup>，星辰为珠玑<sup>②</sup>，万物为赍送<sup>③</sup>。吾葬具岂不备邪？何以加此！"

弟子曰："吾恐乌鸢之食夫子也<sup>④</sup>。"

庄子曰："在上为乌鸢食，在下为蝼蚁食，夺彼与此，何其偏也。"

以不平平<sup>⑤</sup>，其平也不平；以不征征<sup>⑥</sup>，其征也不征。明者唯为之使<sup>⑦</sup>，神者征之<sup>⑧</sup>。夫明之不胜神也久矣，而愚者恃其所见入于人<sup>⑨</sup>，其功外也<sup>⑩</sup>，不亦悲乎！

【注释】

①连璧：并连双璧。

②玑（jī）：不圆之珠。

③赍（jī）送：指送葬品。

④乌：乌鸦。鸢（yuān）：老鹰。

⑤以不平平：以不公平使之公平。谓不顺从自然本性的公平使它公平，而是根据一己私念的不公平使它公平。

⑥征：征验。

⑦明者唯为之使：自以为聪明的人被外物役使。

⑧神者：指精神健全者，保持自然天性的人。

⑨入于人：指沉溺于人为之事中。

⑩功外：指耗精费神所费的功力都是被外物所役使，对自身毫无益处。

**【译文】**

庄子快要死的时候，弟子们打算厚葬他。庄子说："我把天地作为棺木，把日月作为双璧，把星辰作为珠宝，把万物当作送葬礼物，我的送葬的器物难道还不够齐备吗？还有什么能够超过这些呢？"

弟子们说："我们恐怕乌鸦老鹰吃你的身体。"

庄子说："在上面被乌鸦老鹰吃，在下面被蝼蛄蚂蚁吃，夺了那一个的食物给了这一个吃，多么偏心眼啊。"

用不公平的办法来达到公平，这种公平还是不公平；用不能够征验的东西来作征验，这种征验的结果还是未能征验。自以为聪明的人只会被外物所役使，精神健全的人才能顺应自然而得到征验。自以为聪明的人早就不如精神健全的人了，而愚昧的人还凭恃着自己的偏见陷入人为的事情中，他的功力耗费在身外之物上，不也是很可悲嘛！

# 天　下

　　本篇以篇首二字作为篇名，全文分七段，介绍和评判先秦各家学派的论著，可说是论述中国学术概况的最早的一篇专著。

　　首段为总论，阐明道术的根源。作者指出，古代的道术是完美的，它是由不离于自然之宗本、精神、纯真的"天人""神人""至人"以及"圣人""君子"所体现的，集中体现在"内圣外王"之道上。由于后世学者各执己见，偏于一说，把一方之术、一管之见标榜为最高学问，因而古人的道术开始被割裂破坏了。虽然如此，百家之说中，仍有不少学派在不同程度上反映了道术的某些特征和内容，于是作者在下文分别对墨翟、禽滑釐、宋钘、尹文、彭蒙、田骈、慎到、关尹、老聃、庄周、惠施等各家观点，一一予以评述。我们除选录了总论外，在分论中选择了有关关尹、老聃、庄周、惠施的三段予以介绍。

　　本篇是《庄子》书中唯一的纯属议论性的文章，先论道术的起源，次论各家之说与道术的关系，并根据时间先后，依次对具有代表性的学派学说予以评介，既肯定反映道术的一面，又批评谬误的一面。在先后批评了墨子的学说太刻薄，宋钘、尹文的主张遭人厌弃，田骈、慎到不通晓大道后，而论到关尹、老聃时，则已称为"古之博大真人"了。当最后论到自家时，那么庄周学派的学术渊源及对上述各学派的批判继承与发展也就明了了。所以，有些学者把本文视为《庄子》书的后序，不是没有道理的。

# 一

　　天下之治方术者多矣①，皆以其有为不可加矣。古之所谓道术者②，果恶乎在？曰："无乎不在。"曰："神何由降③？明何由出④？""圣有所生，王有所成，皆原于一⑤。"

　　不离于宗，谓之天人；不离于精，谓之神人；不离于真，谓之至人⑥。以天为宗，以德为本，以道为门，兆于变化，谓之圣人⑦；以仁为恩，以义为理，以礼为行，以乐为和，薰然慈仁，谓之君子⑧；以法为分，以名为表，以参为验，以稽为决，其数一二三四是也，百官以此相齿⑨；以事为常，以衣食为主，蕃息畜藏，老弱孤寡为意，皆有以养，民之理也⑩。

　　古之人其备乎？配神明，醇天地⑪，育万物，和天下，泽及百姓，明于本数，系于末度⑫，六通四辟，小大精粗，其运无乎不在。其明而在数度者⑬，旧法、世传之史尚多有之；其在于《诗》《书》《礼》《乐》者，邹鲁之士、搢绅先生多能明之⑭。《诗》以道志，《书》以道事，《礼》以道行⑮，《乐》以道和，《易》以道阴阳，《春秋》以道名分。其数散于天下而设于中国者，百家之学时或称而道之。

　　天下大乱，贤圣不明，道德不一。天下多得一察焉以自好。譬如耳目鼻口，皆有所明，不能相通；犹百家众技也，皆有所长，时有所用。虽然，不该不遍⑯，一曲之士也。判天地之美，析万物之理，察古人之全<sup>⑰</sup>，寡能备于天地之美，称神明之容。是故内圣外王之道<sup>⑱</sup>，暗而不明，郁而不发，天下之人各为其所欲焉以自为方。悲夫，百家往而不反，必不合矣！后世之学者，不幸不见天地之纯，古人之大体。道术将为天下裂。

**【注释】**

①治：研究。方术：道术中的一个方面。

②道术：反映天道之术。

③神：神圣，圣人。

④明：明王。

⑤一：指道。

⑥"不离于宗"六句：宗、精、真，皆指道体而言。宗，从大道的本质方面说；精，从大道的精纯不杂方面说；真，从大道的真实不诬方面说。天人、神人、圣人，皆指体道者而言，体道的方面不同，其本质是相同的，即同归于一个"道"。

⑦"以天为宗"五句：天，指天然。宗，主宰。德，指本性。道，即大道。门，门径，途径。兆，征兆，预兆。

⑧"以仁为恩"六句：讲君子的作为，主要指的是儒家。薰然，温和的样子。

⑨"以法为分"六句：主要讲法家的作为。分，名分。表，标识。参，比较，参考。稽，考察。齿，序列，排序。

⑩"以事为常"六句：讲百姓的作为。事，指耕作等劳动。常，常业。蕃息畜藏，繁衍、生殖、积蓄、储藏。畜，通"蓄"。

⑪醇：借为"准"。

⑫末度：指礼法的末节。

⑬数度：指礼乐制度。

⑭士：士人，即学者。搢绅：仕人，即官吏。

⑮行：行为规范。

⑯该：完备。遍：全面。

⑰"判天地之美"三句：判，割裂。析，离析。察，读为"杀"，减损，破坏。

⑱内圣外王之道：梁启超认为此语"包举中国学术之全部，其旨归在于内足以资修养而外足以经世"。

【译文】

天下研究方术的人很多，都认为自己所获得的成就无以复加了。古代所谓的道术，到底在哪里呢？回答是："无所不在。"若问："圣人从哪里诞生？明王从何处出现？"回答是："圣人有他诞生的原因，明王有他成就的根由，都是源于大道。"

不背离大道本质的，称为天人；不背离大道精纯的，称为神人；不背离大道本真的，称为至人。以自然为主宰，以德性为根本，以大道为门径，预知变化的征兆，称为圣人；以仁爱来施行恩惠，以义来分别事理，以礼来规范行动，以音乐来调和性情，充溢着温和仁慈的言行，称为君子；以法度分别各自不同的名分，以名号标明各自不同的实际，用比较的方法来验证事物，用考察的方法来决断事物，就像一二三四数列那样分明，百官的序列就是如此确定的；把耕作劳动作为常业，把衣食作为关注的主要问题，用心于繁衍生息和积蓄储存，关注老弱孤寡的生活，让他们都能得到抚养，这是民生的道理。

古代的得道者不是很完备吗？他们具备了圣人和明王的道德，取法于天地，而能哺育万物，调和天下，恩泽施于百姓，通晓大道的根本，掌握末端的具体法度，六合通达而四时顺畅，大小精粗，应时变化，无所不发挥作用。古代道术明显表现在礼法度数方面的，在旧的法规法令中和世传的史书中多有记载；那些记载在《诗经》《尚书》《礼记》《乐记》书中的，邹、鲁之地的学者和官吏大多还能明白其中的道理。《诗经》是用来表达思想感情的，《尚书》是记载政事的，《礼记》是讲述行为规范的，《乐记》是讲述调和情绪的，《易经》是讲述阴阳变化规律的，《春秋》是讲述名位职守的。这些学问散布于天下而施行在中原的，百家之学中时有称引和讲述。

天下大乱之后，圣贤的学说不再显明于世，道德标准也出现了分歧。天下的人各以一己之偏见自以为是。譬如耳目鼻口各有功用，却不能相互替代；犹如百家的各种技艺，都有自己的特长，适时方有所用。虽然如此，对于不能兼备众说，不能周遍物理的，只能是一孔之见的曲士。他们割裂了天地的和美，离析了万物的常理，破坏了古人完美的道德，很难具备天地的自然纯美，相称于神明的形容。所以内圣外王之道，暗淡而不光明，抑郁而不勃发，天下之人各为自己的喜好，偏执一己的方术。可悲啊，百家的学术走向一偏而不知道回归，势必与古人的道术不能相合了！后世的学者，最为不幸的是，再也见不到天地的纯美和古人完美的道德风貌。古人的道术将被这一代的天下人所割裂毁掉了。

二

以本为精①，以物为粗，以有积为不足②，淡然独与神明居③。古之道术有在于是者，关尹、老聃闻其风而悦之④。建之以常无有⑤，主之以太一⑥，以濡弱谦下为表⑦，以空虚不毁万物为实⑧。

关尹曰："在己无居⑨，形物自著⑩。"其动若水，其静若镜，其应若响⑪。芴乎若亡⑫，寂乎若清。同焉者和⑬，得焉者失。未尝先人⑭，而常随人。

老聃曰："知其雄，守其雌，为天下谿⑮；知其白，守其辱，为天下谷⑯。"人皆取先，己独取后，曰受天下之垢⑰。人皆取实，己独取虚，无藏也故有余，岿然而有余。其行身也，徐而不费⑱，无为也而笑巧⑲。人皆求福，己独曲全⑳，曰苟免于咎㉑。以深为根，以约为纪，曰："坚则毁矣，锐则挫矣㉒。"常宽容于物，不削于人㉓，可谓至极。

关尹、老聃乎，古之博大真人哉！

**【注释】**

①本：指大道之本。

②以有积为不足：老子主张，"圣人不积。既以为人己
　愈有，既以与人己愈多"。

③神明：指自然。

④关尹：姓严，名喜，字公度，为函谷关令，学于老
　子。老聃：即老子，姓李，名耳，字聃。春秋时期
　楚国苦县人，早于孔子，传说孔子曾学礼于老子。

⑤建：建立，树立。常无有：即"常无"与"常有"。
　《老子》第一章："故常无，欲以观其妙；常有，欲
　以观其徼。"是解释自然规律的两个哲学概念。

⑥太一：即道。《老子》第三十九章："天得一以清，地
　得一以宁，神得一以灵，谷得一以盈，万物得一以
　生，侯王得一以为天下贞。"

⑦濡弱：柔弱。表：外表。

⑧毁：伤。实：里，与"表"对言。

⑨在己无居：自己不存私见。居，止。

⑩形物自著：有形之物自然昭著。

⑪响：回声。

⑫芴：通"惚"，恍惚。亡：无。

⑬同：指混同万物。和：和谐。《老子》第五十章："和
　其光，同其尘。"

⑭未尝先人：即《老子》"不敢为天下先"之意。

⑮"知其雄"三句：见《老子》第二十八章。谿，与
　下文"谷"同义，指虚而大，能容纳一切。

⑯"知其白"三句：见《老子》第二十八章。

⑰受天下之垢：句意见《老子》第七十八章："受国之

垢，是谓社稷主；受国不祥，是为天下王。"垢，
辱垢。

⑱徐：从容不迫，安舒。费：耗神。

⑲巧：机巧，智谋。

⑳曲全：委曲求全。

㉑苟：但。咎：祸。

㉒"坚则毁矣"二句：语意出于《老子》第七十六章：
"坚强者，死之徒。"

㉓削：侵削。

**【译文】**

把根本的大道视为精妙的，把派生的万物视为粗疏的，
把外物的积累视为不足的，恬淡无为而独与自然融为一体。

古代的道术有这方面的内容，关尹、老聃听到这种风
尚就十分喜悦。他们树立"常无""常有"的学说，把大道
视为自己学说的基础，把柔弱和谦下视为外在的表现，把
内心虚空、不毁伤万物视为内在的实质。

关尹说："自己没有主观偏见，有形之物各自彰显。"
他活动时像流水一样自然，静止时像镜子一样清明，动静
无心，犹如空谷回声。恍惚之中像是空洞无物，寂寞之中
像是清虚无有。与万物混同的人和谐，一心想获得的人丧
失。未尝跑在别人前头，而常常随在人们的后面。

老聃说："知道雄的坚强，却持守雌的柔弱，便能成为
容纳万物的溪谷；知道明亮，却安于暗昧，便能成为容纳
天下的山谷。"人人都争先，我自甘落后，这就是说愿意承
受天下人的垢辱。人人都追求实惠，我独索取虚无，正因

为没有积蓄，所以感到富足，富足得如高山般的堆积。他的立身行事，从容不迫，不损精神，恬淡无为而耻笑耍弄智巧的人。人人都在追求福禄，自己却独自委曲求全，说这样做姑且免于祸端。以精深为根本，以俭约为纲纪，说："坚强的容易毁坏，锐利的容易挫折。"常常宽容待物，不侵削别人，可以说已经达到了最高境界。

关尹、老聃，可谓是古来博大的真人啊！

## 三

寂漠无形<sup>①</sup>，变化无常，死与生与，天地并与，神明往与<sup>②</sup>！芒乎何之<sup>③</sup>，忽乎何适<sup>④</sup>。万物毕罗，莫足以归。古之道术有在于是者，庄周闻其风而悦之。以谬悠之说<sup>⑤</sup>，荒唐之言，无端崖之辞<sup>⑥</sup>，时恣纵而不傥<sup>⑦</sup>，不以觭见之也<sup>⑧</sup>。以天下为沉浊，不可与庄语，以卮言为曼衍<sup>⑨</sup>，以重言为真<sup>⑩</sup>，以寓言为广<sup>⑪</sup>。独与天地精神往来<sup>⑫</sup>，而不敖倪于万物<sup>⑬</sup>。不谴是非，以与世俗处。其书虽瑰玮<sup>⑭</sup>，而连犿无伤也<sup>⑮</sup>。其辞虽参差，而諔诡可观<sup>⑯</sup>。彼其充实，不可以已。上与造物者游<sup>⑰</sup>，而下与外死生、无终始者为友。其于本也<sup>⑱</sup>，弘大而辟，深闳而肆；其于宗也<sup>⑲</sup>，可谓稠适而上遂矣<sup>⑳</sup>。虽然，其应于化而解于物也<sup>㉑</sup>，其理不竭，其来不蜕<sup>㉒</sup>，芒乎昧乎，未之尽者。

【注释】

① 寂：原本作"芴"，据《续古逸丛书》本改。

②神明：自然。

③芒：通"茫"，茫然。

④忽：恍惚。

⑤谬悠：虚远不可捉摸。谬，虚。

⑥端崖：边际。

⑦恣纵：恣肆，放纵。不傥：无所偏党。

⑧觭（jī）：通"奇"，一面。

⑨卮言：无心之言。卮，酒器，随人俯仰。曼衍：即"漫衍"，散漫泛流，不受拘限之意。

⑩重言：借重先哲先贤之言。

⑪寓言：有所寄托寓意的言论。

⑫精神：自然。

⑬敖倪：即"傲睨"，傲视。

⑭瑰玮（wěi）：奇特，宏大。

⑮连犿（fān）：婉转随和的样子。无伤：不伤道理。

⑯俶（chù）诡：奇异。

⑰造物者：指自然。

⑱本：本原，指道。

⑲宗：宗旨，指道的宗旨。

⑳稠：通"调"，调和。遂：达。

㉑解于物：解脱外物的牵累。

㉒不蜕：不脱离大道的宗本。

**【译文】**

　　寂寞虚静而不落形迹，应物变化而没有常规，死亡啊出生啊，皆与天地同体并存，与大自然一起变化来往！茫茫然不知从何处来，恍恍惚惚又不知往何处去，包罗万事万物，却不知归于何处。古来有道术属于这一方面的，庄周听到这种风尚就十分喜悦。他用虚远不可捉摸的论说，广大不可测度的言辞，以及不着边际的语言，时常放任发挥而不囿于成说，不持一端之见。认为天下之人沉迷不悟，不能使用庄重的语言与他们交流，于是使用无心的"卮言"来叙述事情，随时更新，符合自然的分际；引用先哲先贤的"重言"来说话，让人感到真实可信；运用有所寄托的"寓言"来讲故事，推广深刻的道理。独自和天地自然相往来，却从不傲视万事万物。不责问谁是谁非，而混迹于世俗之中。他的著作虽然奇特宏伟，却是婉转连绵，不损伤为文的道理。他的文辞虽然笔法变化多样，却都奇趣盎然，引人入胜。他的精神世界，无比充实，没有止境。上与天地自然一同遨游，而下与超脱生死、不知终始的得道之人结为朋友。他对大道的阐述，宏大而透辟，深广而畅达；他对于道的宗旨，可以说把握得已经达到最高的境界。虽然这样，关于顺应自然变化和解脱外物牵累的学说，他还有无穷的道理，这些道理始终不离大道的宗本，在茫昧恍惚之中，人们永远无法穷尽它的奥妙。

## 四

惠施多方①，其书五车，其道舛驳②，其言也不中③。历物之意④，曰："至大无外，谓之大一；至小无内，谓之小一。无厚，不可积也，其大千里。天与地卑，山与泽平。日方中方睨⑤，物方生方死。

大同而与小同异，此之谓'小同异⑥'；万物毕同毕异，此之谓'大同异'⑦。南方无穷而有穷⑧。今日适越而昔来⑨。连环可解也⑩。我知天之中央，燕之北、越之南是也⑪。泛爱万物，天地一体也。"

惠施以此为大，观于天下而晓辩者⑫，天下之辩者相与乐之。卵有毛⑬；鸡三足⑭；郢有天下⑮；犬可以为羊；马有卵⑯；丁子有尾⑰；火不热⑱；山出口⑲；轮不蹍地⑳；目不见㉑；指不至，至不绝㉒；龟长于蛇㉓；矩不方，规不可以为圆㉔；凿不围枘㉕；飞鸟之景未尝动也㉖；镞矢之疾，而有不行、不止之时㉗；狗非犬㉘；黄马骊牛三㉙；白狗黑㉚；孤驹未尝有母㉛；一尺之棰，日取其半，万世不竭㉜。辩者以此与惠施相应㉝，终身无穷。

桓团、公孙龙辩者之徒㉞，饰人之心㉟，易人之意，能胜人之口，不能服人之心，辩者之囿也。惠施日以其知与之辩，特与天下之辩者为怪㊱，此其柢也㊲。

然惠施之口谈，自以为最贤，曰："天地其壮乎！"施存雄而无术。南方有倚人焉㊳，曰黄缭㊴，问天地所以不坠不陷，风雨雷霆之故。惠施不辞而应，不虑而对，遍为万物说。说而不休，多而无已，犹以为寡，益之以怪。以反人为实，而欲以胜人为名，是以与众不适也。弱于德，强于物，其涂隩矣㊵。由天地之道观惠施之能，其犹一蚊一虻之劳者也，其于物也何庸㊶！夫充一尚可㊷，曰愈贵道㊸，几矣！惠施不能以此自宁，散于万物而不厌，卒以善辩为名。惜乎！惠施之才，骀荡而不得<sup>㊹</sup>，逐万物而不反，是穷响以声<sup>㊺</sup>，形与影竞走也，悲夫！

【注释】

①惠施：姓惠，名施，宋人，曾为梁惠王相，先秦名家的代表人物。方：术。

②舛（chuǎn）驳：驳杂不纯。

③中：合，当。

④历物之意：观察分析万物之理。

⑤睨：斜视，取其偏斜之意。

⑥"大同"二句：从事物局部的性质来讲，有大同、小同或小异、大异之分，所以称为"小同异"。

⑦"万物"二句：从事物的整体来说，又从"同"的角度来看，万物都是相同的；从"异"的角度看，万物无不是相异的，所以称为"大同异"。

⑧南方无穷而有穷：这是从空间的相对性而言的。因为"南方"这个概念本身就是相对的。

⑨今日适越而昔来：这是从时间的相对性提出的命题。我们讲的"今天""昨天"都是有条件的、相对产生的时间概念，而客观存在的时间却是无限流动的。当我们指出这一个"今日"时，已经成为"昔来"了。

⑩连环可解：封闭的连环本是不可解开的，所以提出"连环可解"的命题，正是体现任何认识（结论）的条件性，突破认识（结论）的条件限制，这认识的

结论也就相应被推翻了。就像平常讲的"连环不可解"的背后有"现在"的时间限定和"用手"的工具性限定，一旦否定它，原来的命题不成立了，新的命题又应时而成立了。

⑪"我知天"三句：意在说明天体本无方位，或称空间有无数的方位相对存在，因此你把中央定在哪里皆无不可。

⑫观：显示。晓：晓喻。

⑬卵有毛：命题体现了对生物进化及生物生长过程阶段性和连续性的观察与认识。就像鸡蛋可以孵化成带毛的小鸡，所以说"卵有毛"。

⑭鸡三足：《公孙龙子·通变》是这样论证的："谓鸡足，一；数足，二；二而一，故三。"这种命题，纯属数字游戏。

⑮郢有天下：谓郢都包括整个楚国。这个命题是从万物"毕同"的观点出发的。

⑯马有卵：谓马是卵生的。

⑰丁子有尾：谓蛤蟆有尾巴。丁子，蛙。蛙的幼子是蝌蚪，蝌蚪有尾所以提出这个命题。

⑱火不热：这个命题从本体论方面说，火的共相只是火，热的共相只是热，二者绝对非一。从认识论来说，火的热出于人的感觉，热是主观的，在我不在火。

⑲山出口：旧说似皆不确，疑谓"山"字出于"口"字，属文字游戏类命题。（"口"字上面一横拿开，竖放在中间，即是"山"字。）

⑳轮不蹍地：此命题含有一定的科学认识，因为它强调了车轮蹍地的过程中，并非是整个车轮接触地面，而是极小的部位轮番地接触地面进行的。

㉑目不见：这个命题也有合理的成分。因为眼睛能看东西虽属眼睛的功能，但这功能的实现却有着许多的条件。如精神作用，又如无光无物或眼有病等都不能看见。

㉒指不至，至不绝：指事不能反映事物的实质，即使有所反映也不能绝对的穷尽。指，指所指事物的概念。

㉓龟长于蛇：此命题可以从两个方面来解，一是旨在说明长短大小的相对性而无绝对性；二是从事物的普遍性与特殊性来看问题，作为特殊性的存在，"龟长于蛇"即可成立。

㉔矩不方，规不可以为圆：谓矩不能画出绝对的方，规也不能画出绝对的圆。绝对的方是方的共相，绝对的圆是圆的共相，事实上的个体的矩、规和方、圆都不是绝对的方、圆，所以提出这个命题。

㉕凿不围枘（ruì）：谓榫眼与榫头是不会完全相合的。凿，榫眼。围，合。枘，榫头。

㉖飞鸟之景未尝动：这一命题反映了古人把运动过程视为连续性位移的过程，即把运动所经过的空间及时间分割为许多的点，把某一时间与其相配的空间抽出来看，就可以见到某一时间的飞鸟之影停留在某一空间点上，也可以说是"未尝动"。景，古"影"字。

㉗"镞（zú）矢之疾"三句：这是关于静与动的相对性的命题，意在说明动静不是绝对的，动的可以视为静止，静止的可以视为动。镞矢，箭头。

㉘狗非犬：古人称大犬为犬，小犬为狗，从一般性讲狗与犬同为一类，从个别性讲狗与犬有大小之别。这个命题说明了一般与个别的区别。

㉙黄马骊牛三：谓黄马与骊牛为二，加上"黄马骊牛"这一概念，就是三。此与"鸡三足"为同一类的命题。

㉚白狗黑：谓白狗是黑的。一说从颜色上来命名，白狗黑目，既可说是白狗，也可以说是黑狗，取其部位不同而已。一说从命名的主观性来说，既然可以称白色的狗为"白狗"，也可以称黑色的狗为"白狗"，所以有"白狗黑"的命题。

㉛孤驹未尝有母：死了生母的小马称为孤驹，脱离具体之"驹"的"孤"却与"未尝有母"的含义相同，但"孤驹"却与"未尝有母"之义相背，这是偷换概念的命题。

㉜"一尺之捶"三句：这个命题反映了"其小无内"的思想，即再小的物质也可以无限地分割，亦即物质是由无限小的单位组成。捶，木杖。

㉝相应：相互辩论。

㉞桓团：姓桓，名团，战国时赵国人。公孙龙：姓公孙，名龙，赵国人，名家重要人物，著有《公孙龙子》十四篇。

㉟饰：掩饰，蒙蔽。

㉖特：独。为怪：创立怪异之论。

㉗柢：大略。

㉘倚人：偏邪之人。

㉙黄缭：姓黄，名缭，楚国人，辩士。

㊵涂：同"途"。隩（ào）：深曲。

㊶庸：功，用。

㊷充一：充当一家之言。

㊸曰愈贵道：说更贵于道。道，自然之道。

㊹骀（tái）荡：放荡。

㊺穷响：堵住回声。

**【译文】**

惠施的学问广博多面，他的藏书有五车之多，他的学说驳杂不纯，他的言论也往往不合道理。他观察分析事物的道理，说："极大的东西没有外围，可以叫做'大一'；极小的东西没有内存，可以叫做'小一'。薄到没有厚度时，不可以累积，但其广大可以延伸千里之远。天空与地面一样低下，高山与水泽一样低平。太阳刚处于正中位置的同时也就是偏斜的开始，万物刚刚生出就开始走向死亡。'大同'与'小同'是相异的，这个称为'小同异'；万物都是相同的也都是相异的，这个称为'大同异'。南方是无限远的也是有限远的。今天方去越国而昨天已经到达。封闭的连环是可以解开的。我知道天下的中央，在燕地的北边也在越地的南边。要普遍地热爱万物，因为天地万物都是一样的。"

惠施以此诸多命题当做伟大的发现，显示于天下，并让那些善辩者知晓，而天下的善辩者都喜欢和他谈论这些问题。他们论辩的课题很多，诸如，卵中有毛；鸡有三只脚；郢都包括楚国；犬可以是羊；马为卵生；蛤蟆有尾巴；火不是热的；山从口里出来；轮子不着地；眼睛看不见东西；所指事物的概念不能达到实质上，即使对实质有所反映，也不能穷尽；用矩尺画出的并不方，用圆规画出的也不圆；凿出的榫眼与榫头不可能完全吻合；飞鸟的身影不曾移动；疾飞的箭头，却存在着静止和不静止的时候；狗不是犬；黄马黑牛合起来为三；白狗是黑的；孤驹未曾有母亲；一尺长的杖，每天截取一半，一万年都截取不完。好辩的人们用这些论题和惠施辩论，终生没有了结。

桓团和公孙龙都是善辩之人，他们蒙蔽人心，改变人的意向，能够胜过人的口舌，却不能折服人的心志，这是辩论者的局限。惠施天天运用自己的心智与别人辩论，独与天下的辩者提出许多怪异的论题，以上所述就是他们辩论的大略情况。

然而惠施的口辩，自以为是最出色的，说："天地是多么伟大啊！"惠施心存壮志而无道术。南方有个名叫黄缭的异人，询问天地为什么不坠不陷，以及产生风雨雷霆的原因。惠施毫不推辞而予以回应，不加思索便即刻回答，说遍了万物生灭的所有原因。如此说个不停，多得难以住口，还是觉得没有说够，更加上一些奇谈怪论。他把违反人之常情的东西当做真实，想在辩论中胜过别人而获取名声，因此他与众人不合。他轻视道德的修养，重视对外物的研究，走了一条曲折的道路。从自然之道来看惠施的才能，他就像一只蚊虻那样徒劳无济，对于万物有何作用！他充当一家之说还可以，要说比大道还珍贵，那就太危险了！惠施不能以一家之说而止息，把精力耗散在万物的分析上而不厌倦，最终只落个善辩的名声。可惜啊！惠施的才能，放荡而无所收获，追逐万物而永不回头，这是用声音阻止回声，形体和影子竞走，是很悲哀的呀！